이름이 좋아야 행복한 운명이고
이름이 나쁘면 불행한 운명입니다

좋은운명
이름짓기

정용빈 편저

2015년 1월 1일부터
시행하는 대법원
인명용한자 8,142자 수록

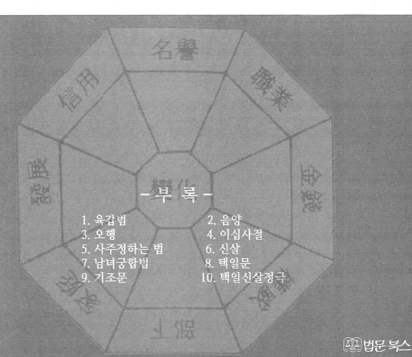

名譽

信用

職業

履歷

金錢

- 부 록 -

1. 육갑법   2. 음양
3. 오행   4. 이십사절
5. 사주정하는 법   6. 신살
7. 남녀궁합법   8. 택일문
9. 기조문   10. 택일신살정국

健康

家庭

子孫

🔖 법문 북스

머리말

동양의 역리철학(易理哲學)이 다 그렇지만 성명학(姓名學)도 음양오행론(陰陽五行論)을 수용하여 각자의 타고난 선천적(先天的)운명을 보강, 발전하고 후천적(後天的) 운로(運路)를 조성, 개척하는 역리철학의 일원으로써 아득한 옛날부터 다른 역리학과 더불어 연구 적립되어 오늘에 이르고 있다.

특히 물질문명이 고도로 발달한 현실사회(現實社會)에서 문화 수준이 높은 지식층일수록 성명에 대한 관심이 깊으며 한층 현대 문명인의 호기심을 끌고 널리 보급되고 있으니 이는 고금을 통하여 그 누구도 부인할 수 없는 신비의 철학이라 하겠다.

그래서 사람은 누구나 태어나면서부터 이름을 갖게 되는데 부모들은 자식에게 좋은 이름을 지어주면서 그 아이에게 거는 기대와 그 그대를 달성하게끔 기원하는 부모의 철학이 아이의 이름, 글자 속에 담겨지기도 한다.

이에 필자는 성명 철리(哲理)의 여러 문헌을 토대로 하여 누구나 좋은 이름을 지을 수 있도록 알기 쉽게 편술하였으니 각자의 성명도 감정하고 자녀들의 선명(選名)에도 널리 활용하여 앞날의 광명과 행복을 유도(誘導)하는 데 일조가 되기를 바라는 마음이 간절하다.

편저자 드림

목 차

성명(姓名)과 운명(運命)

옛 경전에서는 「명불이체(名不離體)」라 하여 몸과 이름은 불가분리의 공동운명체(共同運命體)임을 역설하고 있다. 그래서 사람은 태어나면서부터 이름이 지어지고 그 이름은 자기 본신(本身)을 대표하게 된다. 자기 본신을 대표하는 이름 가운데는 신비스럽게도 현묘(玄妙)한 이법(理法)을 내포하고 이를 무형 중 발현하여 자기 본신에 대한 성품(性品)이 형성되고 그 형성된 성품은 인생의 앞날에 전개되는 길흉화복(吉凶禍福)을 유도하는 후천운(後天運)이 조성된다고 한다.

사람이 일생을 살아가는 데 있어 선천적(先天的)으로 타고난 선천운(先天運)과 후천적(後天的)으로 조성되는 후천운(後天運)이 있는데 선천적으로 타고난 사주팔자(四柱八字)는 바꿀 수는 없어도 후천적으로 조성되는 운명은 얼마든지 인위적으로 전환, 개척하여 행운을 유도할 수 있다.

그래서 사람들은 누구나 좋은 이름을 가지고자 하며 또한 좋은 이름 석 자를 길이 남기고자 한다.

그런데 우리의 주변에서는 동성동명(同姓同名)인 사람도 흔히 볼 수 있다. 동성동명이면 그 사람들의 운명도 다 같이 동일할 것이 아 닌가 하고 의문도 가질 수 있으나 이는 각자의 타고난 선천적 운명 이 다르고 또한 각기 환경과 역량, 제반 여건 등이 서로 상의하기 때문에 반드시 동일한 운로를 걷는다고는 볼 수 없다. 다만 좋은 이 름을 가지면 제반사가 순조롭고 일생을 행운으로 유도하여 편안하 게 행복을 누릴 수 있으나 만일 그렇지 못할 경우에는 만사가 뜻과 같이 이뤄지지 못하여 중도에서 좌절하고 흉운(凶運)으로 유도되어 불행에 이르게 된다.

그래서 좋은 이름의 선정은 후천적 운로(運路)를 영화롭게 조성 하고 전환, 개척하여 행복을 유도하기 위한 유일한 방법의 하나이 기도 하다.

성명(姓名)의 의의(意義)

　성명을 구성하는 문자(文字)의 의의(意義)는 심리학적 측면에서 지대한 영향을 주고 있다. 즉 이름이 지니고 있는 문자의 의의와 그 암시력(暗示力)은 심리(心理)에 반응(反應)되어 그 사람의 성품을 형성하고 형성된 그 성품은 본신(本身)의 후천적 운로(運路)를 조성하게 된다.

　예부터 우리의 부모들은 귀여운 자녀에게 좋은 이름을 지어 주면서 당신들이 그 아기에게 거는 기대와 그 기대를 달성하게끔 기원하는 부모의 철학이 이름 두 글자 속에 담겨지기도 한다.

　본시 이름이 지니는 뜻도 다양하여 의술이 미개했던 옛날에는 장수(長壽)를 기원하는 뜻에서 「영수(永壽)」 또는 「수영(壽永)」이라는 이름이 지어지기도 하고, 복(福) 받는 아이가 되라 해서 「복동(福童)」, 좋은 운을 타고나라 하여 「길동(吉童)」 등 부모들이 기원하는 이름의 뜻도 다양하다.

1. 이름자의 선택(選擇)

이름을 지을 때 이름자에는 좋은 뜻이 담겨져 있어야 하지만 먼저 성과 이름은 자연스럽게 조화를 이루어야 좋은 이름이 된다. 그리고 간명하고 투철한 의의를 표현하면서 기품(氣品)이 있고 듣기에 명랑하고 친근감을 주는 알기 쉬운 상용한자(常用漢字) 중에서 고르는데 읽기가 쉽고 부르기, 듣기, 쓰기, 외우기가 모두 좋아야 하며 특히 다음과 같은 사항에 대해서는 유의를 하고 피하는 것이 좋다.

· 글자의 획수가 번거롭고 잘 통용(通用)되지 않는 어려운 문자.
· 글자의 뜻이 불합리하거나 불길함을 연상케 하여 꺼리는 문자.
· 부르기가 거북하고 듣는 이에게 불쾌감을 주는 문자.
· 성과 이름자가 동일하거나 같은 음으로 발성되는 문자.
· 남녀의 구별이 불분명한 문자.
· 신(神), 불(佛) 등 신앙의 대상이 되는 문자.
· 병약(病弱), 사멸(死滅), 비천성(卑賤性) 등을 내포하거나 혐오감을 주는 문자.
· 짐승(獸), 물고기(魚), 벌레(蟲), 기구(器具), 물건 등의 명칭이 되는 문자 등등은 꼭 피하는 것이 좋다.

2. 이름자의 형체(形體)

이름자에는 강(强) · 약(弱) · 허(虛) · 실(實)의 네 가지 형체가 있는데 이는 신체의 건강 여부와 행동, 태도, 품성 등을 각각 암시하고 있다. 그래서 글자의 모양도 균형을 이루고 조화있게 순응하는 형체를 고르는 것이 좋다. 글자의 모양이 균형을 잃게 되면 심리상으로 불안정하고 현실 상황에서 평형을 상실하여 성질이 조급하고 신경질적이며 대인관계에서 화합을 못 이루고 배척을 당하여 자기의 이상(理想)을 펴보지도 못하고 실패, 좌절하는 암시가 있다.

(1) 강(强)한 형체의 문자

태(泰), 용(勇), 미(美), 홍(弘), 광(光), 성(成), 극(克), 비(飛), 의(義), 위(威), 용(龍), 호(豪), 염(炎) 등등의 문자는 글 획과 형체에 활동력을 포함하고 있어서 글자 자체(字體)가 굳세고 활발하다. 이와 같은 문자의 이름은 성질이 강직하고 과단성이 있으며 행동에 활발성을 지니고 있다고 암시를 한다.

(2) 약(弱)한 형체의 문자

화(華), 근(斤), 양(羊), 백(帛), 평(平), 두(斗), 연(年), 시(市), 행(幸), 과(科) 등등의 문자는 글씨를 쓰는 데 글 획이 연약하고 모양이 너무 부드러워서 힘이 없어 보인다. 때문에 이와 같은 문자의 이름은 성질이 너그럽고 바르기는 하나 생각이 엷으며, 또한 몸도 홀쭉하여 어딘가 신체에 허약성을 나타내는 암시가 있다.

(3) 허(虛)한 형체의 문자

지(芝), 세(細), 점(占), 문(門), 행(行), 방(方), 궁(弓), 입(入) 등등의 문자는 내용이 공허하고 행사력이 없는 자체(字體)라 이와 같은 이름자는 담력이 없고 매사에 우유부단하며 소극적이다. 대중과 대적을 못하는 허약성을 내포하는 암시를 한다.

(4) 실(實)한 형체의 문자

익(益), 입(立), 옥(玉), 창(昌), 황(皇), 국(國), 봉(鳳), 수(樹), 기(基), 형(衡) 등등의 문자는 자체(字體)에 빈틈이 없는 진실된 문자다. 이와 같은 이름자는 의지가 굳건하고 충만되어 만난을 타파하는 저력을 지니고 건실한 지구성(持久性)을 견지하는 암시가 있다.

3. 특수한 관념적(觀念的)인 문자

이름자의 선택은 대체로 앞에서 열거한 문자의 의의와 형체 등에 부합이 되고 조화를 이루면 길상(吉相)이다.

그러나 관념상 특별히 다음에 열거되는 문자는 가급적 이름에는 쓰지 않는 것이 좋다.

(1) 오행(五行) 및 간지(干支)의 문자

오행(五行)의 문자, 즉 금(金), 목(木), 수(水), 화(火), 토(土)와 천간(天干)의 문자. 갑(甲), 을(乙), 병(丙), 정(丁), 무(戊), 기(己), 경(庚), 신(辛), 임(壬), 계(癸)와 12지지(地支)의 문자, 곧 자(子), 축(丑), 인(寅), 묘(卯), 진(辰), 사(巳), 오(午), 미(未), 신(申), 유(酉), 술(戌), 해(亥) 등등의 문자이다.

특히 위의 문자 중에서 화(火), 금(金), 수(水)와 인(寅), 진(辰)

[호(虎), 용(龍)도 같음] 등의 문자는 왕성한 힘을 내포하고 있으므로 성명의 수리(數理)에서 또한 강왕함을 암시하고 있으면 도리어 반전되어 반대의 작용도 할 수 있으니 유의하고 가급적 쓰지 않는 것이 좋다.

● 갑(甲)과 경(庚)은 이름자로서는 어둡고 맑지를 못하여 심리에 암탁성(暗濁性)을 작용한다. 그러나 성명의 수리에서 강력, 과감, 실행 등의 암시가 있으면 이름자로 취용을 해도 무방하다.

● 기(己)의 이름자는 남자에게는 음험(陰險)한 기질이 조성되면서 여성적인 성향으로 흐를 암시가 있고, 여자에게는 반대로 남성적인 기질이 조성되면서 야만적인 성향으로 흐를 암시가 있다.

(2) 사유(四維) 및 팔덕(八德)의 문자

사유(四維)의 문자, 즉 예(禮), 의(義), 염(廉), 치(恥)와 팔덕(八德)의 문자. 충(忠), 효(孝), 인(仁), 애(愛), 신(信), 의(義), 화(和), 평(平) 등의 문자는 명랑하고 좋은 느낌을 주기는 하나 양성적(陽性的)인 심리 작용을 하여 수리나 음양(陰陽)의 배합이 지나치게 강왕하면 이름자로는 쓰지 않는 것이 좋다.

(3) 장(長: 맏이) 자녀(子女) 외에는 잘 쓰이지 않는 문자

천(天), 건(乾), 일(日), 동(東), 춘(春), 상(上), 대(大), 인(仁), 갑(甲), 자(子), 장(長), 신(新), 기(起) 등등의 문자는 장자(長子)나 장녀(長女) 외에는 잘 쓰지 않는다. 이는 글자의 성질이나 의미가 머리로 가는 문자이기 때문에 차자(次子)들이 쓰게 되면 장본인이 상위자의 권리를 침범하게 되어 순리를 위반하고 그 반응 작용으로 형제, 자매가 다투는 반목, 불화, 이별 등의 암시를 내포한다.

(4) 여자(女子)의 이름자

여자의 이름자는 앞에서 열거한 문자 이외에 정(貞), 춘(春), 추(秋), 국(菊), 매(梅), 난(蘭) 등의 문자는 대체로 여자에게는 불리함을 암시하니 쓰지 않는 것이 좋다.

「정(貞)」의 경우 수시로 정조, 정결 등을 연상케 하여 남편을 대하는 데도 지나치게 신중하고 결백성(潔白性)을 표출(表出: 겉으로 나타냄)하여 남자의 운기를 반사적으로 파기(破氣)하고 종국에는 이별을 하거나 품행이 도리어 부정하기도 하며 또한 간혹 남편의 수명을 줄이기도 하는 암시도 있다.

「춘(春)」자는 항시 청춘을 연상케 하고, 「미(美)」는 미적 정서가 발달하여 환상을 생출케 하며, 정감(情感)이 남보다 조숙(早熟)하여 과실을 유발하면서 불행에 빠져든다는 암시가 있다.

(5) 천지(天地) 순리(順理)의 문자

성명의 성(姓)의 가계(家系)와 혈통(血統)을 표현하여 하늘(天)에 비유하고, 이름(名)은 본신(本身)을 대표하여 땅(地)에 비유한다. 이러한 천지의 원리에 입각하여 지수(地數: 이름 상위의 한 자리 수)가 천수(天數: 성의 전 획수)보다 많으면 천지(天地)가 반복(反覆)되어 좋지 못하다. 또한 「천수」와 「지수」가 같아도 천지가 상충(相衝)되어 불길하니 이름자를 고를 때는 성(姓)의 자획수보다 이름자의 자획수가 적은 것을 고르는 것이 이상적이다. 다만 자획수 산정에 있어서 10수 이상은 10수를 제한 잔여수로 산정을 하고 10수는

0(零)으로 간주한다. 예를 들면 「장(張)」 11획은 10을 제외한 1수만 산정하고, 「학(學)」 16획은 10수를 제외한 6수로 산정하며, 「임(林)」 8획은 10수 미만이라 8수 그대로 산정하면 된다.

장 학 림 張 學 林 11 16 8 천수(1) 지수(6)	장(張) 천수는 (1)이고, 학(學) 지수는 (6)이다. 이는 천수보다 지수가 많아서 천지가 반복되어 좋지 못하다.

을 지 형 철 乙 支 亨 喆 1 4 7 12 천수(5) 지수(7)	을지(乙支) 두 자 성은 한데 합해서 산정을 하니 천수(5)가 되고, 지수는 (7)이다. 이 역시 천지가 반복되어 좋지 못하다.

김 지 석 金 知 晢 8 8 12 천수(8) 지수(8)	천지가 동수 8이다. 이는 천자 동수 상충(相冲)이 되어 또한 좋지 못하다.

남 궁 보 영	천지가 동수 9다. 이도 천지 동수 상충(相冲)이 되어 좋지 못하다.
南宮 保 榮	
9 10 9 14	
천수(9) 지수(9)	

김 대 용	천수 (8)은 지수(3)보다 많아서 이상적이다.
金 大 容	
8 3 10	
천수(8) 지수(3)	

황 보 인 철	지수(4)는 천수(6)보다 작아서 이상적이다.
皇甫 仁 哲	
9 7 4 10	
천수(6) 지수(4)	

자획(字劃)의 산정(算定)

점(点)과 선(線)으로 구성된 문자는 문자 발음 표시 이외에 심오한 뜻과 함께 신령스러운 수리(數理)를 함축하여 문자의 영혼(靈魂)을 형성하고 있다. 특히 현묘한 영동력(靈動力)을 발휘하는 이름 글자의 뜻도 중요하지만 수리(數理)가 함축된 글자의 획수 또한 대단한 영동력을 발휘한다.

그래서 문자의 획수 산정(算定)은 반드시 자전(字典)이나 표준 옥편에 있는 해서체(楷書體), 정자(正字)를 근거로 하여 정확히 획수를 계산해야 한다.

비록 한 획, 한 점이라도 소홀히 하여 착오가 생기게 되면 운명상 큰 차이를 초래할 수도 있으니 잘 살펴서 정확을 기해야 한다.

현재 통용되고 있는 한자에는 정자(正字)와 속자(俗字), 약자(略字), 위자(僞字) 등이 있으나 이름자만은 꼭 정자(正字)를 쓰고, 또 정자의 획수로 산정하는 것이 문자의 신비스러운 뜻에도 부합이 된다.

그런데 획수를 보는 법은 자전에 있는 획수를 그대로 보지만 역리(易理)로 보는 법과 역상(易象)으로 보는 두 가지 방법이 있다. 역상으로 보는 법은 글자 모양이 생긴 그대로 계산해서 보지만 역리법은 자원(字源)에 있는 획수를 산정하여 다음과 같이 계산한다.

1. 역리법(易理法)의 획수 산정

「氵」변은 수(水)로 계산하여 4획으로 본다. 가령 「청(淸)」의 경우 자획수는 비록 11획이나 「氵」를 4수(水)로 산정하여 12획으로 계산한다.

「忄」변은 심(心)으로 계산하여 4획으로 보고, 「정(情)」의 자획수는 12획으로 산정한다.

「扌」변은 수(手)로 계산하여 4획으로 보고, 「채(採)」의 자획수는 12획으로 계산한다.

「王」변은 옥(玉)으로 계산하여 5획으로 보고, 「민(珉)」의 자획수는 10획으로 산정한다.

「阝」좌(左)변은 부(阜)자로 보고 8획으로 계산한다. 「우(隅)」의 경우 자획수는 비록 12획이나 「阝」3획을 「阜」 8획으로 계산하여 17획으로 산정한다.

「阝」우(右)변은 「읍(邑)」으로 계산하여 7획으로 보고, 「도(都)」의 자획수는 12획이나 「阝」3획을 「邑」 7획으로 산정하여 16획으로 계산한다.

「衤」변은 「의(衣)」로 산정하여 6획으로 계산한다.

「衤」변은 「시(示)」로 산정하여 5획으로 계산한다.

「艹」변은 「초(艸)」로 산정하여 6획으로 보고 「영(英)」의 자획수는 11획으로 산정한다.

「辶」은 「착(辵)」으로 산정하여 7획으로 산정한다.

「月」변은 「육(肉)」으로 보고 6획으로 산정하여 「비(肥)」의 자획은 10획이 된다. 「월(月)」변과 「육(肉)」변에 착오가 없도록 자전을 참조하라.

이상 설명한 이외에도 자전(字典) 부수색인표(部首索引表)에서 자상하게 예시하고 있으니 반드시 자전(字典: 옥편)을 참조하여 획수 산정에 착오가 없도록 정확을 기해야 한다.

2. 역상법(易像法)의 획수 산정

역상법은 글자 모양의 생긴 획수 그대로 산정을 하는데 다음과 같다.

「氵, 忄, 扌, 阝」변 등은 글자 모양 그대로 산정하여 3획으로 보고, 「王, 艹, 辶, 灬, 月」변 등은 4획으로 계산하며, 「四, 衣」변은 5획으로 보고 있다.

이상과 같이 역리법(易理法)과 역상법(易像法)이 각기 달리 자획을 산정하고 있으나 여기서는 어느 것이 옳고 그름을 떠나서 문자(文字)의 법전(法典)인 자전(字典)에 준하여 역리법의 자획 산정수를 적용한다.

3. 수의(數意)에 의한 획수 산정

일(一)에서 십(十)까지의 수의문자(數意文字: 수의 뜻이 담겨진 문자)는 획수에 관계 없이 수(數)의 뜻대로 산정한다. 가령, 「사(四)」의 경우 자획은 비록 5획이지만 「넷」이란 수의 뜻을 지니고 있으므로 4획으로 산정하고, 「오(五)」의 획수는 4획이나 「五」라는 수의 뜻을 지니고 있기 때문에 5획으로 계산을 한다. 여타 수의 문자도 모두 이와 같이 수의(數意)에 따라 자획을 산정하면 된다.

4. 한글의 획수 산정

한글은 우리 고유의 우수한 문자이다. 그래서 한글도 한문과 같이 해자체(楷字體) 정자(正字)로 획수를 산정하면 된다. 예를 들면 「각」은 4획이고, 「라」는 5획이며 「장」은 5획, 「활」은 10획이 된다. 이상과 같이 정확하게 산정을 하고 감정하면 된다.

5. 획수 산정의 예

필획(筆劃)	의획(義劃)	획수(劃數)	예(例)	산정획수
氵	水	4	淸	11
卄	艸	6	蘇	20
忄	心	4	恒	9
手	犬	4	猛	11
月	肉	6	育	8
辶	辵	7	運	13
王	玉	5	珉	9
扌	手	4	振	10
礻	示	5	祥	11
衤	衣	6	裕	12
阝(右)	邑	7	都	12
阝(左)	阜	8	隅	12

성명의 성격(成格)과 분류(分類)

성명의 문자에는 신령스러운 영의(靈意)와 현묘한 수리(數理)를 함유하여 이를 길흉 판단의 근간(根幹)으로 삼고 있다. 그래서 먼저 성명의 획수를 산정하고 이를 오격(五格)으로 분류하여 그의 암시(暗示)하는 작용력(作用力)을 살피게 되는데 우선 성명을 천격(天格), 인격(人格), 지격(地格)으로 나눈 다음 외격(外格)과 총격(總格)을 정하여 아래와 같이 오격(五格)으로 분류를 한다.

여기서 먼저 독자 제위의 이해와 의심을 덜기 위하여 참고로 첨언하면 성격(成格)의 분류 구성이나 자획의 산정에서 각 학파간에 조금씩 달리하고 있다. 자획 산정에 대해서는 앞에서 설명하였으나 성격(成格)의 분류에서도 천(天), 인(人), 지(地), 외(外), 총(總)의 오격(五格)으로 분류하기도 하고, 또 원(元), 형(亨), 이(利), 정(貞)의 사격(四格)으로 분류하기도 하며 그리고 한 자로 된 성(姓)과 한 자로 된 이름에는 가성수(假成數) 「1」을 더(+)하여 성격(成格)을 하기도 한다. 그러나 표현만 다를 뿐이지 각 격의 구성이나 수리의 영동력(靈動力) 등 작명의 근본 원리에는 차이가 없다.

1. 오격(五格)의 분류 방법

(1) 한자(一字) 성과 두자(二字) 이름의 경우

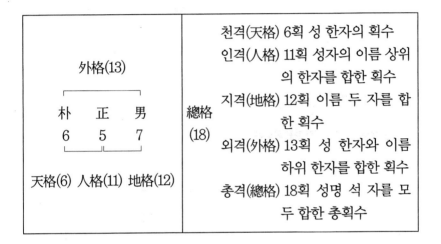

外格(13) 朴　正　男 6　5　7 天格(6) 人格(11) 地格(12)	천격(天格) 6획 성 한자의 획수 인격(人格) 11획 성자의 이름 상위의 한자를 합한 획수 지격(地格) 12획 이름 두 자를 합한 획수 외격(外格) 13획 성 한자와 이름 하위 한자를 합한 획수 총격(總格) 18획 성명 석 자를 모두 합한 총획수 總格(18)

(2) 한자(一字) 성과 한자(一字) 이름의 경우

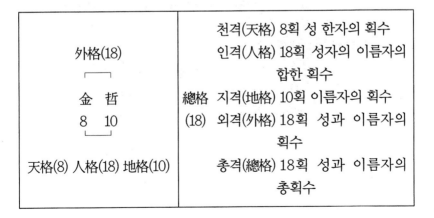

外格(18) 金　哲 8　10 天格(8) 人格(18) 地格(10)	천격(天格) 8획 성 한자의 획수 인격(人格) 18획 성자의 이름자의 합한 획수 지격(地格) 10획 이름자의 획수 외격(外格) 18획 성과 이름자의 획수 총격(總格) 18획 성과 이름자의 총획수 總格(18)

(3) 두자(二字) 성과 한자(一字) 이름의 경우

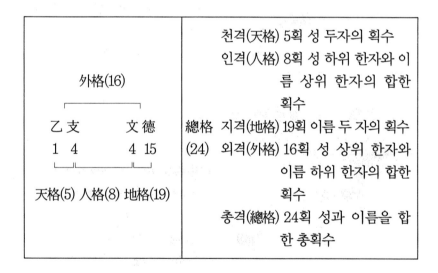

外格(17) 南 宮　　律 9　10　　　8 天格(19) 人格(18) 地格(8)	천격(天格) 19획 성 두 자의 획수 인격(人格) 18획 성 하위 한자와 　　　　　　이름자를 합한 획수 總格 지격(地格) 8획 이름자의 획수 (27)　외격(外格) 17획 성 상위 한자와 　　　　　　이름자를 합한 획수 총격(總格) 27획 성과 이름을 합 　　　　한 총획수

(4) 두자(二字) 성과 두자(二字)이름의 경우

外格(16) 乙 支　　文 德 1　4　　4　15 天格(5) 人格(8) 地格(19)	천격(天格) 5획 성 두자의 획수 인격(人格) 8획 성 하위 한자와 이 　　　　　　름 상위 한자의 합한 　　　　　　획수 總格 지격(地格) 19획 이름 두 자의 획수 (24)　외격(外格) 16획 성 상위 한자와 　　　　　　이름 하위 한자의 합한 　　　　　　획수 총격(總格) 24획 성과 이름을 합 　　　　한 총획수

(5) 한자(一字) 성과 석자(三字) 이름의 경우

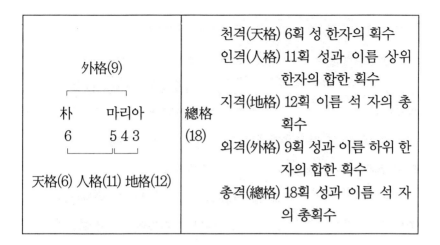

外格(9) 朴　　마리아 6　　5 4 3 天格(6) 人格(11) 地格(12)	천격(天格) 6획 성 한자의 획수 인격(人格) 11획 성과 이름 상위 한자의 합한 획수 지격(地格) 12획 이름 석 자의 총 획수 외격(外格) 9획 성과 이름 하위 한 자의 합한 획수 총격(總格) 18획 성과 이름 석 자 의 총획수

(가운데) 總格 (18)

2. 오격(五格)의 대의(大意)

(1) 천격(天格)

천격은 혈통과 가문을 표시하는 조상 전래의 성(姓)자(字)로서 전통적인 일문의 상징이라 운명의 토대가 된다. 그래서 이를 인체의 두부(頭部)에 비유하여 「선천태원(先天胎元)」이라 이르기도 한다. 그러나 그 수리(數理)는 운명에 직접적인 영향은 주지 않고 다만 격국(格局)의 구성에만 적용되며 인격 부위와 연결되어 운명의 시발과 변화에 연관이 있을 뿐이다. 그리하여 천격의 수리(數理)로서는 길흉을 보지 않는다.

(2) 인격(人格)

인격은 일생의 운명을 좌우하는 주동적(主動的) 부위로서 인체의 동체부(胴體部)에 비유하며 인격의 영동력(靈動力)은 일생 운명의 중추적 역할을 하는 주운(主運)이 된다. 이의 작용력은 성격, 체질, 능력 등을 암시하고 상위에 있는 천격과 연결하여 발전, 성공운과 부모, 손윗사람과의 관계를 보고 또 하위에 있는 지격과 연결해서는 자녀 및 손아랫사람과의 관계 등 기초의 운세를 보면서 외격과 대조하여 사회적 활동과 부부의 인연 등을 보게 된다.

특히, 다른 격(格)과의 강약(强弱)관계가 상호 발생하는데 인격주운(主運)이 길격(吉格)이 되고 천격과 지격에 큰 방해가 없으면 일생을 편안하게 부귀와 영화를 누릴 수 있으나 이와 달리 인격에 흉수(凶數)가 들어 있으면 비록 천격과 지격에 길수(吉數)가 배치되고 외격(부운)과 총격(총운)의 배치가 길격(吉格)이 되어도 지배적인 주운 흉수의 영향 때문에 흉운을 유발하여 일생동안 불행을 겪게 된다.

그리고 인격은 청년기(靑年期)의 운으로서 대개 21세부터 27세까지 강력하게 영동(靈動)하다가 36세가 되면 그친다고는 하나 일생 운명의 주동적 운기가 총 집중되어 일생 운명의 대부분을 좌우하게 된다.

(3) 지격(地格)

지격은 이름 글자의 전 획수를 합하여 성격(成格)이 되는데 이는 인체의 허리 밑 부분에 해당되는 것으로 비유한다. 지격은 인격과 연결하여 기초운을 보고 처자와 수하 사람들과의 연관성이 많은 전운(前運)이라 한다.

대개 소년기(少年期)의 운세를 암시하는데 출생후 20년간을 강력하게 영동하다가 36세 이전에 그친다고는 하나 여타 격(格)과의 연결과 조화에 따라 일생의 길흉에 연관되어 영향을 주는 것으로 보고 있다.

(4) 외격(外格)

외격은 상위 성(姓)과 하위 이름 한 자의 획수를 합하여 격(格)이 형성되는데 이는 인격 주운(主運)을 보원(補援)하는 중요 작용을 하여 부운(副運)이라 이르며 인체의 외모, 위풍(威風) 등에 비유한다. 주로 사회활동과 가족관계, 주위환경 등에 영동하고 장년기(壯年期)의 운으로서 27세부터 36세까지 강력히 작용하다가 47세에 이르면 그친다고는 하나 인격과 연관되어 일생 운명을 인격 다음으로 주동하는 것으로 보고 있다.

(5) 총격(總格)

총격은 성과 이름의 획수를 모두 합친 총 획수로 성격(成格)이 되는데 이는 일생 전반에 대한 운명의 길흉을 포괄적으로 상징하여 일생의 운명을 총 판정하는 후운(後運)이라 한다.

총격은 인체의 전신(全身)에 비유할 수 있으며 만년(晚年)의 운기로서 그 수리(數理)의 영동은 대개 36세 이후 만년(晚年)에 영동한다고 하나 단 천(天), 인(人), 지(地)의 각 격과 연관되어 초·중년 전에 발현하기도 한다.

각격(各格) 운수(運數)의 영동력(靈動力)

혐묘한 수리(數理)를 함축하고 있는 성명은 각기 운명의 길흉을 암시(暗示)하고 그 길흉의 수에는 각각 특수한 운기가 내포되어 성명의 각격 운과 오행(五行)의 배치 여하에 따라 길흉이 영동되어 일생 운로에 각종 변화와 행·불행을 유도하게 된다.

1. 획수(劃數)의 영동력(靈動力)

성명 획수의 영동력 감정은 먼저 천격(天格), 인격(人格), 지격(地格), 외격(外格), 총격(總格)별로 각각 획수를 산정하여 다음에 열거되는 획수의 해당란을 찾아서 길흉을 감정하고 이름 글자의 감정은 이름자의 획수를 세어서 그대로 해당란 획수를 찾아보면 된다. 그런데 이 획수의 감정은 오격(五格)의 배치, 오행(五行)의 배합, 음양(陰陽)의 구성 등과 함께 대조해 맞추어 보면 다소의 변화

가 생기기도 하나 작명의 다섯 가지 원칙에 입각하여 종합적으로
판단을 해야 한다.

(1) 일반적인 인격(人格) 주운수(主運數)의 영동

● 3, 5, 6, 11, 13, 15, 16, 21, 23, 24, 25, 31, 32, 37 등의 수는
가장 좋은 길수(吉數)로 친다. 이와 같은 길수가 인격 부위와 이름
자에 있고 삼재(三才: 천격, 인격, 지격)의 배치가 좋으면 비록 타격
(他格)에 흉수가 있다 해도 이를 완화하여 순조롭게 발전, 성공하고
행운을 유도한다.

● 4, 9, 10, 19, 20, 26, 34 등의 수는 흉수로 본다. 만일 삼재
(三才)의 배치가 좋지 못하고 또한 타격에서 길수의 도움이 없으면
대개 병약(病弱)하여 수명이 짧거나 사업의 실패, 고독, 조난(遭難),
역경(逆境), 아내와의 이별 등의 흉운을 유도한다.

● 7, 8, 17, 18 등의 수는 힘이 있고, 굳세어서 대개 의지가 견고
하고 만난을 타파하는 용기와 끈기있는 지구력을 지니며 정의를 위
해서는 자신을 희생하는 의리와 의협심을 유도한다.

● 27, 28의 수는 지나치게 강왕하여 사람됨이 불손하고 비방과
조난을 겪으며 삼재(三才)의 배치 여하에 따라 간혹 형별의 재액을
유도하기도 한다.

● 2, 12, 14, 22의 수는 대체로 몸이 허약하고 가족과의 인연도 엷으며 간혹 사람에 따라서는 사업이 부진하여 중도에 실패하고 좌절하는 흉운을 유도하기도 한다.

(가) 남자 주운수(主運數)의 영동

● 1, 11, 27, 31, 41 등의 수는 대개 성정이 차분하고 온화하며 이해심이 많다. 강인한 내성적 기질이 외형상으로는 비활동가처럼 보여도 내면적으로 충분한 역량과 추진력을 지니고 점진적으로 향상 발전하여 상당한 성공을 거두며 입신양명(立身揚名)하여 가정도 원만하게 행복을 유도한다.

● 2, 12, 22, 32, 42 등의 수는 대체로 인내력이 풍부하고 점진성을 지니고 있다. 성품이 겉으로 보기에는 부드러워 보여도 내면적으로는 강인하고 고집이 있으며 남달리 이성을 너무 좋아하여 건강에 어려움이 따르기도 한다. 단 32수는 별 탈 없이 평안한 것으로 본다.

● 3, 13, 23, 33 등의 수는 성격이 활발하고 급진적이어서 명예와 권위를 중시하며 비교적 남보다 빨리 성공을 기약할 수 있다. 단 33수는 중도에 실패, 좌절을 유도하기도 한다.

● 4, 14, 24, 34, 44 등의 수는 대체로 외유내강(外柔內剛)하고 정력을 많이 소모하는 민첩한 타입이다. 허위와 가식성(假飾性)을 지니고 가족과의 인연이 엷으며 혹자는 병약(病弱)하여 수명이 짧

을 수도 있다. 다만 24수는 재운이 좋아서 재물도 모으고 행복을 유도한다.

● 5, 15, 25, 35, 45 등의 수는 대체로 성격이 부드럽고 아량이 있어서 대중과도 쉽게 친하는 동화력(同和力)이 있다. 나를 찾아오는 사람은 거역하지 못하고 또 가는 사람을 잡지 못하는 자애로운 마음이 대인관계를 원활히 하고 행복을 유도한다. 단 25수는 괴벽한 성품이 되어 인화를 상실할 염려가 있다.

● 6, 16, 26, 36, 46 등의 수는 의협심과 동정심은 많으나 일정함이 없어 변동이 많이 따르고 신병(身病)과 노고(勞苦)를 유도한다. 단 6, 16의 수는 성격이 외유내강하고 은인자중하여 행복을 기약할 수 있다.

● 7, 8, 17, 18, 27, 28 등의 수는 굳건한 의지가 지나치게 강왕하고 완고하여 융통성이 부족하다. 그래도 허영심이 많으며 남자다운 기질로 결단성이 있고 내구력(耐久力)도 있으나 스스로 다툼을 자초하여 가정이 평온하지 못하다. 그리고 특히 27, 28수는 대체로 좋은 운을 유도하지 못한다.

● 9, 10, 19, 20, 29, 30, 39, 40 등의 수는 지혜가 있고 남에게 담백한 인상을 주기는 하나 운명은 아름답지 못하여 가정이 불행하다. 특히 29, 39의 수는 고난과 역경을 면하거나 극복하기가 매우 어렵다고 본다.

(나) 여자 주운수(主運數)의 영동

● 1, 3, 5, 6, 11, 13, 15, 16, 24, 31, 32, 35 등의 수는 대체로 성품이 온유하고 정숙하면서도 영리하다. 참을성도 있고 자녀와 인연도 두터우며 가정에 행복을 유도하는 상운(上運)의 길수(吉數)로 친다.

● 2, 4, 9, 10, 12, 14, 19, 20, 22, 26, 36 등의 수는 대체로 몸이 병약(病弱)하고 부모, 형제, 부부와의 인연이 엷다. 간혹 사람에 따라서는 일찍이 자녀를 잃거나 또는 남편의 운기를 파극(破剋)하기도 하여 흉수로 본다.

● 27, 28의 수는 고독하고 생사 이별의 불행이 따르기도 하여 흉수로 친다. 혹자는 일생에 안정을 얻지 못하고 종내는 의지할 데 없는 고독한 운명을 유도하기도 한다.

● 21, 23, 29, 33, 39 등의 수는 남자의 운기를 파극(破剋)하고 생사 이별의 불행을 유도하여 독신 생활을 영위하는 과부운이 영동하는 것으로 본다.

● 7, 8, 17, 18, 25, 27, 28, 29 등의 수는 성격이 지나치게 강직하여 부부 사이에 다툼이 많을 수다. 단 천격(天格)의 오행(五行)이 수(水)에 속하면 무방한 것으로보나 25수는 그렇지도 못하다.

● 4, 9, 10, 19, 20, 21, 23, 27, 33, 39 등의 수는 남자의 운기

를 파극하고 여성 상위의 운을 유도하여 가정이 불행하다. 설령 현재는 조용하고 평안하게 태평을 유지할지라도 뜻밖의 재난이 발생하여 불행에 빠져들 수도 있다.

(2) 외격(外格)의 부운수(副運數)의 영동력

외격은 성(姓)의 첫 자와 이름(名) 맨 끝 자의 획수를 합한 것이다. 이 외격은 성명의 중심 부위를 감싸 주고 있어서 이는 흡사 입술과 치아(齒牙)처럼 상호가 불가 분리의 밀접한 연관성을 유지하며 인격(人格) 주운(主運) 다음으로 영동(靈動)하여 부운(副運)이라 한다.

인격 주운이 비록 좋은 길수(吉數)가 되어도 외격(外格) 부운(副運)이 흉수(凶數)가 되면 부운 흉수의 영향으로 상당한 흉운을 겪게 된다. 그래서 이름은 모름지기 주운과 부운이 다 좋고 지격(地格)과 총격에 결함이 없어야 일생을 행복으로 유도하여 편안하게 영화를 누릴 수 있다. 비록 전, 후운이 다 좋아도 주, 부운이 흉하면 흉수를 유발하여 일생이 행복하기가 어렵다.

그리고 이를 건강적인 측면에서 고찰해 보면 인격 부위의 흉수는 내부 장기(臟器)나 호흡기 계통의 질환에 이환(罹患)되기가 쉽고 외격 부위에 흉수가 되면 외상(外傷) 또는 피부병 등이 발생하기 쉽다.

또 가정적인 측면에서 인격 주운이 중추적 역할을 하는 주인공의 운명이라면 외격 부운은 내조적 역할을 하는 처자와 가속(家屬)의 운이라 할 수 있다.

그래서 인격 주운이 좋아도 외격 부운이 좋지 못하면 그 주인공은 건강해도 집안 식구 중에는 항상 병환이 따른다고 본다. 이와 달리 부운이 좋고 주운이 나쁘면 집안 식구들은 건강하고 행복할 수 있으나 당사자인 주인공은 설령 건강을 유지한다 해도 외부적인 환경과 여건 등이 좋지 못한 흉운을 유발하게 된다.

(3) 전운(前運)과 후운(後運)의 유도력(誘導力)

인격(人格)과 외격(外格)이 성명의 중심과 외각적 관계를 유지한다고 하면 지격(地格) 전운(前運)과 총격(總格) 후운(後運)은 전후좌우의 역학 관계라 할 수 있다. 이를 나무에 비유하면 어린 유목(幼木)이 점점 자라서 노수목(老樹木)이 되는데 전운과 후운은 어린 나무가 노수목으로 자라는 과정과 흡사하다.

대개 전운의 영동력은 36세 이전 청·소년기에 가장 많이 발현(發現)하나 주운과 연결되어 그 위력이 더욱 가중되기도 한다.

후운은 대개 36세 이후 중·장년기부터 발현하여 만년의 운기로 본다. 학자간에 약간 그 영동하는 기간을 달리 하여 혹자는 중년 이후에 전운이 작동하고 청·소년기에 후운이 영동한다고 하나 때로는 이변적인 발현을 하는 예도 허다히 볼 수 있다. 그래서 다만 소정 시기에 비교적 강력히 작용한다는 것뿐이다.

(4) 각격(各格) 운수(運數)의 연관성

성명 인격 주운의 암시 작용은 대개 20세 전후에 점차 발현을 시작하고 외격 부운의 영동(靈動)은 27~8세 전후부터 점점 작용을 하는데 주운과 부운의 수리(數理)가 흉수일 때는 전운에 비록 길수가 있다 해도 크게 발전 성공하여 행복을 누리기가 어렵다.

만일 주운과 부운이 다 함께 길수가 되고 전운이 또한 양호하면 대개 50세 전후에 발복하여 매사가 순조롭고 크게 성취하여 영화와 행복을 누리는 좋은 운명이 된다.

만일 후운(後運) 외격(外格)에 흉수(凶數)가 들어 있으면 50세를 전후하여 재화를 겪을 불행의 수도 있다.

그리고 설령 주운과 부운이 흉수라 해도 후운에 길수가 들어 있으면 만년에 발복하여 여생을 편안하게 행복을 누리게 된다.

이상과 같이 대체로 전운과 후운의 한계가 없고, 천(天), 인(人), 지(地), 외(外), 총(總)의 오격(五格)이 함께 연관되어 상호 좋은 배합의 운격(運格)으로 구성이 되어야 일생을 부단하게 행운으로 유도한다. 이리하여 성명은 한 사람의 일생 운명을 상징하는데 본시 인간의 운명은 미묘한 것이어서 영고성쇠(榮枯盛衰)의 부침(浮沈)이 많다. 사람이 일생을 살아가는 데는 행복과 불행이 따르기 마련이니 행복하다고 교만해서도 아니 되고 불행하다고 낙망하거나 좌절해서도 안 된다. 운이란 돌고 도는 수레바퀴와 같아서 하루에도 밤과 낮이 있고 일 년에도 춘·하·추·동이 있음과 같다.

그런데 이 변화무쌍한 인간의 운명을 아무도 예측할 수 없는 것처럼 보이지만 성명학의 감정으로도 일생의 행복과 불행과 운로(運路)의 길흉을 총괄적으로 판단할 수 있으며, 또한 운명의 예지(豫知)도 가능하다.

그리고 이름은 천격(天格)을 제외한 인격(人格), 지격(地格), 외격(外格), 총격(總格) 가운데 단 한 자리의 흉수만 있어도 좋은 이름이라 할 수 없으니 작은 점 자획 하나라도 소홀히 해서는 안 된다.

오행(五行)의 배치(配置)

1. 오행(五行)의 원리(原理)

동양의 역리철학(易理哲學)이 다 그렇지만 성명학(姓名學)은 음양(陰陽)과 오행론(五行論)을 수용하여 이론적으로 체계화되어 있다. 그러므로 성명학의 본질을 이해하기 위해서는 무엇보다 먼저 음양오행의 원리를 이해해야 한다. 음양오행론에 의하면 음(陰)과 양(陽), 오행(五行) (木, 火, 土, 金, 水)의 특수한 기(氣)는 우주 만물의 존재와 작용의 원천을 이루며 인간을 포함한 모든 생명체의 근본이 기(氣)에 있다고 한다.

예부터 역리학(易理學)에서는 우주의 삼라만상(森羅萬象)을 다섯 가지의 상으로 분류를 하여 자연의 현상이나 인간의 성질을 판별하고 상호 배합과 변화 작용을 추정하여 길흉을 판단하고 일생 운명을 예측하고 있다.

(1) 오행(五行)의 성질과 형태

구분 오행	오방 (五方)	오절 (五節)	오상 (五象)	오상 (五常)	오색 (五色)	오장 (五臟)	오음 (五音)	오관 (五官)	오기 (五氣)
목 (木)	동 (東)	춘 (春)	인애 (仁愛)	인 (仁)	청 (靑)	간 (肝)	아음 (牙音)	눈 (目)	풍 (風)
화 (火)	남 (南)	하 (夏)	강맹 (强猛)	예 (禮)	적 (赤)	심 (心)	설음 (舌音)	혀 (舌)	열 (熱)
토 (土)	중앙 (中央)	사계 (四季)	관홍 (寬弘)	신 (信)	황 (黃)	비 (脾)	후음 (喉音)	몸 (身)	습 (濕)
금 (金)	서 (西)	추 (秋)	살벌 (殺伐)	의 (義)	백 (白)	폐 (肺)	치음 (齒音)	코 (鼻)	조 (燥)
수 (水)	북 (北)	동 (冬)	유화 (柔和)	지 (智)	흑 (黑)	신 (腎)	순음 (脣音)	귀 (耳)	한 (寒)

(2) 수(數)와 음양(陰陽) 오행(五行)

수 구분	1	2	3	4	5	6	7	8	9	10
음양 (陰陽)	양 (陽)	음 (陰)	양 (陽)	음 (陰)	양 (陽)	음 (陰)	양 (陽)	음 (陰)	양 (陽)	음 (陰)
오행 (五行)	목 (木)	목 (木)	화 (火)	화 (火)	토 (土)	토 (土)	금 (金)	금 (金)	수 (水)	수 (水)
천간 (天干)	갑 (甲)	을 (乙)	병 (丙)	정 (丁)	무 (戊)	기 (己)	경 (庚)	신 (辛)	임 (壬)	계 (癸)

위와 같이 각 수(數)에는 목(木)·화(火)·토(土)·금(金)·수(水)
의 오행이 암장(暗藏)되어 있고 암장되어 있는 오행은 상호 상생(相

生) 상극(相剋)의 원리와 변화에 의해서 극히 현묘한 유도력(誘導力)을 영동(靈動)하고 있다.

이 철리(哲理)를 응용하여 성명의 길흉과 운명을 감정하는데 이름의 인격 부위를 중심으로 각 격의 오행 배치와 상호 연관성을 대조하여 운명의 길흉을 감정한다.

(3) 오행(五行)의 상생(相生)

● 목생화(木生火): 나무를 태우면 불이 일어난다. 그래서 나무(木)는 불(火)을 생성한다.

● 화생토(火生土): 불에 탄 재(灾)는 흙이 된다. 그래서 불(火)은 흙(土)을 생성한다.

● 토생금(土生金): 흙 속에서 광물(鑛物)이 생출(生出)된다. 그래서 흙(土)은 광물, 즉 금(金)을 생성한다.

● 금생수(金生水): 금속은 불에 녹아 수분(水分)을 생성한다.

● 수생목(水生木): 나무는 물을 먹고 자라고, 물(水)은 나무(木)를 자라게 한다.

(4) 오행(五行)의 상극(相剋)

● 수극화(水剋火): 물(水)은 불(火)을 꺼버릴 수 있다.

● 화극금(火剋金): 불(火)은 금(金)을 녹일 수 있다.

● 금극목(金剋木): 금(金)은 나무(木)를 자를 수 있다.

● 목극토(木剋土): 나무(木)는 흙(土)에 뿌리를 박을 수 있다.

● 토극수(土剋水): 흙(土)은 물(水)을 못 흐르게 막을 수 있다.

여기서 유의할 점은 오행의 모든 각행(各行)이 상생(相生)과 상극(相剋)에 다같이 관여한다는 사실이다. 예를 들면 '목(木)'은 목생화(木生火), 수생목(水生木)의 상생 작용에 관여하기도 하지만 금극목(金剋木), 목극토(木剋土)의 상극 작용에도 관여한다. 이는 오행의 상생 중에 상극이 내포되어 있고 상극 중에 상생이 포함되어 있다는 뜻이다. 만약에 상생만 있고 상극이 없다면 정상적인 평형 발전이 유지될 수 없고, 반대로 상극만 있고 상생이 없다면 만물은 화생할 수 없다. 그러므로 상생 상극은 모든 사물이 상대평형(相對平衡)을 유지하기 위해서 상호 불가결한 연관성을 지니게 된다.

오행의 상생 상극 원리도

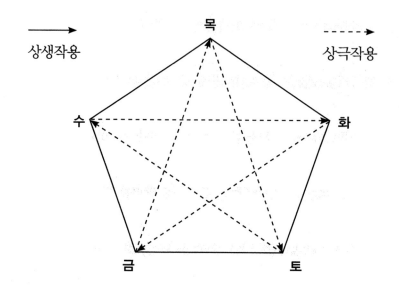

(5)오행의 비화(比和) 및 편다(偏多)

비화(比和)라 함은 서로가 같은 것을 뜻하며 이는 동질성이기 때문에 서로가 돕고 화목하다.

목화목(木和木), 화화화(火和火)

토화토(土和土), 금화금(金和金)

수화수(水和水)

편다(偏多)라 함은 한쪽으로 기울어지게 너무 많다는 것을 뜻하며 이는 지나쳐서 좋지 못하다.

● 목(木)이 너무 많으면 흙(土)이 파괴되어 다툼이 생긴다. 성격은 대체로 온건하고 인내력이 강하여 성공을 암시한다.

● 화(火)가 많으면 금(金)이 녹아버리고 소멸한다. 성격은 조급하고 인내력이 약하며, 침착성이 부족하여 일시적인 성공을 암시한다.

● 토(土)가 많으면 물이 흐리고 물의 흐름을 막는다. 이렇게 되면 성격은 융통성이 없고 활발하지 못하여 편안하지 못하다.

● 금(金)이 많으면 나무(木)가 꺾어지고 위험하다. 성격은 완고하고 도량이 좁아서 고독하고 조난을 암시한다.

● 수(水)가 많으면 불(火)이 꺼지고 떠내려 간다. 성격은 유동적이며 일시적인 성패와 황망(慌忙)함을 암시한다.

이상과 같이 '비화(比和)' 곧 동질성끼리 만나는 것은 무방하나 '편다(偏多)'가 지나치게 많으면 반기작용(反氣作用)을 하여 좋지 못하다.

(6)오행(五行)의 작용력(作用力)

(가) 상생(相生)의 작용

● 목생화(木生火)
감수성이 강하고 열정적이기는 하나 강인한 지구력이 부족하다. 사랑과 미움이 극단으로 표현되어 대개 친구가 적다.

● 화생토(火生土)
온화하고 친절하며 사교성이 좋다. 다만 경제적인 측면에서 수입에 비해 지출이 많은 편이다.

● 토생금(土生金)

성품이 온화하고 정직은 하나 소극적인 경향이 있고 활동성이 부족하며, 투기와 모험을 모르고 산다.

● 금생수(金生水)

명랑하고 쾌활한 성품이 재치도 있다. 그러나 대중과 사귀기를 꺼리고 매우 이기적이다.

● 수생목(水生木)

감수성이 강하고 열정적인 성품이 이해력도 깊으나 다만 환상적인 경향으로 현실을 멀리한다.

(나) 상극(相剋)의 작용
● 목극토(木剋土)

호기심이 많고 유행에 민감하여 성정이 변덕스럽고 노력성(努力性)과 지구력(持久力)이 부족하다.

● 화극금(火剋金)

의지가 견고하고 인내성과 노력성도 있으나 다만 강직한 성품이 세상사를 부정하고 반대 아닌 반대를 잘한다.

● 토극수(土剋水)

유물사상이 농후하여 종교, 신앙 등을 부인하고 세상 물정을 살피는 관찰력이 부족하여 언행이 불손하다.

● 금극목(金剋木)

인정도 많고 신의도 있으나 고집이 완고하여 항시 반대편에 서서 활동하는 성향이 농후하다.

● 수극화(水剋火)

완고한 성품에 투쟁심이 강하고 신경이 과민하여 매사에 굽힐 줄 모르고 종교 등 신앙을 부정하고 싫어한다.

(다) 비화(比和)의 작용

● 목비목(木比木)

사람이 건실하고 도량도 넓으며 재주도 있고 총명하다. 외관상 보기에는 온화하게 보여도 내면적인 속마음은 굳세다.

● 화비화(火比火)

범사에 매우 정열적이고 성실하게 노력하는 타입이기는 하나 너무 이기적이고 타산적이다. 의심도 많고 성정이 몹시 조급하다.

● 토비토(土比土)

범사에 소극적이고 내성적인 성품에 너무 고지식하고 온후하며 침착은 하나 진취성이 부족하다.

● 금비금(金比金)

외유내강(外柔內剛)한 성품이 침착하면서 과단성이 있고 사교성
도 좋으나 싸움을 벌이면 대단히 살벌하다.

● 수비수(水比水)

남의 의사를 무시하고 자기 주장만 내세워 손해를 보고 내편 사
람을 잃게 된다. 불평과 불만이 많은 타입이다.

2. 성명의 오행(五行) 배치(配置)

성명에 대한 오행의 배치는 운명상 가장 영향을 많이 주는 기본
요소가 된다. 비록 각격(各格)이 전부 좋은 길수(吉數)로 구성이 되
었다 해도 오행상 융합을 이루지 못하면 이는 우주 순환의 법칙에
역행하는 것이 되어 이상적인 이름이 될 수 없다.

그래서 오행의 상생과 상극은 성명의 호·불호(好·不好)를 지배
하는 가장 중요한 핵심이 된다. 그리고 각격(各格) 수리(數理)의 암
시력(暗示力)에도 강력한 유도력(誘導力)을 작용하여 수리 이상의
영향을 주기도 한다.

오행 배치의 작용력은 사업상의 성패, 사회상의 명예, 직위, 육
체적인 정신, 건강, 수명, 가정의 행복과 불행 등에 연관이 깊고 그
심오한 묘리(妙理)는 변화 무궁하여 소홀히 경시할 수 없다.

(1) 오행(五行) 상생(相生)의 예

(1)		(3)		(5)		(7)		(9)
목(木)	→	화(火)	→	토(土)	→	금(金)	→	수(水)
(2)		(4)		(6)		(8)		(10)

위 오행은 목(木), 화(火), 토(土), 금(金), 수(水)의 순으로 좌(左)에서 우(右)로 상생하고 있다. 곧 목(木)은 수(水)를 얻음으로 해서 자라고, 화(火)는 목(木)을 얻음으로 성(盛)하고, 토(土)는 화(火)를 얻음으로 견고하고, 금(金)은 토(土)를 얻음으로 강하고, 수(水)는 금(金)을 얻음으로 해서 왕성하다.

상생의 이치는 대자연의 법칙에 순응하고 조화하는 것이 된다. 성명의 삼재(三才: 천격, 인격, 지격) 배치가 이와 같은 순서로 상생이 되면 삼재의 영동력이 크게 강왕하여 매사가 순조롭고 향상 발전한다.

(9)		(7)		(5)		(3)		(1)
수(水)	←	금(金)	←	토(土)	←	화(火)	←	목(木)
(10)		(8)		(6)		(4)		(2)

위 오행은 우(右)에서 좌(左)로 상생하고 있다. 비록 역으로 상생이 되어도 오행의 조화에는 상관이 없고 얻어서 생성되는 것이 되

어 기초의 안정을 확보하고 장상(長上)의 도움과 혜택을 받게 되어 영화롭게 발전, 성공할 수 있는 좋은 운이 유도된다.

(2)오행(五行) 상극(相剋)의 예

(5)		(1)		(7)		(3)		(9)
토(土)	←	목(木)	←	금(金)	←	화(火)	←	수(水)
(6)		(2)		(8)		(4)		(10)

위 오행은 수(水), 화(火), 금(金), 목(木), 토(土)의 순으로 우(右)에서 좌(左)로 상극이 되어 자연의 법칙에 역행하는 것이 된다. 만일 성명의 천(天), 인(人), 지(地)의 삼재에 이와 같은 순으로 상극배치가 되면 기초가 불안정하여 심신이 괴롭고 반드시 흉재가 발생하여 완전한 천수(天壽)를 다하기가 어려운 흉수를 유도하게 된다.

(9)		(3)		(7)		(1)		(5)
수(水)	→	화(火)	→	금(金)	→	목(木)	→	토(土)
(10)		(4)		(8)		(2)		(6)

위 오행은 수(水), 화(火), 금(金), 목(木), 토(土)의 순으로 좌(左)에서 우(右)로 상극이 되어 있다. 물(水)은 흙(土)을 만나 힘을 잃고, 화(火)는 물(水)을 만나 세를 잃고, 금(金)은 화(火)를 만나 권(權)을

잃고, 목(木)은 금(金)을 만나 기(氣)를 잃고, 토(土)는 목(木)을 만나 실령(失令)을 하게 되니 모두 대자연의 법칙에 조화를 이루지 못하여 만사가 뜻과 같지 못하고 부자연하다. 비록 한때 무사하고 편안을 얻어도 반드시 불행한 불운으로 빠져드는 흉수를 유도하게 된다.

3. 선천운(先天運)과의 조화(調和)

이름을 감정하거나 새로 지을 때는 먼저 각자가 타고난 선천운(先天運) 사주(四柱: 생년, 월, 일, 시)를 살펴서 용신(用神: 본신을 보호하는 신)을 기준해야 한다. 무조건 이름자만 좋다고 해서 짓게 되면 그것은 흡사 양복점에 가서 몸의 전체 치수를 재지 않고 옷을 맞추는 경우와 같다고 볼 수 있다.

본시 사주(四柱)에서 그 사람의 선천적 운명을 암시하고 이름은 타고난 선천적 운명을 보강, 발전하여 후천운을 조성, 개척하고 있다. 그래서 사주에서 기뻐하고(喜), 꺼리고(忌), 강(强)하고, 약(弱)한 것을 삼은 다음 삼재(三才)의 오행으로 보완하고 중화하여 조화를 이루게 하는 것이 곧 역리학적(易理學的) 이름이다. 다시 말하면 각격의 오행 배치와 수리 및 음령(音靈)의 배합 등에서 꺼리는 것은 피하고 기쁜 것을 취하며 또 강한 것은 억제를 하고 약한 것은 도와줌으로 해서 선천운을 돕고 중화를 기하여 일생에 행운과 영화를 유도하게 된다.

⑴ 60갑자(甲子) 납음오행(納音五行) 중 특례

● 무술(戊戌), 기해(己亥), 평지목(平地木)생은 금(金)이 없으면 영화롭지 못하다.

● 무자(戊子), 기축(己丑), 벽력화(霹靂火), 무오(戊午), 기미(己未), 천상화(天上火), 병신(丙申), 정유(丁酉), 산하화(山下火)생은 물(水)을 얻어야 복록이 영화롭다.

● 경오(庚午), 신미(辛未), 노방토(路傍土), 무신(戊申), 기유(己酉), 대역토(大驛土), 병신(丙申), 정사(丁巳), 사중토(沙中土)생은 목(木)이 아니면 평생을 그르친다고 본다.

● 갑오(甲午), 을미(乙未), 사중금(砂中金), 임신(壬申), 계유(癸酉), 금봉금(金鋒金)생은 화(火)를 만나야 형체를 이루고 기쁨이 있다.

● 병오(丙午), 정미(丁未), 천하수(天河水), 임술(壬戌), 계해(癸亥), 대해수(大海水)생은 토(土)를 만나야 자연히 형통한다.

이는 관성제화(官星制化)의 묘법에 의해서 상극(相剋) 중 상생(相生)이 되기 때문이다. 앞에서 열거한 생년간지(生年干支) 생은 성명 배합의 문자 선택이나 수리 오행의 배치 또는 음령(音靈) 배합 등에 가급적 해당 상생의 오행을 보완하여 조화를 이루면 용신(用神: 본신이 필요로 하는 신) 작용을 하여 더욱 좋아진다.

(2) 생일(生日) 천간(天干)과 생월(生月)의 대비(對比)

사주 추명학(推命學)에서는 일주(日柱: 생일) 천간(天干)을 자기의 주성(主星), 즉 본신(本身)으로 하여 운명을 감정하고 있다. 이와 같이 작명에서도 생일 천간과 생월을 대비하여 왕(旺), 상(相), 휴(休), 수(囚), 사(死) 등 강약(强弱)을 판별한 다음 이름에 그 희기성(喜忌性)을 가려서 취사선택(取捨選擇)을 해야 더욱 좋아진다.

가령 생일(生日)이 정월(正月) 갑자(甲子)일 경우 생일은 일간(日干) 갑목(甲木)이 되고, 생월은 춘목왕령(春木旺令)이 된다. 생일 갑목(甲木)이 이른 봄에 태어나 득령(得令)을 하여 신왕(身旺)은 한다. 그러나 아직 여한(餘寒)이 가시지 않는 이른 봄이라 불(火)로 따뜻하게 하고 물(水)로 자라게 도와주면서 흙(土)으로 뿌리를 박게 하면 희성(喜性: 기쁘게)이 되어 대길하다.

이와 달리 금(金)과 목(木)은 꺼리는 기성(忌性)이 되어 좋지 못하니 피하는 게 좋다. 그럼 일주(日柱) 천간(天干)과 각 계절을 대비하여 희성(喜性)과 기성(忌性)을 알아보기로 한다.

※ 출생일의 일진(日辰)은 음력을 기준으로 하고 월력이나 천세력을 참조할 것.

(가) 생일(生日) 천간(天干) 갑을(甲乙) 목(木)

● 1, 2, 3월생 (봄)

춘목왕령(春木旺令)이라 목기(木氣)가 왕성하여 하루가 다르게 성장을 한다. 그러나 아침저녁으로는 춥고 새싹이 되어 목성(木性)이 단단하지 못하다.

희성(熹性)	화(火), 수(水), 토(土)
기성(忌性)	금(金), 목(木)

● 4, 5, 6월생 (여름)

하목휴령(夏木休令)이라 나무의 잎사귀와 뿌리는 성장을 멈추게 되나 줄기의 목성(木星)은 오히려 단단해진다.

희성(熹性)	수(水), 토(土), 금(金)
기성(忌性)	화(火), 목(木)

● 7, 8, 9월생 (가을)

추목사령(秋木死令)이라 나무의 잎사귀는 점점 떨어지고 형세도 약해지면서 마른다.

희성(熹性)	화(火), 토(土), 수(水)
기성(忌性)	금(金), 목(木)

● 10, 11, 12월생 (겨울)

동목상령(冬木相令)이라 날씨가 추워지니 나뭇가지는 앙상하고 뿌리는 깊은 곳으로 숨어든다.

희성(熹性)	화(火), 토(土), 금(金)
기성(忌性)	수(水), 목(木)

(나) 생일(生日) 천간(天干) 병정(丙丁) 화(火)

● 1, 2, 3월생 (봄)

춘화상령(春火相令)이라 목기(木氣)는 화기(火氣)를 도와서 열기
(熱氣)는 점점 왕성해진다.

희성(熹性)	금(金), 수(水), 토(土)
기성(忌性)	목(木), 화(火)

● 4, 5, 6월생 (여름)

하화왕령(夏火旺令)이라 화기가 일 년 중 가장 왕성한 계절이다.

희성(熹性)	금(金), 수(水), 토(土)
기성(忌性)	화(火), 목(木)

● 7, 8, 9월생 (가을)

추화수령(秋火囚令)이라 그 왕성하던 화기(火氣)도 점점 쇠퇴하
여 누그러진다.

희성(熹性)	목(木), 화(火), 수(水)
기성(忌性)	금(金), 토(土)

● 10, 11, 12월생 (겨울)

동화사령(冬火死令)이라 화기(火氣)가 극히 쇠잔하여 미약하다.

희성(熹性)	목(木), 화(火), 토(土)
기성(忌性)	수(水), 금(金)

(다) 생일(生日) 천간(天干) 무기(戊己) 토(土)

● 1, 2, 3월생 (봄)

춘토사령(春土死令)이라 토기(土氣)가 쇠약하고 그 세력이 외롭다.

희성(熹性)	화(火), 토(土), 금(金)
기성(忌性)	목(木), 수(水)

● 4, 5, 6월생 (여름)

화토상령(火土相令)이라 토기(土氣)가 왕성하여 마르고 갈라질 우려가 있다.

희성(熹性)	수(水), 금(金), 목(木)
기성(忌性)	화(火), 토(土)

● 7, 8, 9월생 (가을)

추토휴령(秋土休令)이라 자왕모쇠(子旺母衰)하여 토기(土氣)는 설기(洩氣)되어 생기가 없다.

희성(熹性)	토(土), 화(火), 목(木)
기성(忌性)	금(金), 수(水)

● 10, 11, 12월생 (겨울)

동토수령(冬土囚令)이라 토기가 진흙을 이루면서 겉으로는 차고 안으로는 음습하다.

희성(熹性)	화(火), 토(土), 목(木)
기성(忌性)	금(金), 수(水)

(라) 생일(生日) 천간(天干) 경신(庚辛) 금(金)

● 1, 2, 3월생 (봄)

춘금수령(春金囚令)이라 기체는 약하고 성질은 부드럽다.

희성(熹性)	토(土), 금(金), 화(火)
기성(忌性)	목(木), 수(水)

● 4, 5, 6월생 (여름)

하금사령(夏金死令)이라 금기(金氣)가 미약하고 그 기질이 유연하다.

희성(喜性)	토(土), 금(金), 수(水)
기성(忌性)	화(火), 목(木)

● 7, 8, 9월생 (가을)

추금왕령(秋金旺令)이라 기세가 당당하고 성질이 몹시 강건하다.

희성(喜性)	수(水), 화(火), 목(木)
기성(忌性)	금(金), 토(土)

● 10, 11, 12월생 (겨울)

동금휴령(冬金休令)이라 성질이 한랭하고 금기(金氣)가 물밑으로 가라앉아 힘이 없다.

희성(喜性)	화(火), 토(土), 금(金)
기성(忌性)	수(水), 목(木)

(마) 생일(生日) 천간(天干) 임계(壬癸) 수(水)

● 1, 2, 3월생 (봄)

춘수휴령(春水休令)이라 춘수(春水)가 넘쳐흘러 둑이라도 무너뜨릴 듯한 기세다.

희성(喜性)	토(土), 화(火), 목(木)

기성(忌性)	수(水), 금(金)

● 4, 5, 6월생 (여름)

하수수령(夏水囚令)이라 외관상으로는 충실해 보여도 내면적으로는 허약하다.

희성(熹性)	수(水), 금(金), 토(土)
기성(忌性)	화(火), 목(木)

● 7, 8, 9월생 (가을)

추수상령(秋水相令)이라 모왕자왕(母旺子旺)하여 그 기세가 왕성하다.

희성(熹性)	화(火), 토(土), 목(木)
기성(忌性)	금(金), 수(水)

예) 1992년(임신: 壬申) 5월(병오: 丙午) 14일(임진: 壬辰) 14:00시(정미: 丁未)생의 경우 사주를 예시하면 다음과 같다.

연: (年)	임신 (壬申)	수금 (水金)	생일 천간(天干) 임수(壬水)가 5월에 출
월: (月)	병오 (丙午)	화화 (火火)	생 실령(失令)을 하여 뿌리가 약하다.
일: (日)	임진 (壬辰)	수토 (水土)	이를 보완하기 위하여 금(金)으로 수원 (水源)을 돕거나 토(土), 수(水), 희성(熹
시: (時)	정미 (丁未)	화토 (火土)	性)을 쓰고 화(火), 목(木)은 기성(忌性) 이니 피하는 게 좋다.

韓	景	在
17	12	6

천격(17) 인격(29) 지격(18)

(金) → (水) ← (金)

희성(熹性) 금(金), 수(水)를 선택했다. 주운(主運) 인격(人格) 수(水)를 천격(天格) 금(金)과 지격(地格) 금(金)이 돕고 있다. 생일(生日) 천간(天干) 임수(壬水)가 실령(失令)을 하여 뿌리가 약한 것을 금생수(金生水)하여 수원(水源)을 삼고 보완하여 이상적이다.

4. 기초운(基礎運)

성명의 인격(人格)과 지격(地格)의 오행 배치를 '기초운'이라 한다. 이는 곧 인격 대 지격이 되는데 기초운에서는 기초, 가정, 처자, 제매(弟妹), 부하, 직업, 건강, 수명 등 기본, 토대 관계의 기초운을 본다.

예)

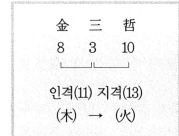

金	三	哲
8	3	10

인격(11) 지격(13)
(木) → (火)

인격(人格) 목(木)과 지격(地格) 화(火)를 대비하여 기초운을 감정한다.

● **상생(相生)의 유도(誘道) 작용**

인격(人格)이 지격(地格)을 생성하면 (인격 목(木)→지격 화(火)) 자녀를 애호하고 처자와 부하들 사이에서 조화를 이룩하여 본신(本身)이 노력한 만큼 충분한 보상과 대가를 받으면서 편안을 얻을 수 있다. 이와 반대로 지격이 인격을 생성하면 (인격 화(火)←지격 목(木)) 자녀들이 효순(孝順)하고 아내의 내조와 부하들의 협조를 받으며 기초가 건실하여 본인의 능력을 백분 발휘할 수 있다.

● 상극(相剋)의 유도(誘道) 작용

인격이 지격을 상극하면 (인격 수(水)→지격 화(火)) 처자와 인연이 엷고 부하들과도 화목하지를 못하여 기초가 불안하고 이동이 잦으며 주거와 직업이 자주 변전하기가 쉽다. 간혹 부하들과의 연류로 흉화를 당할 수도 있고 또한 신체의 상해, 급변, 급화 등이 발생하기도 한다. 그러나 목극토(木剋土)의 경우는 무방하며 예외로 친다.

이와 달리 지격이 인격을 극제하면 (인격 화(火)←지격 수(水)) 자녀들이 불효하고 아내의 내조를 받을 수 없으며 또한 부하들의 극제(剋制)를 당하고 급화, 재앙 등이 자주 발생하기도 하나 간혹 평안을 누리는 수도 있다.

5. 성공운(成功運)

성명의 인격(人格)과 천격(天格)의 오행 배치를 성공운이라 한다. 이는 곧 인격 대 천격이 되는데 성공운에서는 선조, 부모, 손위(長

上), 형자(兄姉), 남편, 희망, 성공, 직업, 건강, 수명 등 발전 향상과 성공 관계의 운을 본다.

예)

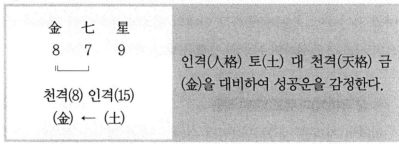

金　七　星
8　7　9
┗━┛
천격(8) 인격(15)
(金) ← (土)

인격(人格) 토(土) 대 천격(天格) 금(金)을 대비하여 성공운을 감정한다.

● 상생(相生) 유도(誘道)의 작용

인격이 천격을 생성하면(인격 토(土)→천격 금(金)) 부모와 장상(長上)에 효순하고 하는 일에 향상과 발전이 빠르며 순조롭게 성공도 기약할 수 있다.

이와 달리 천격이 인격을 상생하면 (천격 목(木)→인격 화(火)) 부모와 장상(長上)의 음덕과 애호를 받고 간혹 귀인의 도움을 얻어서 상당한 출세와 성공도 기약할 수 있다.

● 상극(相剋)의 유도(誘道) 작용

인격이 천격을 극제하면(인격 수(水)→천격 화(火)) 부모와 장상(長上)에 불효 불순하고 제반사가 뜻과 같이 순조롭게 이룩되지 못하여 곤경에 빠져드는 수가 있다.

이와 달리 천격이 인격을 상극하면 (천격 수(水)→인격 화(火)) 부모와 손위 사이에 조화가 결핍되고 또한 인연도 희박하다. 간혹 궂

은 일과 수고만 하고 공이 없는 심신의 과로 등으로 크게 성공하기
가 어렵다. 다만 극히 드문 일이기는 하지만 간혹 뜻밖에 성공을 성
취하는 수도 있다.

6. 내외운(內外運)

성명의 인격(人格) 대 외격(外格)의 오행 배치를 '내외운(內外運)'
이라 한다.

이는 대내 대외의 환경과 배우자의 인연관계 및 사회적인 사교,
활동, 출세 등 행운상 변화에 중대한 영향을 주는 운이다. 대개 내외
운이 좋으면 만년까지 중단 없이 행운을 누릴 수 있으나 그렇지 못
하고 흉하면 중도에 중단이 되어 불운에 빠져들기도 한다.

예)

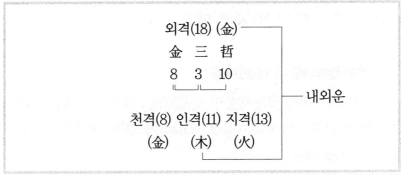

이상과 같이 성명의 인격(人格)을 중심으로 하여 대 지격(地格)운
을 '기초운'이라 하고 대 천격(天格)운을 '성공운'이라 하며 대 외격

(外格)운을 '내외운(內外運)' 또는 부운(副運)이라 이르면서 기초운과 성공운의 천(天), 인(人), 지(地)의 오행 배치를 삼재배치(三才配置)라 칭한다.

예)

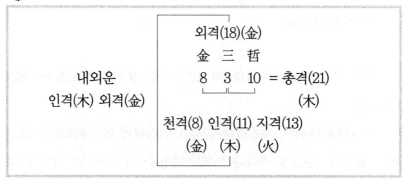

7. 기초운(基礎運)과 성공운(成功運) 일람표

(1) 인격(人格)이 목(木)일 때

● 지격(地格) 목(木), 대길(大吉)

외유내강(外柔內剛)한 성품이 성실하게 노력하여 기초를 튼튼하게 다지고 주위의 신망과 도움을 받으며 자녀들도 현명하고 효순하는 대길의 운격이다.

● 천격(天格) 목(木), 대길(大吉)

외유내강한 성품이 대인관계가 원만하여 주위의 지원과 협력을 받으면서 순탄하게 성공하여 소기의 목적을 달성하는 대길의 운격이다.

● 지격(地格) 화(火), 길(吉)

기초가 안정되어 별 어려움없이 평안을 유지하다가 만년에 가서 대성 발전한다. 다만 천격(天格)이 수(水)일 경우에는 천지(天地)가 상극되어 흉수(凶數)로 변할 수도 있다.

● 천격(天格) 화(火), 대길(大吉)

매사 하는 일이 뜻과 같이 성취되어 일취월장(日就月將)하고 향상 발전하여 소기의 목적을 무난히 달성하는 대길의 운격이다. 그러나 간혹 중도에서 중절되는 수도 있다.

● 지격(地格) 토(土), 대길(大吉)

일생에 변동이 적고 기반이 튼튼하여 경영하는 사업도 별 어려움 없이 순조롭게 성취하여 주위의 존경과 신망을 받을 수 있는 대길의 운격이다.

● 천격(天格) 토(土), 흉(凶)

외관상으로 보기에는 화려하게 보여도 내면적으로는 곤란하다. 하는 일이 지지부진하여 어려움이 따르고 성공이 더디며 가족과의 인연 또한 아름답지 못하다. 건강적인 측면에서도 위장 질환에 이환(罹患)되기가 쉽다.

● 지격(地格) 금(金), 흉(凶)

환경에 변동이 빈번하여 이동을 자주하게 된다. 한편 수하 직원들이 불성실하고 자녀들도 불건전하여 박해를 당할까 우려된다. 그리하여 항상 마음이 불안정하고 폐(肺) 질환 등에 쉬 이환(罹患)되기도 한다.

● 천격(天格) 금(金), 흉(凶)

성질이 예민하고 대인관계에 의심을 많이 한다. 사업에 수완이 없고 일을 하는 데 기교가 부족하여 향상, 발전, 성공하기가 어렵다. 그리고 건강도 좋지 못하여 신경쇠약, 호흡기 질환 등에 이환되기가 쉽다.

● 지격(地格) 수(水), 흉(凶)

부단한 노력으로 일시적인 향상과 발전을 기할 수 있으나 뜻하지 않은 변괴수가 유발되면 부평초(浮萍草)처럼 떠돌이 신세가 되기도 한다. 그리고 일신이 병약하여 늘 번민을 하게 되는 흉수도 암시한다.

● 천격(天格) 수(水), 대길(大吉)

선고후락(先苦後樂)의 운이라 초 · 중년에는 괴로움이 따라도 후 · 말년에는 즐거움이 가득찬 영화로운 길운이다. 손윗사람들의 도움과 주위의 협조를 받으면서 점차 향상 발전하여 무난하게 성공을 성취한다.

(2) 인격(人格)이 화(火)일 때

● 지격(地格) 목(木), 대길(大吉)

견고한 기반과 비축된 재산으로 안정권을 유지하면서 거듭 발전을 기하고 사회적 지위와 명예도 누릴 수 있는 대길한 운이다. 특히 여자에게는 부드럽고 상냥한 남다른 매력의 소유자가 된다.

● 천격(天格) 목(木), 길(吉)

일생에 별 어려움 없이 손윗사람들의 도움을 받으면서 순조롭게 성공하는 좋은 운이 된다. 다만 여자와의 관계를 조심하지 않으면 풍파수가 따르니 각별히 유의를 해야 할 수다.

● 지격(地格) 화(火), 반길(半吉)

일시적인 왕성한 운이 있기는 하나 근본 기초가 튼튼하지 못하고 인내성과 지구력이 부족하다. 그러나 대체로 별 어려움 없이 순탄하게 지낼 수 있다. 간혹 왕성한 그 행운에 중단수가 따르기도 한다.

● 천격(天格) 화(火), 길(吉)

백사가 순성하여 별 어려움을 모르고 순탄하게 성공하는 좋은 운이 된다. 다만 급격한 감동을 억제하는 수양이 필요하며, 또 지격(地格)이 '토(土)'가 되면 선길후흉(先吉後凶)격이 되어 일시적인 왕운(旺運)이 흉수로 변화하기도 한다.

● 지격(地格) 토(土), 길(吉)

기반이 건실하고 몸과 마음이 편안할 행운의 수다. 그러나 천격(天格)이 '화(火)'가 될 때에는 행운이 흉수가 되어 수명이 단축 될 수도 있다.

● 천격(天格) 토(土), 길(吉)

경영하는 일들이 뜻과 같이 성취되어 크게 성공하고 사방에 이름을 떨친다. 다만 다른 사람의 원망을 살까 두려우니 대인관계를 원활히 유지해야 한다. 간혹 수리(數理)가 좋지 못하면 불행한 비운의 명이 되기도 한다.

● 지격(地格) 금(金), 흉(凶)

외관상 보기에는 안일한 것 같아도 기실 내면적으로는 그렇지 못하고 늘 번민을 한다. 가정과 수하들 사이에서 다툼이 빈번하여 정신적으로 피로하고 몸은 호흡기 계통의 질환에 병들기가 쉽다.

● 천격(天格) 금(金), 흉(凶)

늘 자기 자신을 과대평가하는 자만심 때문에 크게 발전을 못한다. 하는 일이 어느 정도 향상 발전하고 성과를 거두게 되면 다시 자만심이 발동하여 하강 침체되고 심신이 과로하여 신경쇠약, 폐질환 등 병액을 겪을 수 있다.

● 지격(地格) 수(水), 대흉(大凶)

지격이 인격을 극제하면 절대 불안정하다. 매사가 뜻과 같이 성취되는 것 없이 설상가상(雪上加霜)으로 불의의 재화가 발생하여 재산에 많은 손실이 있거나 아니면 생명까지 위협하는 대흉운이 야기될 수도 있다. 그리고 수하로부터 피해를 당하는 운도 개재되어 있다.

● 천격(天格) 수(水), 대흉(大凶)

천격이 인격을 극제하면 사면초가(四面楚歌)로 크게 성공하기가 어렵다. 급변(急變), 급난(急難)의 수이고, 신체적으로도 심장마비, 뇌일혈 등 흉변이 야기될 흉운도 개재된다.

(3) 인격(人格)이 토(土)일 때

● 지격(地格) 목(木), 흉(凶)

주변 환경이 불안정하여 마음이 산란하고 변동수가 많이 발생한다. 그리고 또 수하의 도움도 받을 수 없고 이사도 자주한다. 여자는 지위나 신분이 쉽게 변화되기도 하고 신체적으로 위장 질환에 쉬 이환되기도 한다.

● 천격(天格) 목(木), 흉(凶)

천격이 인격을 상극하여 불평과 불만이 가득 찬 격이 되어 인생의 전반기는 비록 다행하다 해도 중·후기부터는 액운이 많이 따른다. 그러나 큰 화액은 없고 다만 뇌일혈 등 급환이 내습할 우려가 있다.

● 지격(地格) 화(火), 대길(大吉)

수하 사람들의 도움으로 안정을 얻고 재화를 모면한다. 선고후락
(先苦後樂)의 격이라 처음은 고생스러워도 나중에는 즐거움이 따르
는 운격이라 점차적으로 향상 발전하여 소기의 목적을 달성하고 재
물도 모을 수 있다. 여자는 남다른 매력을 지니는 특징이 있다.

● 천격(天格) 화(火), 대길(大吉)

조상의 음덕과 손윗사람들의 도움을 받고 순탄하게 성공하여 별
어려움을 모르고 편안하게 장수를 누리는 대길의 운격이다. 간혹
다른 격과의 배합이 불길하면 중단되는 수도 있다.

● 지격(地格) 토(土), 길(吉)

일생을 무난하게 편안을 누리는 길격이기는 하나 천격(天格)이
토(土)일 경우에는 사람이 용렬하고 활발성이 없다. 그래서 남자는
가족과 헤어지기도 하고 또 여자는 정조 관념이 불순하기도 하다.

● 천격(天格) 토(土), 길(吉)

성격이 묵중하고 다소 우둔해 보여도 근면 성실하여 사람들과 쉽
게 잘 사귀고 또 쉽게 잘 헤어지기도 한다. 그리하여 성공이 지연되
기도 하나 대체로 별 근심없이 편안하게 행복을 누리는 길격이다.

● 지격(地格) 금(金), 반길(半吉)

다소 소극적인 성향이 있기는 하나 매사 하는 일이 철저하고 세
밀하여 실수가 없고 신빙성과 안정감이 있다. 그래서 실패를 모르

고 향상 발전하여 쉽게 목표를 달성한다. 다만 중년 후기에 간혹 부부의 인연이 변할 수가 있어서 흠이다.

● 천격(天格) 금(金), 대길(大吉)

별 장애 없이 순조롭게 성공하여 소기의 목적을 달성하고 편안하게 행복을 누리면서 향상 발전하는 대길의 운격이라 가문도 융창하여 경사가 중중하다.

● 지격(地格) 수(水), 대흉(大凶)

인격(人格)이 지격(地格)을 극제하여 불안정하다. 하는 일도 제대로 성취되는 것 없이 설상가상(雪上加霜)으로 재화만 속출하여 급변(急變) 전락(轉落)하는 흉격이다. 하루아침에 재산과 건강을 상실할 수도 있고, 또한 소화기 계통의 질환과 뇌일혈 등 액환의 우려가 있다.

● 천격(天格) 수(水), 반길(半吉)

완고한 고집이 남의 권고를 듣지 않고 자존심과 허영심 때문에 과실을 숨기려 장애만 거듭되어 성공하기가 어렵다. 그러나 간혹 난관을 극복하여 성공하기도 한다.

(4) 인격(人格)이 금(金)일 때

● 지격(地格) 목(木), 흉(凶)

성정이 민감하고 의심이 많다. 외관상 보기에는 안정되게 보여도 그 실상 내면적으로는 변화가 빈번하여 늘 불안정하다. 그리고 평소 어떤 난관을 극복하지 않으면 토대가 무너지는 수 있다.

● 천격(天格) 목(木), 흉(凶)

표정의 변화가 작고 과묵한 성향이 한번 어려우면 또 어려움이 닥치게 되어 고난과 심신의 과로 때문에 늘 편안하지 못하다. 간혹 특별히 노력하고 성실하게 매진하여 상당한 성공을 거둔 사람도 있다.

● 지격(地格) 화(火), 흉(凶)

환경이 불안정하고 수하 사람들의 강압을 받는다. 유혹에 잘 빠지고 생각과 결심에 변동이 많으며 하는 일에 부침이 심하면 자포자기(自暴自棄)하여 만년에까지 흉하다.

● 천격(天格) 화(火), 흉(凶)

성공운이 억압되어 하는 일이 제대로 잘되는 게 없어 항시 불평과 불만이 가득 차 있다. 그리고 건강적인 측면에서도 내과 질환에 이환(罹患)되기가 쉽다. 간혹 성실히 노력하여 성공하는 수도 있다.

● 지격(地格) 토(土), 대길(大吉)

기초가 안정되고 환경이 좋으며 몸과 마음이 편안하다. 수하 사람들의 협조를 받아 크게 성공할 수도 있다. 여자도 이름을 떨칠 수 있는 좋은 격이 된다.

● 천격(天格) 토(土), 대길(大吉)

손윗사람들로부터 혜택이 주어지고 몸과 마음이 모두 편안하다. 평소 성실히 노력하여 크게 성공 발전할 수도 있으나 크게 성공한 가운데 간혹 슬퍼질 수가 있기도 하다.

● 지격(地格) 금(金), 흉(凶)

재치도 있고 지능도 우수하나 성품이 지나치게 강건하여 동화력(同和力)이 부족하고 대인관계가 원만하지 못하다. 그래서 불화, 비난, 고독, 조난 등의 액화수가 따르게 된다.

● 천격(天格) 금(金), 흉(凶)

성질이 지나치게 강건하여 대인관계에서 늘 불화를 불러일으키고 재화를 유발한다. 그래서 비난, 조난, 병액 등의 액화가 수반되어 불길한 운격이 된다. 그러나 다만 지격이 토(土)가 되면 흉한 것이 변해서 좋은 운을 조성하기도 한다.

● 지격(地格) 수(水), 대흉(大凶)

경영하는 일마다 자승자박(自繩自縛) 격이 되어 성공과 평안을 얻기가 어렵고 급변, 파란, 몰락 등 비운이 내재되어 간혹 평온한 가운데서도 뜻하지 않은 흉화가 야기되기도 한다.

● 천격(天格) 수(水), 대길(大吉)

성격은 명랑하고 하는 일이 뜻과 같이 성취되어 별 어려움 없이 발전 성공하는 대길한 운격이다. 간혹 재혼수와 불의의 재화를 겪은 이도 있기는 하지만 길격으로 친다.

(5) 인격(人格)이 수(水)일 때

● 지격(地格) 목(木), 반길(半吉)

기반이 안정되고 몸과 마음이 건전하여 성공을 기약할 수 있으나 다만 불의에 전락(轉落) 좌절하는 수가 있으며 또한 폐(肺), 신장계 통 등의 질환에 이환(罹患)되기가 쉽다.

● 천격(天格) 목(木), 반길(半吉)

대외적으로는 순조롭게 성공을 이룩하나 이와 달리 가정적인 운 이 박약하다. 그리고 수리(數理)가 흉하면 초년이나 만년에 재화가 발생하는 수 있다.

● 지격(地格) 화(火), 대흉(大凶)

성격이 지나치게 민감하여 매우 신경질적이다. 뜻밖에 돌연히 발 생하는 액난, 급변, 급화 등의 흉화가 있다. 다만 수리(數理)가 모두 음수(陰數: 짝수)일 때는 심장병에 이환되기가 쉬우나 생명에는 별 염려가 없다.

● 천격(天格) 화(火), 흉(凶)

상사에게 순종하는 복종심이 없이 반항의식이 팽배하여 사회적 으로 악평을 받고 외롭다. 간혹 견고한 의지로 성공하는 수도 있으 나 대개 곤궁하고 급난(急難), 병액(病厄) 등에 빠지는 수가 많다.

● 지격(地格) 토(土), 흉(凶)

성격이 오만하고 자신을 과대평가하여 일생에 변화가 많고 불안하다. 외관상 보기에는 안정되게 보여도 기실 내면적으로는 늘 불안하다. 수시로 실망과 역경이 따르고 또한 급변의 징후도 있다.

● 천격(天格) 토(土), 흉(凶)

남보다 성실하고 노력은 많이 하나 공덕은 간데없고 재난과 조소만 따르니 일생을 불평과 불만으로 세상을 원망하며 지내야 하는 불길한 운격이다. 그리고 또한 급변의 재화수도 따른다.

● 지격(地格) 금(金), 반길(半吉)

기반이 견고하여 재물도 모으고 주변 사람들로부터 가위 부자라는 소리를 듣기도 한다. 한 가지 언어와 행동에 조화를 이루지 못하고 불평과 불만이 생기고 간혹 뜻밖에 두 번 결혼하거나 병액(病厄)을 겪을 수도 있다.

● 천격(天格) 금(金), 반길(半吉)

조상의 음덕과 의외의 원조를 받게 되어 쉽게 희망과 목적을 달성할 수 있으나 한 가지 가정이 늘 편안하지 못하다. 만일 그렇지 않으면 본신이 병약하여 늘 시름에 빠져드는 수도 있다.

● 지격(地格) 수(水), 반길(半吉)

한때 크게 성공하여 이름도 떨치고 세도도 누린다. 그러나 오래 가지를 못하고 종내는 고독과 병액에 빠져들어 일장춘몽(一場春夢)

격으로 전락하는 수도 있다. 간혹 천격이 목(木)일 경우 큰 부자(富者)로 성공하는 수도 있다.

● 천격(天格) 수(水), 반흉(半凶)

자신을 지나치게 믿고 백사에 능력을 초과하거나 과분한 행동을 자행한다.

간혹 대성 발전하기도 하나 변화가 빈번하여 황망하게 실패하는 수가 많다. 다만 지격(地格)이 목(木)일 때는 의외로 큰 부자라는 소리를 들을 경우도 있다.

8.내외운(內外運) 일람표

(1) 인격(人格)이 목(木)일 때

● 외격(外格) 목(木), 길(吉)

성격이 솔직, 담백하고 안전성이 있다. 지구력과 참을성이 있고 말없이 실천하는 노력형으로서 크게 발전한다. 다만 시기심이 뛰어나 처세상 대인관계에 불리함이 있다.

● 외격(外格) 화(火), 반길(半吉)

외관상 보기에는 그저 편안하고 즐겁게 보이나 기실 내면적으로는 늘 불안하다. 평소 남보다 많은 노력은 하나 노력한 만큼 소득이 따르지 못한다. 그러나 타격이 양호하면 크게 성공할 수도 있다.

● 외격(外格) 토(土), 길(吉)

말없이 솔선수범하는 실행의 타입이라 노력한 만큼 소득도 따르고 성실하여 크게 성공한다. 다만 남을 낮춰 보고 자신을 과대평가하는 경향이 있다.

● 외격(外格) 금(金), 길(吉)

성품이 겸손하고 예의를 중시하는 형이다. 남을 위하여 자신을 희생하기도 하여 주위로부터 존경과 신망을 얻고 이로 말미암아 대성 발전한다.

● 외격(外格) 수(水), 대길(大吉)

기능 계통이나 예능 방면에 뛰어나 그 재능으로 성공 발전한다. 뜻하지 않은 혜택과 도움을 받으면서 한 걸음 한 걸음 순조롭게 성취하는 운격이다.

(2)인격(人格)이 화(火)일 때

● 외격(外格) 목(木), 반길(半吉)

인화성이 좋아서 쉽게 이성에게 접근하고 동화한다. 그러나 외관상 보기에는 좋아도 내면적으로는 노고가 많고 무슨 일을 실력으로 하려 들지 않는 결함이 있다. 그리고 간혹 외격의 수리가 좋으면 귀인의 도움을 받아서 풍운아적인 인물이 되기도 한다.

● 외격(外格) 화(火), 흉(凶)

성정이 지나치게 조급하여 남과 쉽게 친화하지 못하고 비난과 공격을 받는다. 또한 자기의 주장만 앞세우고 강행하려드니 제대로 잘되는 것이 없다. 다만 선천운(先天運) 가운데 화(火)가 없을 경우 이 운으로 보완을 하면 좋으나 그 외에는 다소 편안을 얻을 수도 있다.

● 외격(外格) 토(土), 길(吉)

근면 성실한 성품이 너무 솔직하여 간혹 오해를 받기도 하나 사필귀정(事必歸正)이라 곧 해명이 되면서 상부상조하고 대성 발전한다.

● 외격(外格) 금(金), 흉(凶)

생각은 단조롭고 행동이 경박하여 허물을 잘 뒤집어쓰고 실패를 자초한다. 매사에 끝맺음이 분명하지 못하면서 허영심만 강하다. 간혹 한때 성공을 해도 종내에 가서는 실패하게 된다. 그러나 인격과 외격의 수리(數理)가 길하면 상당한 성공을 이룩할 수도 있다.

● 외격(外格) 수(水), 흉(凶)

내성적인 성품이 남들과 잘 융화를 못 이루고 사회적 활동이나 경영하는 사업 등 백사가 부진하다. 또한 신병의 우려도 있고 주색을 너무 좋아하여 몸이 상할까 두렵다. 색정(色情)에 대한 주의가 요망된다.

(3) 인격(人格)이 토(土)일 때

● 외격(外格) 목(木), 반길(半吉)

여성에게는 애교가 넘치는 매력이 있으나 남자에게는 이와 달리 고충이 많이 따르기도 한다. 마음이 어질고 남을 사랑하면서 돌아보는 미덕을 지니게 되어 특별히 인격과 외격의 수리가 좋으면 상당한 성공을 거두기도 한다.

● 외격(外格) 화(火), 길(吉)

처세술이 원만하여 쉽게 이성에게 접근하여 동화하고 사회적으로 협조와 지원을 받아 크게 발전 성공한다. 다만 소극적인 성품과 결단력이 부족하고 방임성(放任性)이 농후하여 흠이기도 하다.

● 외격(外格) 토(土), 길(吉)

사회적인 처세술과 대인관계의 친화성은 좋으나 의지가 박약하고 결단성이 부족하다. 다만 타격의 수리(數理)와 천(天), 인(人), 지(地)의 삼재배합(三才配合)이 양호하면 상당한 성공을 성취할 수도 있다.

● 외격(外格) 금(金), 흉(凶)

대인관계는 비교적 원만하고 친절한 편이나 요령이 부족하여 타인의 호감을 얻지 못한다. 비교적 손재수가 많고 또한 사기(詐欺)를 당하기가 쉽다. 간혹 인격과 외격의 수리가 양호하면 일시적인 평온은 유지한다.

● 외격(外格) 수(水), 흉(凶)

가정과 인연이 빈약하고 타인과도 화합하지를 못한다. 다만 처세에 원만하고 화평을 유지하면 타인의 숨은 방해를 면하게 된다. 간혹 이 격에서 풍운아적인 인물이 배출되기도 한다.

(4) 인격(人格)이 금(金)일 때

● 외격(外格) 목(木), 흉(凶)

어떤 일을 경영하는 데 이해를 돌보지 아니하고 말과 행동에도 생각 없이 마구하여 스스로 화를 자초하게 된다. 또한 부모에게도 아무 생각 없이 자극을 주게 되어 불효하게 된다.

● 외격(外格) 화(火), 흉(凶)

매사에 집념이 너무 강하고 대인관계에서도 화합을 이루지 못하여 지탄의 대상이 되고 호감을 얻지 못한다. 간혹 신병이나 조난 등으로 기인하여 몰락하기도 하는데 다만 인격과 외격의 수리가 양호하면 다소 평안을 얻을 수도 있다.

● 외격(外格) 토(土), 대길(大吉)

인품이 건실하고 침착하며 활동성도 기민하고 왕성하여 대성 발전한다. 다만 남과 잘 타협할 줄 모르는 것이 흠이다.

● 외격(外格) 금(金), 흉(凶)

성격이 매우 풍류적이면서도 분투심(奮鬪心)이 강하다. 그리고

가정과도 인연이 엷고 타인과도 잘 충돌하여 지탄을 받으며 종내에
는 고독에 빠져든다.

- **외격(外格) 수(水), 흉(凶)**

외관상으로는 좋아 보여도 내면적으로는 공허하다. 남을 사랑할
줄 모르고 거짓말을 좋아하여 종내에는 실패한다. 간혹 여자 관계
로 어려움을 겪을 수도 있다.

(5) 인격(人格)이 수(水)일 때

- **외격(外格) 목(木), 대길(大吉)**

말과 행동이 일치하고 건실하여 신망을 받는다. 작은 일이라도
심사숙고하여 하자가 없고 순조롭게 대성 · 발전하여 소기의 목적
을 달성하고 늘 태평스럽고 여유가 있다.

- **외격(外格) 화(火), 길(吉)**

일생을 살아가는 데는 다소의 곤란이 있을 수 있다. 그러나 슬기
롭게 잘 처리하고 만난을 타파하면서 대성 · 발전하여 크게 성공한
다.

- **외격(外格) 토(土), 길(吉)**

인품은 담대하지 못하나 하는 일이 주밀하고 지혜롭다. 침착하게
한 걸음 한 걸음 단계적으로 점진하고 남다른 근면성(勤勉性)으로
크게 성공한다.

- **외격(外格) 금(金), 길(吉)**

자기의 주장만 앞세우고 남의 의견을 수용할 줄 몰라서 말싸움을 많이 한다. 남의 지배를 극히 싫어하고 상위자리만 차지하려 하는 것이 흠이라면 흠이다. 그래도 성공은 가능하여 길격이다.

- **외격(外格) 수(水), 길(吉)**

내성적인 성품이기는 하나 재운이 좋아서 크게 발전 성공할 수 있다. 간혹 이 격에서 대부호가 배출되기도 한다.

9. 삼재(三才)의 오행배치(五行配置)

천(天) · 인(人) · 지(地) 삼재(三才)의 오행배치는 성명의 중추적 역할을 하며 일생의 성불성(成不成)을 좌우하는 중요한 작용을 한다.

천 · 인 · 지 삼재의 오행 배합이 좋으면 설사 각격의 수리(數理)가 불길하다 해도 이를 상당히 완화할 수 있다. 그러나 이와 반대로 오행의 배합이 불길하면 각격의 수리가 비록 다 좋아도 성공과 행복을 기약하기가 어렵다. 따라서 오행의 삼재 배합은 수리(數理) 이상의 영도력(靈導力: 작용력)을 발휘하고 있으니 성명 감정에 가장 많은 비중을 두어야 할 사항이다.

삼재오행(三才五行)의 영도력(靈導力)

- **목목목(木木木), 길(吉)**

[특성] 성품이 온건하고 성실하며 지혜 또한 총명하고 지구력도 있으나 다만 외유내강(外柔內剛)한 기질이 남자답게 활발하지를 못하다.

[운세] 기초가 안정되어 경영하는 사업이 순조롭게 향상 발전하여 소기의 목적을 달성하고 성공한다.

가정도 원만하고 자녀들이 유순하며 일신도 건강하여 일생을 무병하게 영화로운 복록을 누릴 수 있다.

다만 각격의 수리가 흉하면 제삼자의 방해수(妨害數)가 야기되기도 한다.

● 목목화(木木火), 길(吉)

[특성] 성격이 온순하고 착실하며 지혜 또한 총명하다. 외유내강(外柔內剛)한 성품이 감수성만 강하고 도량이 넓지를 못하여 희로애락(喜怒哀樂)의 정감이 극단적으로 표현되기도 한다.

[운세] 기초가 안정되고 경영하는 일들이 뜻과 같이 순조롭게 성취되어 번영과 행복을 누린다.

가정도 화목하고 자녀들도 대성하여 영화롭다. 본신도 일생을 건강하게 장수하면서 명예도 함께 누리는 좋은 격이 된다.

● 목목토(木木土), 길(吉)

[특성] 성품이 온화하고 지혜가 총명하며 재치가 있다. 외유내강(外柔內剛)하면서도 친근감이 있고 사교성이 좋다. 신용도 두텁고 주위 사람들로부터 존경을 받는다.

[운세] 기초가 안정되어 경영하는 일들은 순조롭게 성공하고 대성

발전하여 편안하게 행복을 누린다. 가정도 화목하고 자녀들도 유복하며 일신도 건강하여 장수를 한다.

● 목목금(木木金), 흉(凶)

[특성] 성품은 정직하고 친절하며 의리를 중히 여기기는 하나 다만 완고한 고집이 사람을 업신여기고 사교성이 졸렬하여 타인의 반감을 사게 된다.

[운세] 성공운이 있기는 하나 항상 모략과 박해가 따르고 유동(流動)과 변화(變化)가 빈번하여 늘 불안정하다. 가끔 수하 사람으로부터 위협과 손실을 당하고 괴로움을 겪게 되는 불안정한 운격이다.

가정도 불목하고 자녀들이 불효하며 일신은 병약(病弱)하여 신병(身病)으로 고생을 하는데 특히 내과 질환에 각별한 주의가 필요하다.

● 목목수(木木水), 흉(凶)

[특성] 성격은 온순하면서 착실하고 노력을 많이 하는 성실한 타입이다. 감수성이 강하고 열정적이며 이해심도 많다.

[운세] 일시적인 호운(好運)으로 순조롭게 발전 성공하여 외관상으로는 안정되게 보여도 내면적으로는 그렇지 못하다. 세월이 흘러 한 번은 크게 실패를 당하는 수도 있다.

가정은 원만하고 자녀들도 효순하나 일신이 뜻을 상실하고 번민하는 가운데 병약하거나 아니면 동서남북 유랑하는 불안정한 징조가 있다. 그리고 특히 신장 질환에 주의가 요망된다.

● 목화목(木火木), 길(吉)

[특성] 감수성이 예민하여 **희로애락**(喜怒哀樂)이 극단으로 표현된다. 마음씨도 착하고 친절하며 여성은 부드럽고 온화하여 매우 매력적이다.

[운세] 부모의 여덕(餘德)과 상하(上下)의 도움을 받아 기초가 튼튼하여 순조롭게 발전 성공하는 좋은 운격이다. 지위와 재산이 안정되고 가정도 화목하여 부부가 유정하고 자녀들도 유순하면서 효도를 한다. 일신도 많은 사람들로부터 존경받고 몸과 마음이 편안하여 장수를 누린다. 다만 여색에 각별한 주의가 필요하다.

● 목화화(木火火), 중길(中吉)

[특성] 감수성이 예민하여 **희로애락**(喜怒哀樂)의 감정을 극단으로 표현한다. 범사에 과단성이 있고 사리가 분명하며 투지력도 대단하다. 다만 조급한 성격이 너무 성을 잘 내는 것이 흠이다.

[운세] 부모의 여덕과 세업으로 별 어려움 없이 성공한다. 다만 참고 견디는 힘이 부족하여 경영하는 일에 실패를 하고 어려움을 겪기도 한다.

가정은 비교적 원만하고 불행함이 없으나 다만 일신이 병약하여 심장질환, 고혈압 등에 이환되기가 쉽다. 그리고 여자 때문에 어려움을 겪을 수도 있으니 각별한 근신이 요망된다.

● 목화토(木火土), 길(吉)

[특성] 온화한 성품이 친절하고 감수성이 강하며 매사에 매우 열정적이다. 대인관계가 원만하고 사교성도 우수하다.

[운세] 부모의 여덕과 상하의 도움으로 기반이 건실하고 경영하는

일들도 순조롭게 대성 · 발전하여 성공하고 행복을 누리는 좋은 운격이다.

가정이 화목하고 자녀들이 효순하며 일신도 건강하고 무병장수하는 길격이다.

● 목화금(木火金), 흉(凶)

[특성] 희로애락(喜怒哀樂)의 감정이 극단적으로 표현되는 예민한 성격이다. 허영과 풍류적인 기질로 실속없는 허풍상이다.

[운세] 부모의 세업과 손윗사람들의 도움으로 순조롭게 일시적인 성공은 기할 수 있으나 오래가지를 못한다. 외관상으로는 평온하게 보여도 내면적으로는 공허하고 항상 불안하다. 수하로부터 손실을 당하고 괴로움을 겪으면서 신병으로 고생을 한다.

가정도 화목하지 못하고 자녀들 또한 불행하여 풍파가 끊이지 않는 피곤한 운격이다.

● 목화수(木火水), 흉(凶)

[특성] 강렬한 성격으로 남달리 투쟁심이 강하여 다투기를 좋아한다.

[운세] 선부후빈(先富後貧: 처음은 부(富)해도 나중에는 가난함)격이라 일시적인 성공으로 처음은 부(富)해도 뒤는 가난하다.

장상(長上)의 혜택은 있으나 기초가 불안정하고 불의의 재난과 또한 수하들과의 불목으로 재산을 상실당할 수 있다.

부부는 무정하고 자녀와도 화목하지 못하며 일신은 고독하게 전전하면서 고난을 겪게 된다. 특히 신병에 각별한 주의를 경주해야 한다.

● 목토목(木土木), 흉(凶)

[특성] 모든 일에 호기심은 대단하나 쉬 시들고 주관과 침착함이 없는 의지박약한 형이다.

[운세] 부모와 인연이 엷고 형제들과도 흩어져 살며 자녀 또한 무덕하고 부부도 화목하지를 못하며 고독하게 신고(辛苦)를 겪는 운격이다. 백사가 계획대로 되는 것이 없으니 성공하기가 어렵다. 경영하던 사업도 변화가 많이 따르고 주거의 이동도 빈번하다.

일신은 병약하여 위장, 호흡기, 신경쇠약 등 질환으로 고생을 겪을 염려가 있다.

● 목토화(木土火), 중길(中吉)

[특성] 모든 일에 호기심은 대단하나 의지가 박약하여 관철을 하지 못한다. 그러나 때로는 인내력을 발휘하기도 한다.

[운세] 각격의 수리(數理)와 선천운(先天運)이 좋으면 소기의 성공과 발전을 기약할 수 있는 운격이다. 항시 불평과 불만이 끊이지 않으나 대체로 재액은 피하고 평범하게 현상은 유지하는 중길수(中吉數)로 친다.

가정적으로 부모는 무덕하나 부부는 원만하고 자녀 또한 효도를 한다. 다만 일신은 신병이 염려되니 건강에 항시 유의해야 한다.

● 목토토(木土土), 흉(凶)

[특성] 성품이 온순하고 신중하기는 하나 다만 내성적인 기질이 쉽게 남의 선동(煽動)에 잘 움직인다.

[운세] 성공과 발전운이 억압되어 큰 뜻을 펴 보지도 못하는 운격

이다. 사업은 부진하여 재산을 탕진하고 부모와 불목하며 불평과 불만이 항시 가득 차 있다. 다만 자녀들이 효도를 하여 대체로 평범을 유지하나 부부가 화목하지 못하여 불행한 일들이 자주 발생한다. 그리고 일신은 내과 질환에 이환되기가 쉬우니 항시 건강에 유의해야 한다.

● 목토금(木土金), 흉(凶)

[특성] 성격은 자상하나 남자다운 담력이 없고 활발하지 못하여 매사에 너무 소극적이다.

[운세] 성공과 발전운이 미약하여 크게 성취되는 것이 없다. 초년에는 일시적인 성공을 이룩하여 대체로 안정을 기하나 육친이 무덕하고 환경이 불안정하여 부모와 헤어지고 타향에서 외로이 전전하다가 위장 질환으로 신고를 겪게 된다.

다만, 자녀의 운이 양호하여 안정을 기할 수 있다.

● 목토수(木土水), 흉(凶)

[특성] 남자다운 담력이 없고 의기소침하여 보수적이기는 하나 친절 하다. 그러나 사교성이 졸렬하여 원한을 자초하는 기괴한 운격이다.

[운세] 자주 변하는 괴이한 운이 유발되어 크게 성공하기는 어렵다. 급변전락(急變轉落)하는 불안의 수도 있고 항상 불평과 불만에 가득 차 있다.

가정적으로 부모는 무덕하고 자녀 또한 불행하며 일신은 일생을 고적하게 신병으로 고생을 겪게 되는 흉격이다. 특히 신약하니 건강에 유의를 해야 한다.

● **목금목(木金木), 흉(凶)**

[특성] 온화한 성품이 인정미가 있고 친절하며 의협심도 투철하나 너무 고집이 지나쳐 사교성이 폭넓지 못하다.

[운세] 큰 발전성이 없고 성공운이 불왕하여 백사 제대로 성공하는 것이 없다. 표면상으로는 안정되게 보여도 내면적으로는 공허하여 애로가 많다. 가정도 불행하고 자녀들을 너무 엄격하게 다루는 경향이 있으며 일찍이 타향에서 고생을 하다가 불구의 몸이 되기도 하는 위험 수도 있다.

● **목금화(木金火), 흉(凶)**

[특성] 성격은 과묵한 편이나 세상 물정과는 잘 통하지 않고 자중함이 없이 언행을 함부로 자행하여 천시를 당한다.

[운세] 기초가 불안정하고 계획성이 없이 함부로 일들을 시작하여 심신이 피로하고 과분한 언쟁이 정신적 변화를 야기하여 만년이 좋지 못하다.

가정적으로도 불행하여 자녀들이 불효 무덕하고 일신은 신병으로 고생을 하다가 자칫하면 불행하게 단명 · 변사 등의 흉화도 겪을 수 있다.

● **목금토(木金土), 중흉(中凶)**

[특성] 성격은 과묵하고 말수가 적은 편이나 심중에는 항상 불평과 불만이 가득 차 있다.

[운세] 주변 환경과 여건이 안정되어 일시적인 성공은 기약할 수 있으나 성공운이 미약하여 곧 불행을 초래한다.

가정은 비교적 화목하고 자녀들도 효순하나 일신이 병약하여 고생을 한다.

● 목금금(木金金), 흉(凶)

[특성] 성격은 과묵하고 지혜도 총명하나 자신을 과대평가하고 오만하여 세인의 비난과 배척의 대상이 된다.

[운세] 과격한 성격이 친화를 모르고 논쟁을 일삼아 성공하기가 어렵다. 그래서 일생이 고독하고 조난이나 파란 등의 불행이 따르는 운격이다.

부모에게도 불효하고 자녀와도 다툼이 많다. 집안은 늘 어지럽고 일신은 심신이 불안하여 병들기가 쉽다.

● 목금수(木金水), 흉(凶)

[특성] 과묵한 성품이 말수가 적은 편이나 늘 심정이 불안정하다.

[운세] 성공운이 불왕하여 노력한 만큼 소득이 따르지 않는다. 초년에는 세업으로 별 어려움 없이 발전하다가 중도에 실패를 하고 종내에는 비운에 빠져들어 늘 불안 속에서 번민하게 된다.

안으로는 자녀들에게도 노고가 따르고 또한 일신에게는 뇌일혈 등 조난의 액수도 있다.

● 목수목(木水木), 길(吉)

[특성] 성격이 온순하면서 매우 열정적이다. 수상을 존경하고 수

하를 사랑하는 정감이 남다르다.

[운세] 환경이 안정되어 순조롭게 성공 발전하는 길격이다. 가정이 화목하고 자녀들도 유덕하여 몸과 마음이 편안하다. 만일 각격의 수리가 흉수이면 가정이 불안하여 번민을 하고 이환(罹患)되기가 쉽다. 이와 달리 수리가 다 좋으면 더욱 대업을 성취하고 크게 발전 성공한다.

● 목수화(木水火), 흉(凶)

[특성] 성정이 지나치게 민감하고 매우 신경질적이다.

[운세] 한때 순조롭게 발전 성공할 수도 있으나 기초가 불안정하여 뜻하지 않은 재난으로 급변하여 불행에 빠져든다.

가정도 불행하여 부부는 이별할 수도 있고 자녀 또한 불행하다. 일신은 실의에 빠져 외롭게 전전하다가 신병으로 고생하는 흉격으로 친다.

● 목수토(木水土), 흉(凶)

[특성] 자기의 역량을 헤아리지 못하고 오만 방자하여 주위의 비난을 받고 배척을 당한다.

[운세] 처음은 부모의 세업으로 안정을 누리다가 중도에서 거듭 실패를 한다. 부모와 형제의 우애는 없어지고 부부는 이별하며 자녀 또한 무덕하여 일생을 고독하게 전전하다가 신병으로 고생만 하는 흉격이다.

● 목수금(木水金), 중길(中吉)

[특성] 심성(心性)은 어질고 착하나 주의력이 부족하고 범사를 소홀히 다루는 경향이 있다.

[운세] 부모의 세업으로 자산과 명예를 함께 얻는 운격이다. 상생(相生)중 천격(天格)과 지격(地格)이 상극되어 각격의 수리가 불길하면 불행을 초래하고 실패를 한다. 다만 각격의 수리가 적절하면 대업을 성취하여 가정도 원만하고 자녀들도 효순하여 일생이 평안하다.

● 목수수(木水水), 중길(中吉)

[특성] 성격이 변덕스럽고 인색하며 이기적이고 재물에 대한 욕심이 너무 많다.

[운세] 부귀와 명예를 함께 누리는 운격이기는 하나 변괴운(變怪運)이 개재되어 각격의 수리가 불합리하면 파란과 변화, 파산 등 흉수를 내포하여 사업은 가급적 자주 독립하는 것이 이롭다.

가정은 육친이 무덕하고 일신은 고독하다. 간혹 이 격에서 대 부호(富豪: 큰 부자) 또는 장수(長壽)가 배출되기도 한다.

● 화목목(火木木), 길(吉)

[특성] 외유내강(外柔內剛)한 성품이 성실하게 남보다 노력은 많이 한다. 다만 소심한 성격이 남과 잘 다투는 흠이 있다.

[운세] 부모의 유덕과 세업으로 기반이 안정되고 상사의 도움을 받아 순탄하게 목적을 달성하고 발전 성공한다.

가정적으로도 행복하여 부모가 유덕하고 자녀들이 효순하며 일신도 무병하여 장수하고 영화를 누리는 대 길격이다.

● 화목화(火木火), 길(吉)

[특성] 근면 성실하고 남보다 많이 노력하는 형이기는 하나 외유내강(外柔內剛)한 성품이 남과 다투기를 잘하여 흠이다.

[운세] 대체로 성공운이 순조롭고 또한 성실한 노력으로 별 어려움 없이 순탄하게 향상, 발전하여 크게 성공한다.

가정도 화목하고 일신도 건강하여 무병장수하면서 영화를 누리는 길격이다.

● 화목토(火木土), 길(吉)

[특성] 성품이 너그럽고 원만하여 대인관계가 좋다. 그리고 사교성이 뛰어나 여난(女難)의 피해 수가 따르기도 한다.

[운세] 부모의 여덕과 세업으로 기반이 건실하여 순조롭게 성공하고 부귀와 영화를 누리는 길격이다.

가정도 화목하고 자녀들도 효순하며 일신도 건강하여 장수를 한다. 다만 호색(好色)으로 기인하여 여난(女難)의 피해 수가 있으니 근신이 요망된다.

● 화목금(火木金), 흉(凶)

[특성] 외유내강한 성품이 신경은 과민하면서 박력이 없다. 범사 시작은 화려해도 끝맺음이 없는 유시무종(有始無終)의 타입이다.

[운세] 일시적인 성공과 발전은 기할 수 있으나 뜻하지 않은 수하들의 박해를 당하고 환경의 변화로 실패를 한다.

가정도 불행하여 자녀들이 불효하고 집안을 어지럽힌다. 일신은 동분서주(東奔西走)하면서 심신이 과로하여 흉부에 병이 들 염려가 있다.

● 화목수(火木水), 흉(凶)

[특성] 수생목(水生木), 목생화(木生火), 상생(相生) 중 천격(天格)과 지격(地格)이 상극(相剋)되어 변괴운(變怪運)을 내포하고 있다. 외유내강(外柔內剛)한 성품이 노력도 많이 하고 인내력도 있으나 시기심이 강하고 남과 다툼이 많다.

[운세] 일시적인 약간의 성공과 발전은 있으나 천격(天格)과 지격(地格)이 상극(相剋)되어 불의의 재화가 발생하고 허황하게 실패를 하는 변괴운이 있다.

가정적으로도 부모는 유덕하나 자녀들에게는 노고가 많이 따르고 일신은 신병으로 고생을 겪게 된다.

● 화화목(火火木), 길(吉)

[특성] 성품이 상냥하고 인정이 있으며 대인관계가 원만하여 주위 사람들로부터 호감을 받는다. 여자는 매우 매력적인 타입이 된다.

[운세] 기반이 건실하고 또한 수하 사람들의 도움으로 만사가 뜻과 같이 성취되는 대길한 운격이다. 남과 같이 공동사업을 해도 유리하고 독자적인 사업을 경영해도 지위와 재산이 보전되고 크게 성공한다.

가정도 화목하고 자녀들이 효순하며 일신은 건강하여 편안하게 장수를 누리는 길격이다.

● 화화화(火火火), 중길(中吉)

[특성] 강건한 성품이 과단성 있고 열정적이기는 하나 인내심이 부족하고 너무 조급하여 폭발적인 것이 흠이다.

[운세] 불안정한 운격이 되어 일시적인 성공과 발전을 기할 수 있으나 다만 기초가 허약하고 인내성이 부족하여 크게 성공하기는 어렵다.

가정도 원만하지 못하고 일신도 심신이 피로하여 이환(罹患)되기가 쉽다.

● 화화토(火火土), 중길(中吉)

[특성] 온화하고 침착한 성품이 수양을 쌓은 사람처럼 고상하여 처음 대할 때는 좋아도 뒤가 좋지 못하다.

[운세] 일시적인 성공과 발전을 기하여 외관상으로는 화려해 보여도 내면적으로는 고충이 많다. 불의의 재난으로 비운에 빠져드는 수 있고 부모와도 인연이 없어 일찍 자수성가(自手成家)한다. 특히 한눈 팔지 않도록 외정(外情)을 조심해야 한다.

● 화화금(火火金), 흉(凶)

[특성] 성격은 조급하면서도 풍류적이다. 허식과 허영이 많고 여자를 너무 좋아하여 흠이 된다.

[운세] 일시적인 성공을 이룩하여 외관상으로는 평온하게 보여도 내면적으로는 그렇지 못하다. 수하로부터 손재를 당하여 유종의 결실을 거두지 못하고 실패를 한다.

가정도 화목하지 못하여 다툼이 많고 자녀들도 현명하지 못하다. 일신은 고적하고 심신이 과로하여 호흡기 질환에 이환되기가 쉽다.

● 화화수(火火水), 흉(凶)

[특성] 조급한 성격이 매우 신경질적이다. 남자다운 담력도 없고 의지가 박약하며 너무 세밀하다.

[운세] 일시적인 성공은 이룩할 수 있으나 불안정한 운격이 되어 불의의 재화와 급변으로 몸과 재산을 함께 상실하는 수 있다.

가정도 화목하지 못하고 일신은 타향에서 전전하다가 신병으로 고생을 하기가 쉽다.

● 화토목(火土木), 중흉(中凶)

[특성] 성격이 온후하고 아량이 있으며 대인관계가 원만하고 친절하다.

[운세] 부모의 유덕과 세업으로 별 어려움 없이 한때 성공 발전한다. 그러나 중년 말부터 환경의 변화가 빈번하여 하는 일마다 제대로 성취되는 것 없이 재산을 흩뜨리고 종내에는 실패를 한다. 그러나 의식은 걱정 없고 가정도 원만하다. 다만 자녀에 대한 덕이 없고 일신이 병약하여 건강이 염려된다.

● 화토화(火土火), 길(吉)

[특성] 성정이 온후하고 아량이 넓으며 대인관계가 원만하고 친절미가 있다.

[운세] 부모의 여덕과 세업으로 기반이 안정되고 경영하는 일마다 의외의 성공을 이룩한다. 가정도 화목하고 자녀들도 효순하며 일신은 건강하게 무병장수하는 길격이다.

● 화토토(火土土), 길(吉)

[특성] 성품이 원만하고 노력형이다. 의리와 믿음으로 인화(人和)를 잘하고 신임을 얻는다.

[운세] 부모가 유덕하고 재운이 왕성하여 하는 일들이 순조롭게 이룩되어 대업을 성취하고 상당한 발전과 행복을 누리는 길격이다.

가정은 화평하여 부부는 유정하고 자녀들 또한 유덕하다. 일신도 건강하여 무병장수를 누린다.

● 화토금(火土金), 중흉(中凶)

[특성] 상생(相生) 중 천격(天格)과 지격(地格)이 상극(相剋)되어 변괴운(變怪運)이다. 성질은 대체로 원만하고 성실하나 약간 소극적인 경향이 있다.

[운세] 부모의 여덕과 도움으로 무난하게 성공 발전한다. 다만 소극적인 경향이 있고 추진력이 미약하다. 만일 각격의 수리가 흉하면 심신이 과로하여 병들기가 쉽다. 또한 가정도 불행하여 처자를 극파(剋破)하고 중년 전후에는 여색(女色)에 기인하여 위기에 처할 수도 있다.

● 화토수(火土水), 흉(凶)

[특성] 가식과 교묘한 수단으로 사람을 희롱하고 인정미도 없고 매정하다.

[운세] 부모의 유덕과 세업으로 일시적인 성공은 기할 수 있으나 불의의 흉화가 발생하여 급변전락(急變轉落)하는 재앙 수가 있어서 흉격이 된다.

부모는 유덕해도 부부는 무정하고 자녀 또한 현명하지 못하며 일신은 동분서주(東奔西走)하다가 뇌일혈(腦溢血) 등 급환에 이를 염려가 있다.

● 화금목(火金木), 흉(凶)

[특성] 성격이 지나치게 민감하고 의심이 많으며 의기가 소침한 편이다.

[운세] 외관상으로는 안정되게 보여도 내면적으로는 그렇지 못하고 늘 불안하다. 일생에 좋은 기회를 만나기가 어렵고 수고로움만 따르는 흉격이다. 불의의 재앙으로 가정이 불목하고 자녀들도 불행하며 일신은 처자와 상별(相別)하여 신경쇠약 등 신병이 따르기도 한다.

● 화금화(火金火), 흉(凶)

[특성] 자제력이 부족하고 분수에 넘치는 언행을 서슴없이 자행하여 화액을 자초하기도 한다.

[운세] 일생이 불안정하고 만년은 더욱 불행에 이르는 흉격이다. 백사가 뜻과 같이 이룩되는 것 없고 가정과도 인연이 박약하여 고적하게 타관 객지를 전전하다가 신병으로 고생을 하게 된다.

● 화금토(火金土), 흉(凶)

[특성] 사람이 총명은 하나 신경이 지나치게 민감하고 의심이 많으며 남의 비평과 시비 가리기를 좋아한다.

[운세] 기반이 안정되어 간혹 한때 의외의 발전이 있기는 하나 성

공은 못하고 번민하며 어려움을 겪을 수 있다.

가정도 화목하지를 못하고 자녀들도 불효를 하여 타인의 경멸을 당하기도 하며 일신은 심신이 과로하여 신병의 염려가 있다.

● 화금금(火金金), 흉(凶)

[특성] 재능은 있으나 성격이 오만하고 방자하여 비난의 대상이 된다.

[운세] 성정이 과강(過剛)하여 친화(親和)를 못 이루고 백사 성취되는 것이 없다. 그래서 성공은 기대하기가 어렵고 가정도 불행하여 부부는 무정하고 자녀 또한 무덕하다. 일신은 외롭게 동분서주하다가 조난을 당할까 염려된다.

● 화금수(火金水), 흉(凶)

[특성] 성정이 민감하고 의심이 많으며 남의 비평과 시비하기를 좋아한다.

[운세] 성공운이 불왕하여 백사 성공하기가 어렵다. 뜻하지 않은 파란과 흉화가 내습하여 가정은 적막하게 되고 일신은 외롭게 의지할 곳 없이 난치의 신병으로 고생을 하는 흉격이다.

● 화수목(火水木), 흉(凶)

[특성] 의기(意氣) 소심하고 범사에 너무 세밀하여 남과 더불어 함께 사는 융화력이 부족하고 품행도 단정하지 못하다.

[운세] 불의의 재난으로 가산을 탕진하는 급화가 발생하여 곤고하게 된다.

가정도 불행하고 자녀들도 무덕하여 수고로움만 따르고 백사 제대로 성취되는 것이 없다. 일신도 신약하여 병들기 쉬운 흉격이다. 간혹 특이하게 성공하는 변괴의 수도 있다.

● 화수화(火水火), 흉(凶)

[특성] 성정이 너무 민감하여 신경질적인 경향이 있으며 남과 더불어 즐기는 융화력이 부족하고 간혹 포악무도(暴惡無道)한 악행을 자행하기도 한다.

[운세] 백사 하는 일에 뜻을 이루지 못하고 크고 작은 재화만 발생하여 항시 불안정한 가운데 생활에 쫓기다가 멀리 타관으로 전전하는 흉격이다.

가정과도 인연이 박약하여 처자와 서로 떨어지고 일신은 병약하여 신병으로 고생을 한다.

● 화수토(火水土), 흉(凶)

[특성] 과대망상적인 성격이 오만불순하고 남의 의사를 무시하며 악평만 받게 된다.

[운세] 표면상으로는 안정되게 보여도 내면적으로는 고민, 번뇌, 불안 등 고충이 많다. 경영하는 사업도 제대로 성취되는 것 없이 급변 몰락하는 운격이다.

가정과도 인연이 없어 부부는 무정하고 자녀와도 화목하지 못하며 일신은 병약하여 신병으로 고생을 겪게 된다.

● 화수금(火水金), 흉(凶)

[특성] 남에게 굽힐 줄 모르는 유아독존(唯我獨尊)형이 되어 친화력(親和力)이 부족하고 친구가 없어 몹시 외롭다.

[운세] 경영하는 사업마다 제대로 성취되는 것 없고 항시 불평과 불만 속에서 고민하고 번뇌하다가 불의의 재화가 내습하여 불행한 운명이 된다.

육친과도 인연이 없어서 가정은 불행하고 일신은 신병으로 고생을 하는 흉격이다.

● 화수수(火水水), 흉(凶)

[특성] 사람이 총명은 하나 자존심이 너무 강하고 고집이 유별나게 지나치다.

[운세] 일시적인 성공과 발전으로 평안을 유지할 수 있으나 세월이 갈수록 운기가 점차 쇠퇴하여 흉화가 발생하고 급변의 불행을 겪게 되는 흉격이다.

부모도 무덕하고 자녀 또한 불행하며 일신은 신병으로 고생을 한다. 간혹 특이하게 성공하는 수도 있기는 하다.

● 토목목(土木木), 중길(中吉)

[특성] 성격은 외유내강(外柔內剛)하고 노력은 남보다 많이 하는 편이나 다만 남의 말을 수용하지 않고 상사의 의도를 따르지 않는 흠이 있다.

[운세] 겉으로 보기에는 편안하게 보여도 내면적으로는 그렇지 못하다. 하는 일마다 어려움이 따르고 희망하는 소기의 목적을 달성하기가 어렵다.

부모와도 인연이 엷으며 자녀 또한 수고로움만 따르고 일신은 타향을 전전하면서 신병을 겪을 염려가 있다. 그러나 각격의 수리가 좋으면 특별히 안정과 성공을 기할 수도 있다.

● 토목화(土木火), 중길(中吉)

[특성] 외유내강(外柔內剛)한 성품이 범사에는 적극적이고 남보다 노력도 많이 하는 노력형이다.

[운세] 외관상 운기는 강왕하게 보여도 성공은 쉽지 않고 고민과 번뇌를 하게 된다. 다만 꾸준히 근면하고 성실하면 평안도 얻고 성공도 기대할 수 있다.

가정은 원만하고 자녀들도 다행하나 일신이 병약하여 신병으로 고생을 겪을 수 있다.

● 토목토(土木土), 중흉(中凶)

[특성] 매사 하는 일이 정확하고 또한 노력도 많이 하는 노력형이다.

[운세] 기반은 견고하나 성공운이 빈약해서 희망과 소기의 목적을 달성하기가 어렵다. 재주는 있어도 기회를 잡지 못하여 늘 번민하면서 전전하게 되나 대체로 평범한 안정은 이룩한다. 다만 일신이 병약하여 신경쇠약, 위장병 등에 이환될까 염려가 된다.

● 토목금(土木金), 흉(凶)

[특성] 남의 의사를 긍정적으로 받아들일 줄 모르고 자기의 주장만 앞세우는 경향이 있고, 또한 무사안일하게 노는 것을 좋아하는

나태(懶怠)형이다.

[운세] 대개 약간의 성공과 희망은 있으나 다만 환경의 변화와 이동이 많고 부하들의 박해와 반역을 당하여 종내에는 실패를 하는 흉격이다.

가정과도 인연이 엷으며 일신은 가정을 등한시하고 병약하여 신병을 겪게 된다.

● 토목수(土木水), 흉(凶)

[특성] 마음이 정직하고 주관이 뚜렷하며 맡은바 책무에 성실하는 노력형이다.

[운세] 영특한 재주와 부단한 노력으로 약간의 성공과 희망은 있으나 다만 좋은 기회를 잡지 못하여 항시 공허하고 불안하다. 일시적인 순조로움이 있어도 다시 파란이 야기되어 실패를 하고 번민을 하는 흉격이다.

대체로 육친(六親: 부모, 형제, 처자)이 무덕하고 일신은 심신이 허약하여 늘 불안하다.

● 토화목(土火木), 길(吉)

[특성] 상생(相生)중 천격(天格)과 지격(地格)이 상극(相剋)하고는 있으나 무난하다. 범사에 적극적이고 추진력이 뛰어나며 특히 여자는 따뜻한 인정미가 있고 상냥하면서 부드럽다.

[운세] 기반이 건실하고 수하들의 도움을 받으면서 경영하는 사업도 뜻과 같이 성취되어 부귀와 명예를 함께 누리는 길격이다.

가정도 원만하고 자녀들도 효순하며 일신은 몸과 마음이 편안하여 무병장수를 한다.

● 토화화(土火火), 중길(中吉)

[특성] 대체로 남자는 성격이 괴벽스러운 편이나 여자는 명랑하고 매력이 가득한 형이다.

[운세] 일시적인 왕성한 운기로 성공을 이룩하나 기반이 튼튼하지 못하고 지구력이 부족하여 오래가지를 못하고 중단 실패하는 반길 (半吉), 반흉(半凶)의 운격이다.

가정과도 인연이 엷으니 일찍이 자주 독립하는 것이 좋을 수다. 일신은 주색을 멀리하고 타인의 도움을 받으면 간혹 크게 대성하기도 한다.

● 토화토(土火土), 길(吉)

[특성] 적극적인 성품이 친화력도 있고 남보다 열심히 많이 노력하며 대인관계에서도 원만하다.

[운세] 부모의 여덕으로 기반이 건실하고 경영하는 일들도 뜻과 같이 성취되어 목적을 달성한다. 다만 한 가지 자녀에게 수고로움이 많으나 그래도 일신은 편안하고 만사 태평하다. 간혹 혈압 관계로 고생하는 수도 있으니 각별한 주의가 요망된다.

● 토화금(土火金), 흉(凶)

[특성] 범사에 적극적이고 열심히 노력하는 노력형이기는 하나 강직한 성품이 너무 조급하고 생각 없이 저돌적으로 급진하는 경향이 있다.

[운세] 부단한 노력으로 일시적인 성공을 이룩하여 외관상으로는 편안하게 보여도 내면적으로는 그렇지가 못하다.

가정도 불안하고 수하들과도 다툼이 많으며 일신은 병약하여 신병으로 고생을 하는 수도 있다.

● 토화수(土火水), 흉(凶)

[특성] 의지가 박약하고 신경이 과민하여 수다스럽고 반복하는 변덕성이 남자답지 못하다.

[운세] 일시적인 성공과 발전을 기할 수 있으나 변화와 이동이 빈번하여 불안정하고 뜻하지 않은 급변으로 재산을 상실하는 수 있다.

가정도 불행하여 화목하지 못하고 일신은 병약하여 뇌일혈 등 급환의 위험이 염려된다.

● 토토목(土土木), 흉(凶)

[특성] 강직한 성품이 정직은 하나 너무 자존심이 강하고 오만하다. 그러나 여자는 대체로 명랑하고 매력적인 타입이다.

[운세] 일시적인 성공과 발전을 기할 수 있으나 이동과 변화 수가 빈번하여 불안정하다.

가정도 불행하여 화목하지를 못하고 자녀들에게는 수고로움만 많이 따르고 일신은 병약하여 신병으로 고생을 겪을 수 있으니 주의가 요망된다.

● 토토화(土土火), 길(吉)

[특성] 심성이 정직하고 열심히 노력하는 근면 성실형이다. 여자

는 명랑하고 상냥하면서 매력이 있다.

[운세] 성공운이 약간 더디기는 하나 만난을 극복하고 대성 발전하여 부귀와 공명을 함께 누리는 길격이다.

가정도 화목하고 자녀들도 효순하며 일신도 건강하여 무병장수한다.

● 토토토(土土土), 길(吉)

[특성] 성격은 건실하나 융통성이 없으며 남자답게 활발하지를 못하다. 그리고 여자는 정조 관념이 희박한 것이 흠이다.

[운세] 성공운이 더디기는 하나 대체로 행복하다. 한 걸음 한 걸음이 건실하고 경영하는 일들이 순조롭게 발전하는 길격이다.

가정도 화목하고 일신도 편안하여 행복하다. 다만 각격의 수리가 좋지 못하면 고난을 겪기도 한다.

● 토토금(土土金), 길(吉)

[특성] 사람은 정직하나 소극적인 경향이 사업에 대한 추진력이 부족하여 아쉽고 여자는 정조 관념이 결핍되어 흠이 된다.

[운세] 성공운이 더디기는 하나 하는 일들이 안정되고 항상 발전하여 경영하는 사업도 순조롭게 별 어려움 없이 목적을 달성하고 성공한다.

가정도 화목하고 일신도 몸과 마음이 편안하여 무병장수한다.

● 토토수(土土水), 흉(凶)

[특성] 정과 의리를 중히 여기고 말솜씨가 좋으나 성격이 너무 지

나치게 강직하고 고집이 세다.

[운세] 일시적인 성공운은 있으나 기초가 불안정하여 오래가지 못하고 재화가 자주 발생하여 실패를 한다. 또한 급변(急變) 급화(急火)의 흉수가 개재되어 생명과 재산을 함께 상실하기도 한다.

가정도 불행하여 화목하지 못하고 일신은 병약하여 각종 신병을 겪게 되는 불길한 운격이다.

● 토금목(土金木), 흉(凶)

[특성] 신경이 예민하고 의기가 소침하여 의심이 많으며 활동성이 부족하다.

[운세] 장상(長上)의 도움으로 일시적인 성공과 발전은 기할 수 있으나 기반이 건실하지 못하여 불의의 재난을 당하고 전락하는 수가 개재되어 불길하다.

초년은 부모의 음덕으로 별 어려움이 없으나 만년은 자녀들이 무덕하여 불행하고 또한 상처 수까지 있으며 일신은 신약하여 신병이 염려된다.

● 토금화(土金火), 흉(凶)

[특성] 성격이 경박하고 자제력이 없이 분수에 넘치는 일들을 곧잘 하며 혹자는 경영하던 일을 자포자기하기도 한다.

[운수] 부모의 여덕으로 일시적인 성공과 발전은 기할 수 있으나 환경이 불안정하여 오래가지 못하고 실패를 하게 된다.

가정도 어지럽고 자녀 또한 불효하며 일신은 불안 속에서 전전하다가 호흡기 질환으로 고생을 겪게 되는 흉격이다.

● 토금토(土金土), 길(吉)

[특성] 성품이 온후하고 평화로우나 다만 약간 소극적인 경향이 있고 추진력이 부족한 것이 흠이다.

[운세] 기반이 건실하고 또한 상하의 도움으로 무난하게 성공하고 발전하여 행복을 누리는 길격이다.

가정도 원만하여 부모도 유덕하고 자녀 또한 효도한다. 일신도 몸과 마음이 편안하여 무병장수하리라.

● 토금금(土金金), 길(吉)

[특성] 만사에 너무 자신만만하고 두려움 없이 우월감에 사로잡혀 오만하고 너그러움을 상실하여 흠이다.

[운세] 경영하는 일들이 순조롭게 이룩되어 목적을 달성하고 성공을 한다. 특히 각격의 수리가 양호하고 대인관계에서 친화(親和)를 유지하면 더욱 크게 성공할 수 있다. 다만 지나친 우월감이 비난을 사기도 하고 간혹 고독에 빠져들어 실패하는 수도 있으니 너그럽게 화평을 유지해야 탈이 없다.

가정은 다툼이 많아 화목하지 못하고 일신은 호흡기 질환에 이환될까 염려된다.

● 토금수(土金水), 흉(凶)

[특성] 상생(相生)한 가운데 천격(天格)과 지격(地格)이 상극(相剋)되어 불길하다. 지나친 자만심 때문에 손해를 자초하기도 한다.

[운세] 장상(長上)의 도움으로 일시적인 발전과 성공은 기약할 수 있으나 불의의 재난과 급변 몰락하는 비운의 수가 있다.

가정도 적막하고 일신은 고독하며 조난(遭難), 외상(外傷) 등 불행이 따르기도 한다. 다만 각격의 수리가 다 좋으면 간혹 대성 발전하는 수도 있다.

● 토수목(土水木), 흉(凶)

[특성] 성격이 따뜻하고 침착하며 재주도 있으나 생활력이 없다.

[운세] 실력은 있으나 성공운이 억압되어 발전을 못한다. 항시 노력한 만큼 소득이 뒤따르지 않아 불평과 불만 속에서 지내야 하며 또한 타인의 조소까지 받아가면서 급변하는 재화로 가정도 불행하고 일신도 신병으로 고생을 하는 흉격이다.

● 토수화(土水火), 흉(凶)

[특성] 사람이 재주는 있으나 신경이 예민하고 신경질적이며 활동력이 부족하고 범사에 매우 소극적인 경향이 있다.

[운세] 다양한 재주는 품고 있으나 기회를 잡지 못하고 파란과 변동만 발생하여 백사 제대로 성취되는 것이 없다.

가정적으로도 일찍이 부모, 형제와는 인연이 엷고 부부 또한 상별(相別)하며 자녀도 불행하여 근심만 더해준다.

일신은 돌발하는 급변으로 재산과 몸을 상실당할 위험 수도 있다.

● 토수토(土水土), 흉(凶)

[특성] 다양한 재간은 갖고 있으나 다만 활동력이 부족하고 하는 일들이 너무 소극적인 것이 흠이다.

[운세] 겉으로 보기에는 안정되게 보여도 내면적으로는 고충이 많

고 종내에 가서는 불안에 빠져드는 흉격이다. 이는 환경이 불안정되어 성공은 멀고 곤경에서 벗어나기가 어렵다.

가정도 불행하여 부모는 무덕하고 자녀들도 불순하며 일신은 돌발하는 급환으로 급변을 당하는 위험 수도 개재한다.

● 토수금(土水金), 흉(凶)

[특성] 남의 말은 들을 줄 모르고 자기의 주장만 앞세우며 항시 불평과 불만 속에서 자신만 과대평가하는 경향이 있다.

[운세] 성공도 빠르고 실패도 빠른 속성속패(速成速敗)의 운격이다. 환경은 약간 안정성이 있기는 하나 노력한 만큼 소득은 따르지 않고 허무한 결과만 남으니 흉격이라 본다.

가정도 원만하지 못하여 부모는 무덕하고 부부는 무정하여 자녀 또한 현명하지 못하다. 일신은 병약하고 동분서주하다가 위험한 흉액을 당할까 염려스럽다.

● 토수수(土水水), 흉(凶)

[특성] 사람됨이 민첩하고 수완도 있으나 인격(人格)과 지격(地格)이 천격(天格)을 상극(相剋)하여 변괴운(變怪運)이다.

[운세] 선천운(先天運)이 평길(平吉)하여 일시적인 발전은 기할 수 있으나 다만 다양한 재주와 수완을 가지고도 때를 맞추지 못하여 성공이 불가능하다.

하는 일에 늘 파란과 변동이 발생하고 급변하는 재화만 따르게 되어 가정도 화목하지 못하고 일신은 고독하게 비운에 빠져드는 병액의 수도 있다. 간혹 특이하게 대성 발전하여 성공하는 사람도 있기는 있다.

● 금목목(金木木), 흉(凶)

[특성] 외유내강(外柔內剛)한 성품이 민첩하고 부단히 노력하는 노력형이기는 하나 남을 의심하는 의심증이 있다.

[운세] 기반도 부실하고 환경도 불안정하여 크게 성공을 기대하기는 어려운 운격이다. 부단한 노력으로 자주 독립을 하기는 하나 하는 일이 고통스럽기만 하고 범사 제대로 성취되는 것이 없다.

가정은 각기 흩어지고 일신은 병약하여 신병을 겪게 되는 흉격이다.

● 금목화(金木火), 흉(凶)

[특성] 타고난 본성이 민감하고 남을 의심하는 의심증이 있으며 특히 주위의 충고를 따를 줄 모르고 자기주장만 앞세운다.

[운세] 외관상으로는 무사안일(無事安逸)하게 보여도 내면적으로는 그렇지 못하다. 아무리 노력을 해도 발전이 없고 크게 성공하기는 어려운 흉격이다.

가정도 화목하지 못하고 불행하며 자녀들도 무덕하고 일신도 병약하여 신병으로 고생을 겪을까 염려된다.

● 금목토(金木土), 흉(凶)

[특성] 성정이 민감하고 남을 의심하는 의심증이 있으며 특히 남의 말을 따를 줄 모르고 늘 자기의 주장만 앞세우는 비타협형이다.

[운세] 겉으로 보기에는 무사태평하게 보여도 내면적으로는 공허

하고 범사 제대로 성취되는 것이 없다. 일생을 풍파 속에서 가산을 탕진하고 일신은 심신이 피로하여 신병으로 고생을 할까 염려된다.

● 금목금(金木金), 흉(凶)

[특성] 인정은 많으나 의심이 많고 성정이 몹시 민감하다.

[운세] 파란과 곡절이 많고 환경의 변화가 빈번하여 하는 일마다 성취되는 것 없이 실패만 거듭 따르는 불길한 흉격이다.

가정과도 인연이 박약하여 부부는 서로 떨어져서 일신은 즐거움을 모르고 동분서주하다가 신병으로 고생을 겪게 된다. 간혹 한때 크게 성공하는 사람도 있다.

● 금목수(金木水), 흉(凶)

[특성] 열심히 노력하고 인내성과 지구력(持久力)도 있으나 의심이 많은 민감한 성격이다.

[운세] 일시적인 성공과 발전이 있기는 하나 이도 잠시뿐 파란이 야기되어 곧 실패를 하기가 쉽다. 경영하는 일은 제대로 성공되는 것 없이 장애만 따르니 항시 불안하다.

부부의 운도 불길하여 서로 별거를 하고 일신은 외로이 전전하다가 신병으로 고생을 겪게 되는 흉격이다.

● 금화목(金火木), 흉(凶)

[특성] 사람은 친절하고 대인관계도 원만하나 자만심이 지나쳐 흠이다. 여자는 풍류적이면서 매력적인 특성이 있다.

[운세] 기초가 안정되고 수하의 도움을 받아 일시적인 성공과 발

전을 기하여 지위가 향상되고 재산도 모으기는 하나 이도 잠시뿐 운기가 하강(下降)하여 종내에는 쇠패(衰敗)하는 흉격이다.

가정도 불행하고 일신은 신경쇠약, 폐질환 등으로 고생을 겪을 수도 있다.

● 금화화(金火火), 흉(凶)

[특성] 자만심이 강하고 오만 방자하며 허영과 허식을 좋아하고 교묘하게 수단을 잘 부리는 불성실한 타입이다.

[운세] 일시적인 성운으로 발전을 기하나 참고 견디는 지구력이 부족하여 종내에는 실패한다.

일신은 심신이 피로하고 늘 불만과 불평 속에서 지내다가 신경쇠약, 폐질환 등에 이환되기가 쉽다. 그러나 가정은 비교적 원만하다.

● 금화토(金火土), 흉(凶)

[특성] 자만심이 강하고 허영과 허식을 좋아하며 특이하게 말재주는 좋으나 근면하고 성실하지를 못하다.

[운세] 기초가 건실하고 환경이 안정은 이룩하나 크게 성공하기는 극히 어렵다. 대인관계가 원만하지 못하고 불성실하여 하는 일마다 소득이 없이 괴로움만 따르고 종내에는 실패를 하는 흉격이다.

가정도 화목하지 못하고 부부는 무정하며 불행하다. 일신은 신경쇠약, 폐질환 등으로 고생을 겪기도 한다.

● 금화금(金火金), 흉(凶)

[특성] 사람됨이 교만하고 오만 방자하며 허풍과 허식이 많아 불

신을 자초하고 친구가 없다. 그러나 여자는 풍류적이면서 매력적인 특성이 있다.

[운세] 외관상 보기에는 평온하게 보여도 기실 내면적으로는 공허하고 불평과 불만에 가득 차 있다. 큰 성공은 기대할 수 없으며 남과 다투기를 좋아하여 대인관계가 원만하지를 못하다.

가정도 화목하지 못하고 처자와 떨어져 일신이 고독하며 특히 신경쇠약, 폐질환 등에 이환되기가 쉬운 흉격이다.

● 금수화(金水火), 흉(凶)

[특성] 외유내강(外柔內剛)한 성품이 행동은 우아하나 고집이 대단하고 굽힐 줄을 모르는 비타협형이다.

[운세] 전반적인 운기가 불안정하여 성공과 발전을 기대하기는 어렵고 또한 뜻하지 않은 급변과 조난으로 생명과 재난을 상실당하는 위험 수가 따르며 가정도 처음은 원만하고 행복하나 오래 지속되지 못하고 일신은 신경쇠약, 폐질환 등에 이환되기가 쉽다.

● 금토목(金土木), 흉(凶)

[특성] 풍류적인 기질이 농후하고 자존심이 강하며 남을 따르는 복종심은 전혀 없다.

[운세] 처음은 순조롭게 성공하여 목적을 달성한다. 그러나 점차 환경이 불안정해지고 여러 번의 변화가 생겨 길흉을 분간하기가 어렵다.

대개 부모는 유덕하나 부부는 무정하고 자녀 또한 불효한다. 일신은 남보다 많은 노력은 하지만 소득은 따르지 않고 일생을 고생스럽게 보내는 불길한 운격이다.

● 금토화(金土火), 중길(中吉)

[특성] 수완이 교묘하고 손위 장상(長上)에게는 예의 바르게 존대를 하나 수하 사람들에게는 지나치게 혹대를 한다.

[운세] 기반이 건실하고 환경이 안정되어 의외의 성공과 발전을 기하여 재물과 명예를 함께 얻게 되는 운격이다. 그러나 천격(天格)과 지격(地格)이 상극(相剋)되어 흉운이 내습한 불의의 재화가 발생하여 급변전락(急變轉落)하는 위험 수도 있다.

가정은 비교적 평온하나 일신이 뇌일혈, 심장질환 등에 이환되기 쉬운 불길한 수도 내포되어 있다.

● 금토토(金土土), 길(吉)

[특성] 성정이 강직은 하나 근면 성실하고 열심히 노력하는 노력형이다.

[운세] 별 어려움 없이 순조롭게 발전, 성공하며 부귀와 명예를 함께 누리는 행복된 운격이다.

가정도 화목하여 부모 형제가 유정하고 자녀들도 현명하며 출세를 하고 영화롭다. 일신도 몸과 마음이 편안하여 무병장수한다.

● 금토금(金土金), 길(吉)

[특성] 성격이 원만하고 근실하며 신용과 명예를 중시한다. 흠이라면 한 가지 사안에 대한 소극적인 경향이 흠이다.

[운세] 기반이 튼튼하고 환경이 안정되어 별 어려움 없이 소기의

목적을 달성하여 부귀와 명예를 함께 누리는 길격이다.

가정도 원만하고 화목하며 일신도 몸과 마음이 편안하여 무병장수를 누린다.

● 금토수(金土水), 흉(凶)

[특성] 강인한 성품이 지나치게 조급하고 자제력이 부족하며 인내성과 지구력이 없다.

[운세] 일시적인 성공과 발전을 이룩하여 부귀와 명예를 함께 성취할 수 있으나 변괴운(變怪運)이 유발되어 점차 붕괴되고 재화가 발생하여 실패를 하는 흉격이다.

가정도 원만하지 못하여 처자가 무덕하고 일신도 외상(外傷)을 당하는 위험 수도 개재한다.

● 금금목(金金木), 흉(凶)

[특성] 성격이 강인하면서 민감하고 남을 의심하는 의심증이 있으며 아량과 너그러움을 볼 수 없다.

[운세] 부모의 여덕으로 일시적인 성공은 기할 수 있으나 이도 잠시 뿐 오래가지를 못하고 중년기 이후부터는 점차 운기마저 쇠퇴하여 재화가 발생하고 고난을 겪으면서 실패한다.

가정도 원만하지 못하여 부부는 불목하고 자녀 또한 불순하다. 일신은 병약하여 신병을 겪을 염려가 있다.

● 금금화(金金火), 흉(凶)

[특성] 완강한 성격이 친화를 모르고 자제력이 부족하며 분수에

넘치는 언행을 함부로 자행하여 화액을 스스로 불러들인다.

[운세] 일시적인 성공과 발전은 있으나 이도 오래가지를 못하여 불안정하고 또한 뜻밖의 재난을 당하여 실패를 하는 흉격이다.

가정도 원만하지 못하여 자녀들도 불효하고 일신은 심신이 과로 하여 호흡기 질환 등에 이환될 염려가 있다.

● 금금토(金金土), 길(吉)

[특성] 강인한 성격이 생각은 좁고 너그러움이 없어 대인관계가 원만하지 못하다.

[운세] 손위 장상(長上)의 도움으로 기초가 안정되어 별 어려움 없 이 성공하여 권위를 떨친다. 다만 각격의 수리가 흉하면 의외의 재 화가 발생하여 가정은 불목하고 불행에 이르는 흉격이 된다. 또한 일신은 병약하여 호흡기 질환 등에 이환될 위험 수도 내포하고 있 다.

● 금금금(金金金), 흉(凶)

[특성] 사람이 총명하고 지혜와 재주는 있으나 너무 자신을 과신 하고 오만 방자하여 대인관계에서 미움을 산다. 그러나 여자는 영 특하고 매력적인 특성을 지닌다.

[운세] 일시적인 성공과 발전의 운기는 있으나 성격이 오만 방자 하여 대인관계에서 친화를 못 이루고 다투기를 잘하여 파란이 야기 되는 흉격이다. 부부는 불목하고 일신은 고독하며 재산도 함께 탕 진하여 종내에는 불행에 이르게 된다.

● 금금수(金金水), 흉(凶)

[특성] 외유내강(外柔內剛)한 성품이 너그럽지 못하고 옹졸하며 너무 자신을 과대평가하는 오만성이 성공을 저해한다.

[운세] 일시적인 성공과 발전운이 있기는 하나 뜻밖의 급변 몰락하는 위험 수도 함께 내포되어 있다.

가정도 화목하지를 못하고 자녀 또한 수고로움만 안겨다 주며 일신도 부상을 당하거나 신병 등 불길한 재화수가 개재되어 흉격이다.

● 금수목(金水木), 흉(凶)

[특성] 성격은 온후하고 재주도 있으나 활동력과 추진력이 부족하고 또한 과단성이 없다.

[운세] 부모의 여덕으로 별 어려움 없이 순탄하게 성공하고 발전을 한다. 다만 천격(天格)과 지격(地格)이 상극되어 변괴운(變怪運)이 유발되면 가정이 불안하고 일신은 병약하여 신병으로 고생을 겪게 되는 불길한 운격이다.

● 금수화(金水火), 흉(凶)

[특성] 성격이 민감하고 신경질적이기는 하나 열심히 노력하는 근면한 타입이다.

[운세] 부모의 여덕으로 일시적인 성공과 발전이 있기는 하나 천격(天格)과 지격(地格)이 상극되어 각격의 수리(數理)가 흉하면 급변전락(急變轉落)하는 큰 재화가 발생하고 일생 중 삼승(三勝) 삼패(三敗)를 하는 운격으로 본다.

가정도 불행하여 처자를 상극(相剋)하고 일신에게는 심장병 등 급변의 위험 수도 따른다.

● 금수토(金水土), 흉(凶)

[특성] 언제나 자신을 과대평가하는 자만심이 농후하고 오만하며 남을 따를 줄 모르는 비타협형이다.

[운세] 부모의 여덕으로 일시적인 성공과 발전은 있으나 불의의 재화로 점차 기울게 되어 외관상으로는 안정되게 보여도 내면적으로는 늘 불안하다.

가정적으로 부모는 유덕하여도 자녀들은 불효하고 일신은 신약하여 병들기가 쉬운 불길한 운격이다.

● 금수금(金水金), 길(吉)

[특성] 성격이 명랑하고 쾌활하며 임기응변의 기질이 있고 사교성이 좋아서 대인관계가 원만하다.

[운세] 부모의 여덕과 손위 장상(長上)의 도움으로 순탄하게 대업을 성취하여 크게 성공 발전하는 길격이다.

가정도 화복하고 자손도 유덕하나 다만 일신이 신약하거나 아니면 어떤 재난을 당할까 염려된다.

● 금수수(金水水), 흉(凶)

[특성] 성격이 명랑하고 쾌활하며 재치도 있고 사교성이 좋으나 이기심이 너무 지나치다.

[운세] 부모의 여덕과 형제들의 융합으로 일시적인 성공과 발전은 기할 수 있으나 다만 불의의 재난이 발생하여 비운에 빠져드는 구

사일생(九死一生)의 운격이다.

　가정도 불행하고 일신도 병약하여 장수를 누리기가 어렵다. 간혹 특이하게 성공하는 사람도 있다.

● 수목목(水木木), 길(吉)

　[특성] 외유내강(外柔內剛)한 성품이 열심히 노력은 하면서도 남을 의지하려는 의뢰심이 농후하다.

　[운세] 손위 장상(長上)의 도움으로 만난을 배제하고 크게 성공하는 선고후락(先苦後樂)의 운격이다.

　가정도 행복하여 자녀들이 효순하고 일신도 몸과 마음이 편안하여 무병장수한다.

● 수목화(水木火), 중길(中吉)

　[특성] 감수성이 강하고 이해심이 있으나 다만 표면상으로는 인자하게 보여도 내면적으로는 음험한 면이 있다.

　[운세] 부모의 여덕과 손위 장상(長上)의 도움으로 발전, 성공하여 일시적인 편안은 누릴 수 있으나 선락후고(先樂後苦)의 운격이라 초년은 편안해도 만년에는 실패를 하여 고생하기가 쉽다. 천격(天格)과 지격(地格)이 상극되어 각격의 수리가 흉하면 파란과 재화가 돌발하여 만년이 불행하고 가정도 불목하여 자녀와도 화목하지 못하며 일신은 신약하여 병들기가 쉽다.

● 수목토(水木土), 길(吉)

　[특성] 성품이 온순하고 감수성이 강하며 이해심도 있고 재간도

좋다.

[운세] 부모의 여덕과 장상(長上)의 도움으로 순조롭게 성공하여 편안하게 행복을 누리는 길격이다.

가정도 원만하고 일신도 무병장수를 한다.

● **수목금(水木金), 흉(凶)**

[특성] 온화한 성품이 마음 착하고 살신성인(殺身成仁)하는 희생 정신도 있으나 다만 신경이 지나치게 예민하여 흠이다.

[운세] 부모의 도움으로 일시적인 성공과 발전은 있으나 운기가 점점 쇠퇴하여 재화가 발생하고 종내에는 실패한다.

가정에서 부모는 유덕하나 자녀에게는 수고로움만 따르고 일신 은 과로로 이환되기가 쉽고 또한 외상 등 액난의 수도 개재한다.

● **수목수(水木水), 흉(凶)**

[특성] 감수성이 예민하고 두뇌의 회전도 빠르며 남보다 노력도 많이 하는 노력형이다.

[운세] 초년에는 노고가 많이 따르나 중년 후에는 투자한 노력의 대가로 성공하여 일시적인 발전을 기할 수 있다. 그러나 다시 고충 을 당하는 변동수가 발생하여 실패를 한다.

가정은 대체로 원만하나 일신이 신약하여 장수를 못누릴까 염려 된다.

● **수화목(水火木), 흉(凶)**

[특성] 성격이 상량하고 친절성은 있으나 신경이 너무 예민하고

조급하다. 다만 여자는 온유하면서 매우 매력적인 타입이 된다.

[운세] 기반이 건실하여 상당한 발전을 기하고 편안을 얻기는 하나 운격이 조화를 이루지 못하여 불의의 변동과 재난으로 중도에서 좌절하고 불행에 빠져드는 운격이다.

가정도 대체로 불행하고 자녀운도 무덕하여 일신은 뇌일혈, 심장마비 등 화액이 돌발할 위험성이 있다.

● 수화화(水火火), 흉(凶)

[특성] 마음은 착하고 정직은 하나 신경이 과민하고 조급하여 아무 생각 없이 행동에 잘 옮긴다.

[운세] 일시적인 성운이 있기는 하나 불의의 변동과 급변으로 실패하기가 쉬우며 일생에 삼승삼패(三勝三敗)의 승패수(勝敗數)가 있어서 파란이 거듭 야기된다.

가정도 행복하지를 못하여 육친이 무덕하고 일신은 불행 속에서 뇌일혈 등 병액 수가 있어 흉격이다.

● 수화토(水火土), 흉(凶)

[특성] 성격이 너무 조급하고 민감하며 의지도 박약하고 추진력이 부족하다.

[운세] 기반은 건실하나 크게 성공하기는 어렵고 불행과 불만이 따르며 급변하는 재화가 돌발하기도 한다. 이는 천격(天格)과 지격(地格)이 상극되어 변괴운(變怪運)이 유발되기 때문이다.

가정은 대체로 행복하나 일신은 심장마비, 뇌일혈 등 병액 수가 있고 불행하다. 간혹 절처봉생(絕處逢生)으로 안정을 얻는 사람도 있다.

● 수화금(水火金), 흉(凶)

[특성] 신경이 예민하고 성질은 조급하며 의지는 박약하다. 과단성이 없고 대체로 적극성과 추진력이 부족하다.

[운세] 외관상으로는 평온하게 보여도 내면적으로는 그렇지 못하고 고충이 많이 따른다. 불의의 급난과 급변의 흉조 수가 있고 친화력이 부족하여 남과 다투기를 잘하며 경영하는 일마다 크게 성취되는 것이 없다.

가정도 대체로 불행하여 육친과 인연이 없고 일신은 고독하며 또한 심장마비, 뇌일혈, 호흡기 질환 등 병액 수가 있고 불행하다. 간혹 특이하게 풍운아적인 인물이 배출되기도 한다.

● 수화수(水火水), 흉(凶)

[특성] 자신을 과대평가 하는 경향이 있고 침착성 없이 언행을 함부로 하여 친지로부터 미움을 사기도 한다.

[운세] 일생 운기가 전반적으로 불왕하여 백전백패(百戰百敗)하는 불길한 운격이라 하는 일마다 제대로 성취되는 것 없고 불의의 재화만 속출하여 재산을 상실하고 실패를 하는 흉격이다.

가정도 불행하여 부부는 이별을 하거나 파탄에 이르고 일신은 뇌일혈, 심장마비 등 불행에 이를 수 있다.

● 수토목(水土木), 흉(凶)

[특성] 성격이 너그럽지 못하고 편협하면서 오만하며 허영심이 많

고 복종심이 없으며 친화력이 부족하여 화를 자초하기도 한다.

[운세] 기초가 불안정하여 여러 번 변화와 이동을 겪게 되고 늘 장애가 뒤따라 크게 성공하기가 어려운 불행한 운격이다.

가정과도 인연이 엷으며 자녀들도 불효하고 일신은 병약하여 신병을 겪기도 한다. 간혹 풍운아적인 인물이 배출되기도 하는 변괴운(變怪運)이기도 하다.

● 수토화(水土火), 흉(凶)

[특성] 성격이 오만하여 자신을 너무 과대평가하고 허영심이 많으며 남을 따르는 복종심이 없다.

[운세] 기초가 안정되어 장애를 배제하고 일시적인 성공과 발전은 기할 수 있으나 이도 잠시뿐 오래가지 못한다. 경영하는 일에는 변화와 장애가 많이 따르고 종내에는 실패를 하게 된다.

가정도 불행하고 일신은 병약하여 신병을 겪게 되는 불길한 운격이다.

● 수토토(水土土), 흉(凶)

[특성] 성격이 활발하지 못하고 용렬하면서 허영심이 많고 남을 따르는 복종심이 없다.

[운세] 여러 가지 난관을 극복하고 향상 발전하여 대체로 안정을 이룩하나 수시로 장애가 뒤따르고 변화가 무쌍하여 하는 일들이 뜻과 같이 성취되지를 못하여 종내에는 실패를 한다. 간혹 급변하는 재화를 겪을 수도 있다.

가정도 불행하여 육친이 무덕하고 일신은 병약하여 신병으로 고생을 하는 불길한 운격이다.

● 수토금(水土金), 흉(凶)

[특성] 성격이 섬세하고 신용도 있으나 자존심이 지나치게 강하고 매사에 너무 소극적이고 과단성이 없다.

[운세] 대체로 안정되고 일시적인 발전은 기할 수 있으나 성공운이 불왕하여 크게 성공하기는 어렵다.

가정은 화평하나 불의의 재화가 엄습하여 몸과 마음이 편안하지 못하고 신병을 겪을까 염려된다.

인격(人格)이 천격(天格)을 상극하여 변괴운(變怪運)이 유발되기도 하는 운격이다.

● 수토수(水土水), 흉(凶)

[특성] 자존심과 허영심이 많고 남을 따르는 복종심과 일에 대한 추진력이 없고 오만하다.

[운세] 운기가 불왕하여 범사 뜻과 같이 성취되는 것이 없고 장애와 고난만 따르는 불길한 운격이다.

집안은 화목하지 못하고 자녀 또한 무덕하여 근심과 걱정이 끊이지 않는다.

일신은 소화기 계통의 질환으로 고생을 겪게 되고 또한 조난의 위험 수까지 염려되는 흉격이다.

● 수금목(水金木), 흉(凶)

[특성] 성격이 지나치게 민감하고 의심이 많으며 의기 또한 소침

하고 사소한 일에도 성을 잘 내는 경향이 있다.

[운세] 초년에는 순탄하게 일시적인 성공과 발전을 기할 수 있으나 다만 변동이 빈번하여 풍파가 끊이지 않고 종내에는 실패를 한다.

가정도 불행하여 한쪽 부모를 일찍 잃거나 아니면 처자를 극하는 흉격이다.

일신은 신경이 쇠약하고 폐질환 등 신병을 겪을까 두렵다.

● 수금화(水金火), 흉(凶)

[특성] 자기의 역량을 헤아리지 못하고 분에 넘치는 언행을 함부로 자행하여 미움을 자초한다.

[운세] 꽃 핀 동산에 광풍(狂風)이 몰아치는 격이 되어 초년에는 순탄하게 향상 발전하여 목적을 달성한다. 그러나 중년 후기에 이르면서 점차 불안정하여 만년에는 많은 고난을 겪게 된다.

가정도 불행하여 부모와는 별 인연이 없고 자녀 또한 불효를 한다. 일신은 심신이 과로하여 각종 신병을 겪게 되는 불길한 운격이다.

● 수금토(水金土), 길(吉)

[특성] 지혜가 총명하고 열심히 연구, 노력하는 성실한 타입이다.

[운세] 하는 일들이 모두 뜻과 같이 순조롭게 향상, 발전하여 크게 성공하는 길격으로 친다.

가정도 평안하고 행복하며 일신도 몸과 마음이 건전하여 무병장수한다. 다만 뜻하지 않은 조난, 외상의 수가 있고 여성은 간혹 재혼을 하기도 한다.

● 수금금(水金金), 흉(凶)

[특성] 슬기로운 지혜와 재치는 있으나 너무 지나치게 자신을 과대평가하고 오만 방자하여 친지로부터 미움을 잘 산다.

[운세] 출중한 지혜와 재치로 일시적인 성공은 이룩할 수 있으나 다만 오만한 성품이 친화를 못 이루고 다투기를 잘하여 비난과 배척의 대상이 되면서 일신이 고독하고 불행에 빠져들게 된다.

가정도 화목하지를 못하여 불행하고 자녀 또한 불순하다. 간혹 각격의 수리가 좋으면 편안을 누리기도 한다.

● 수금수(水金水), 흉(凶)

[특성] 온화하고 유순한 성품이 결단성과 추진력이 없고 사업에 대한 의욕도 없다.

[운세] 초년에는 모든 일이 뜻과 같이 순조롭게 성공, 발전할 수 있으나 다만 뜻하지 않은 재화가 발생하여 급변, 몰락하는 비운에 빠져드는 수 있으니 흉격이다.

가정은 인연이 좋지 못하여 불행하고 일신은 고독하게 신병을 겪기도 한다. 그러나 간혹 각격의 수리가 대길하면 크게 성공하는 수도 있다.

● 수수목(水水木), 흉(凶)

[특성] 자기 자신을 과대평가하는 경향이 있고 간혹 기고만장(氣高萬丈)하게 놀면서 방탕하기도 한다.

[운세] 부모 형제가 화합하여 크게 발전, 성공할 수도 있으나 대체로 황망하게 실패를 하고 일장춘몽(一場春夢)격이 되기가 쉽다. 이

는 운기가 불안정하여 뜻하지 않은 파란과 변동이 야기되어 모았던 재물마저 물거품처럼 사그라지고 일신은 병약하여 신병을 겪기도 한다. 간혹 각격의 수리가 대길하면 크게 성공하는 수도 있다.

● 수수화(水水火), 흉(凶)

[특성] 성격이 과민한 신경질적인 형으로 자기 자신을 과대평가하고 간혹 방탕하는 경우도 있다.

[운세] 수양이 부족하고 자신만 과신하여 하는 일마다 장애와 고난만 수반하고 성취되는 것 없이 실패만 거듭하여 일생을 파란 속에서 불행하게 지내야 하는 흉격이다.

가정운도 불길하여 육친이 무덕하고 일신은 병약하여 고독하게 병고를 겪기도 한다.

● 수수토(水水土), 흉(凶)

[특성] 사람은 총명하나 자신을 과대평가하고 남을 멸시하는 경향이 있고, 또 한편 방탕하는 기질이 농후하기도 하다.

[운세] 일시적인 성공과 발전은 기할 수 있으나 불의의 재난과 급화로 황망하게 실패를 하는 불길한 운격이다.

가정도 불행하여 자녀와도 화목하지를 못하고 일신은 병약하여 병고를 겪을 염려가 있다.

● 수수금(水水金), 흉(凶)

[특성] 근면 성실하게 노력하는 노력형이기는 하나 자신을 과신하는 경향이 있다.

[운세] 남보다 열심히 노력하여 자수성가(自手成家)하고 대성 발전하는 성공운이기는 하나 대체로 허망하게 실패를 하기가 쉽다. 특히 중년 전후에 신병으로 기인하여 가정은 적막하게 되고 일신은 유명을 달리할 수도 있다. 다만 각격의 수리가 좋으면 크게 성공하기도 한다.

● 수수수(水水水), 흉(凶)

[특성] 자신을 과대평가하고 과신하는 경향이 있으며 오만 방자하다는 소리를 듣는다.

[운세] 초기에는 성공운이 순조로워 대성 발전할 수 있으나 대체로 중·말기부터 운기가 점점 쇠퇴하여 가산을 탕진하고 불행하게 비운에 빠져드는 흉격이다. 말년에는 더욱 가정도 불안하고 일신은 고독하게 병고를 겪기도 한다.

그러나 간혹 특이하게 큰 부자가 배출되어 장수를 누리기도 한다.

음양(陰陽)의 배합(配合)

성명은 음양의 배합에 의해서도 조화를 이루고 길흉에 많은 영향을 주고 있다. 이는 다른 역리학의 원리와 같이 음과 양은 서로 배합을 이루어야 조화를 이루고 기쁘다. 만일 그렇지 못하고 순양(純陽)으로 구성되거나 순음(純陰)으로 구성이 되면 이는 흡사 한 집안에서 동성끼리 동거하는 격이 되어 천·인·지(天人地) 삼재(三才)가 조화를 이루지 못하여 생성되는 게 없어서 좋지 못하다.

음양의 구분은 성명의 각 자획수(字劃數)에 의거 정해지는데 그 획수가 홀수(奇數)이면 '양'이 되고, 짝수(偶數)이면 '음'이 된다.

양	양격 획수	1,3,5,7,9
음	음격 획수	2,4,6,8,10

단 글자의 획수가 10수(數) 이상일 경우에는 10을 제한 잔여 단수

만으로 계산한다.

예

음	음	음
黃	昌	吉
12	8	6

성명의 자획이 전부 음격(陰格)으로 구성되어 있다. 이는 흡사 한 집안에서 여성끼리 동거하는 격이 되어 조화를 이루지 못하고 생성되는 게 없어 불길하다.

예

양	양	양
李	大	永
7	3	5

성명의 자획이 전부 양격(陽格)으로 구성되어 있다. 이는 흡사 한 집안에서 남성끼리 동거하는 격이 되어 조화를 이루지 못하고 생성되는게 없어 불길하다.

● 음양이 배합을 이룬 행운의 성명

'예' 두 자 성명

양	음	음	양
柳	盛	金	玉
9	12	8	5

'예' 석 자 성명

음	양	양	음	음	양
朴	石	久	安	方	子
6	5	3	6	4	3

양	음	음	양	양	음
張	善	榮	成	國	明
11	12	14	7	11	8

'예' 넉 자 성명

양 음	양 음	음 양	양 음	양 양	음 양
南宮	一心	諸葛	炳榮	皇甫	善弘
9 10	1 4	16 13	9 14	9 7	12 5

● 음양이 배합을 이루지 못한 불길한 성명

'예' 두 자 성명

양	양	음	음
田	成	朱	岩
5	7	6	8

'예' 석 자 성명

양	양	양		음	음	음
宋	炳	一		高	長	江
7	9	1		10	8	6

양	음	양		양	양	음
南	文	一		洪	正	和
9	4	1		9	5	8

'예' 넉 자 성명

양 양	양 양		음 음	음 음		양 음	음 양
皇甫	立成		諸葛	宇林		南宮	在永
9 7	5 7		16 12	6 8		9 10	6 5

음령(音靈)의 조절

사람의 음성은 입으로부터 나와서 귀로 들어가는데 이 음성의 파동은 뇌신경세포(腦神經細胞) 정신과 육체의 조직에 자극하여 생리학적 반응으로 성격과 사고면(思考面)에 변화를 형성한다고 한다. 특히 성명의 호음(呼音)이 자연스럽게 조화를 이루지 못하고 듣기가 거북한 괴상한 음이 되거나 음질의 강약(强弱), 고저(高低), 완급(緩急) 등이 균형을 이루지 못하고 한편으로 기울게 되면 이 또한 운명에 좋지 못한 영향을 주게 된다.

(1) 오행(五行)과 음(音)

오행 구분	자음(字音)		
목(木)	가, 카	ㄱ, ㅋ	아음(牙音)
화(火)	나, 다, 라, 타	ㄴ, ㄷ, ㄹ, ㅌ	설음(舌音)
토(土)	아, 하	ㅇ, ㅎ	후음(喉音)
금(金)	사, 자, 차	ㅅ, ㅈ, ㅊ	치음(齒音)

| 수(水) | 마, 바, 파 | ㅁ, ㅂ, ㅍ | 순음(脣音) |

김	대	용
(목)	(화)	(토)

가령, 김대용 하면 '김'은 "ㄱ"이 첫 음이니 목(木)에 해당되고, '대'는 "ㄷ"이 첫 음이니 화(火)에 해당되며, '용'은 "ㅇ"이 첫 음에 해당하니 토(土)가 된다. 그래서 '김대용'의 음오행(音五行)에서는 천격(天格)의 머리 음과 인격(人格)의 머리 음이 상극(相剋)되는 것은 절대 피하고 천·지·인(天地人) 삼재(三才) 전부가 목(木)이나 금수(金水) 등으로 기울지 않고 균형을 이루도록 구성하면서 음의 반응이 명랑하고 듣기 좋게 조화를 이루도록 가려야 한다.

박 남 선	오 명 근	남 철 원
(수)(화)(금)	(토)(수)(목)	(화)(금)(토)
└┘	└┘	└┘
X	X	X

천격(天格) 수(水)가 인격(人格) 화(火)를 상극하여 좋지 못하다.

강 경 길	문 병 문	정 재 성
(목)(목)(목)	(수)(수)(수)	(금)(금)(금)

위의 석자 이름은 각각 목(木), 수(水), 금(金) 일방으로 치우쳐서 음오행(音五行)이 조화를 이룰 수 없다. 이래서 좋지 못하다.

수(數)가 지니는 뜻

　수(數)는 천지(天地) 음양(陰陽)과 오행(五行)에서 생출(生出)되어 각 수에는 각기 다른 수리(數理)가 담겨져 있고 그 수리 가운데는 천변만화(千變萬化)하는 암시(暗示)가 내포되어 있다. 멀리 천체(天體)의 운행으로부터 현대 과학에 이르기까지 수를 떠나서는 존재할 수 없듯이 그 수리는 대우주의 진리이기도 하다.

　만유귀일(萬有歸一)이라 소위 수는 일(一)에서 시작하여 십(十)에서 그치고 다시 일에서 반복하여 돌아서 다시 시작하고 그 순환이 정연하면서 무궁하게 영겁회귀(永劫回歸: 영원히 반복한다는 뜻)하고 있다.

1. 기본수(基本數)의 수리(數理)

　각 기본수에는 각각 다음과 같은 암시력을 지니고 있다.

기본수 (基本數)	음양 (陰陽)	오행 (五行)	수리(數理) 암시(暗示)
1	양 (陽)	갑목 (甲木)	(甲木)처음(始), 독립(獨立), 단행(單行), 건전(健全), 발달(發達), 부귀(富貴), 신장(伸長), 배태(胚胎)
2	음 (陰)	을목 (乙木)	혼합(混合), 집산(集散), 불구(不具), 불전(不全), 불철저(不徹底), 분리(分離)
3	양 (陽)	병화 (丙火)	성대(盛大), 풍부(豊富), 권위(權威), 재간(才幹), 이지(理智), 교환(交換), 성공(成功), 부귀(富貴)
4	음 (陰)	정화 (丁火)	파괴(破壞), 멸망(滅亡), 쇠약(衰弱), 변동(變動), 곤란(困難), 신고(辛苦) 등 변화 관념의 수
5	양 (陽)	무토 (戊土)	중앙(中央), 토덕수(土德數), 주동(主動), 진취(進取), 심신건전(心身健全), 입신발달(立身發達), 원만(圓滿)
6	음 (陰)	기토 (己土)	음덕갱시수(陰德更始數), 생비(生悲), 거둠(收), 합속(合續)의 영의(靈意), 기괴(奇怪), 변태(變態)
7	양 (陽)	경금 (庚金)	괴란(怪亂), 완미(頑迷), 불화(不和), 권위(權威), 단행(單行), 만난돌파(萬難突破)
8	음 (陰)	신금 (辛金)	천신만고(千辛萬苦), 분개(分開), 발달(發達), 용력(勇力), 인내(忍耐), 예맹(銳猛)
9	양 (陽)	임수 (壬水)	지력(智力), 재능(才能), 활동(活動), 재리(財利), 고독(孤獨), 궁박(窮迫), 표류(漂流)
10	음 (陰)	계수 (癸水)	공허(空虛), 비애(悲哀), 참극(慘劇), 손실(損失), 돌변(突變), 소모(消耗), 전복(顚覆), 파멸(破滅), 예측불능(豫測不能)

2. 수리(數理)와 품성(品性)

인생의 후천적 운명을 지배한다는 성격의 표현 부위는 인격(人格) 부위라 한다. 인격 부위의 수가 1에서 10까지 단수일 때는 기본수로 보고 10수 이상일 경우에는 10을 제한 잔여 단수로 본다.

'예'

金　天　八 (8)　(4)　(2) └─┘ 인격(12)	인격 12수에서 10수를 제한 잔여 단수 (2)로 그 사람의 성격과 품행을 본다.

성명의 인격은 그 사람의 성격을 형성하고 변화시킨다. 그리고 형성된 그 성격은 후천운을 조성하고 전환(轉換) 개척(開拓)하는데 인격(人格) 주운(主運)의 성격과 품행은 다음 단수의 수리와 같이 암시(暗示)를 하고 있다.

● 제1수 양목(陽木)

우거진 삼림(森林) 가운데 무성한 잡목과 같은 기상이라 수기(水氣)가 반드시 있어야 한다. 성격은 대체로 온순하고 다정하면서 침착하다. 지능도 우수하고 근면, 성실, 검소하며 불요 불굴의 투지와 노력으로 만난을 배제하고 행복한 생애를 누릴 수 있다.

평소 생각이 깊고 사교성도 있으나 자존심과 시기, 질투심이 강하고 또한 사물에 대한 판단과 이해타산이 매우 민감하다.

● 제2수 음목(陰木)

땅 밑에 있는 나무뿌리가 단단한 흙과 돌 사이를 뚫고 자양분(滋養分)을 흡수함과 같은 기상이라 차(茶), 음료수 등을 좋아하고 즐긴다.

평소 따뜻하고 부드러운 성품이 참을성도 있고 노력성도 있으나 활동성이 미약하고 매사에 소극적인 경향이 있다.

일상생활에서 생각이 깊고 건실하며 신뢰성도 있으나 금전에 대한 욕심이 대단하고 너무 이기적이다. 또 한편 질투심과 시기심이 강하고 한번 성이 나면 물불을 가리지 못하는 결점이 있기도 하다. 한 가지 유의할 점은 건강으로 기인한 상해가 염려되니 몸 관리에 남다른 주의를 필요로 한다.

단 32수는 가정이 행복한 수로 본다.

● 제3수 양화(陽火)

태양의 염열(炎熱)과 같은 기상이라 술을 좋아하고 활기찬 성품이 지혜와 재주도 있으며 또한 통솔력이 뛰어나 항상 선두에서 주도를 한다.

평소 자존심이 강하고 과격한 성품이 실책을 범하기가 쉬우며 참을성이 부족하니 자중자애하면서 투기와 모험을 피하고 부드럽게 수양을 쌓으면 가히 성공을 기약할 수 있다.

단 33수는 중도에서 실패하기 쉬운 수로 본다.

● 제4수 음화(陰火)

불 속에 있는 젖은 나무가 불꽃은 이루지 못하고 연기만 내뿜는 기상이라 외관상으로는 조용하고 평온하게 보여도 내면적으로는 영민한 지략(智略)과 함께 폭발적인 기질이 내재되어 급진적인 경향이 있다.

그러나 한편 왕왕 자기 심사를 억제하고 본심을 외부에 드러내지 않는 이중적인 성향도 지니면서 매사에 너무 우유부단하고 결단성이 없으며 때로는 공연히 허황된 이상에 외로이 번민하기도 하여 항상 마음이 불안정하다.

단 24수는 풍요롭게 재산도 모으고 행복도 누릴 수 있다.

● 제5수 양토(陽土)

기름진 토양이 오곡을 자라게 하는 좋은 전답과 같은 안정된 기상이라 채식을 좋아하고 온순한 성품이 침착하며 아량도 넓고 정리(情理)를 중히 여기는 인정미가 있다. 겉으로 보기에는 유순하나 속마음은 강직하고 자존심과 명예욕도 대단하며 질투심도 적지 않다.

그러나 대인관계가 원만하여 상하로부터 존경과 신망을 받는다. 다만 쉽게 친밀하고 쉽게 식기도 하는 경향이 흠이라면 흠이라 할 수 있다.

단 25수는 왕왕 성격이 괴팍하여 대인관계가 원만하지 못하다.

● 제6수 음토(陰土)

미개척된 황야의 굳은 흙덩이와 같은 기상이라 성격이 너그럽고 침착하여 우선 튼튼한 느낌을 준다. 그러나 겉으로 보기에는 온후해 보여도 속마음은 강직하고 본심을 외면에 잘 나타내지 아니하여 그 속마음을 헤아릴 수 없다.

한편 때로는 민첩하고 때로는 우둔하여 우열의 변화가 있으나 대개 하는 일은 권위가 있고 신빙성도 있다. 다만 결점이라면 결단성이 부족하고 행동 거취에 번민하는 경향이 있으나 대체로 행복하다.

단 26, 36, 46수는 의협심(義俠心)이 강한 반면에 시기, 질투, 망상, 불굴 등의 고집이 있고 또한 성패, 변동, 질병 등으로 일신이 불안정하기도 하나 가정은 비교적 원만하다.

● 제7수 양금(陽金)

찬란한 빛을 발휘하는 칼과 창 같은 기상이라 성격이 날카롭고 임기응변의 재치와 수완이 있으며 또한 만난을 배제하는 기백과 인내성도 있다.

그리고 유달리 자존심이 강하고 권위와 명예를 중히 여기며 불굴의 실천력도 있으나 너무 지나치게 자신을 믿고 스스로 오만하여 비난의 대상이 되기도 하다.

● 제8수 음금(陰金)

깊은 땅 속에서 막 캐낸 광석(鑛石)처럼 제련(製鍊)하지 않은 상태의 원석과 같은 형상이라 마음이 정직하고 의지가 굳건하며 허영과 허식이 없는 솔직하고 담백한 성격이다. 사리의 판단도 분명하고 용단과 인내력도 있으며 집념과 투지도 대단하다.

그러나 완강한 고집과 자존심이 융화성(融和性)을 상실하여 사교상 흠이 되기도 한다. 다만 부드럽게 수양을 쌓으면 이상적인 성품으로 변화될 수도 있으니 오직 본인의 부단한 노력만이 요망된다.

단 28수는 외지 타향을 두루 다니는 역마(驛馬)운이 있고 여성은 성격이 지나치게 강직해질 염려가 있다.

● 제9수 양수(陽水)

장마 뒤 대홍수가 전답을 휩쓸면서 유유히 흐르는 큰 강물과 같은 상이라 활동력이 왕성하여 잠시도 가만히 있지를 못하는 성격이 솔직 담백하고 지혜와 재치가 있다.

그러나 과격한 성품이 성도 잘 내고 또한 쉽게 풀어지기도 하며 불평과 불만이 가득하여 자칫하면 오만하고 방종하기가 쉽다. 그리고 금전과 명예욕이 대단하여 벌어들이는 수입도 적지 않으나 반면에 소비성 지출이 과다하여 불행에 빠지기가 쉽다. 이는 흘러간 물을 다시 되돌릴 수 없음과 같은 상실성을 암시하고 있다.

단 29, 39수는 쉽게 역경을 극복하기가 어려운 수다.

● 제10수 음수(陰水)

샘물과 호수와 같이 일정한 범위 안에서 정체 상태에 있는 형상이라 성격이 유순하고 두뇌의 회전도 빠르며 사고력도 깊고 지혜와 인내성도 있으나 매사에 우유부단하고 소극적인 성향이 있으며 생기가 없고 과감한 활동력과 실천력이 부족하여 매우 안타깝다.

그러나 왕운을 만나 크게 움직이게 되면 비바람이 몰아쳐 호수가 일변하여 대해(大海)를 이루는 격(格)이 되기도 한다. 대개 위인(偉人), 부호(富豪), 기인(奇人), 열녀(烈女) 등이 이 수에서 많이 배출됨을 볼 수 있다.

3. 각 수리(數理)의 특수 운기

각격의 각 수에는 그 수마다 운세의 길흉을 암시하고 또한 그 길흉의 수 가운데에는 각각 특수한 운기가 내포되어 성명의 삼재오행(三才五行)과 각격의 배치 및 상호 연결 등에 의하여 이 특수한 운기가 영동하면서 각종 변화가 발생한다. 그리하여 한두 격의 수리(數理)만으로는 완전한 길흉 판단이 불가하니 먼저 각격의 수리와 영동력(靈動力)을 살피고 다음 여타의 자의(字意)와 자체(字體), 음령(音靈), 음양(陰陽), 오행(五行) 등을 자상하게 살핀 다음 종합 판단을 해야 한다.

(1) 행운 및 길흉의 운수

● 길수(吉數): 건전(健全), 행복(幸福), 번영(繁榮), 명예(名譽) 등을 암시하는 길수(吉數)

1, 3, 5, 8, 11, 13, 15, 16, 21, 23, 24, 25, 31, 32, 33, 35, 37, 39, 41, 45, 57, 58, 52, 57, 63, 65, 67, 68, 81

● 중길수(中吉數): 다소의 장애와 파란이 예상되기는 하나 다만 그 이름을 드날리는 암시가 있어 중길수로 친다.

6, 7, 17, 18, 27, 29, 30, 36, 38, 40, 51, 53, 55, 58, 61, 71, 73, 75

● 흉수(凶數): 역경(逆境), 박약(薄弱), 조난(遭難), 부침(浮沈),

병난(病難), 비운(悲運) 등을 암시하는 흉수(凶數)

2, 4, 9, 10, 12, 14, 19, 20, 22, 26, 28, 34, 42, 43, 44, 46, 49, 50, 54, 56, 59, 60, 62, 64, 66, 69, 70, 72, 74, 76, 77, 78, 79, 80

● 전운수(前運數): 비교적 중년 이전에 강력히 영동하는 수

1, 3, 5, 6, 11, 13, 15, 16, 23, 24, 25, 31, 32, 33, 45, 52, 61, 63, 81

● 후운수(後運數): 대체로 중년 이후에 강력히 영동하는 수

7, 8, 17, 29, 37, 39, 41, 47, 48, 57, 58, 67, 68

● 전후 합운수(前後 合運數): 일생 동안 균등하게 영동하는 수

2, 4, 9, 10, 12, 14, 18, 19, 20, 21, 22, 26, 27, 28, 30, 34, 35, 36, 38, 40, 42, 43, 44, 46, 49, 50, 51, 53, 54, 55, 56, 59, 60, 62, 64, 65, 66, 69, 70, 71, 72, 73, 74, 75, 76, 77, 78, 79, 80

● 자동운수(自動運數): 자연 좋은 운이 이르러 크게 노력하지 않아도 쉽게 성공을 기하는 성공수

1, 13, 31, 37, 48, 52, 57, 67, 81

● 타동운수(他動運數): 기회를 잘 포착하여 자기의 노력과 작은 수고로 성공을 획득하는 성공수

3, 5, 6, 7, 8, 15, 16, 24, 32, 35, 39, 41, 45, 47, 58, 68

(2) 체질 및 건강상의 운수

● 남자는 풍체가 우아한 미남이 되고 여자는 얼굴이 아름다운
미인이 되는 수
4, 12, 14, 22, 24, 31, 37, 41

● 여자에게 애교와 매력이 따르는 수
15, 19, 24, 25, 28, 32, 33, 42

● 위장 및 폐, 심장 등의 병난(病難)과 손발에 상해를 입기가 쉬
운 수
7, 8, 12, 17, 18, 20

● 질병에 약한 허약한 수
2, 4, 9, 10, 12, 14, 19, 20, 22, 26, 30, 34, 36, 40, 42, 44,
46, 54, 55, 60, 69, 70, 80

● 불의의 재화가 침범하기 쉬운 수
4, 9, 10, 14, 19, 20, 26, 28, 34, 40, 44, 54, 60, 69, 70, 80

(3) 성격상의 운수

● 성품이 온화하여 상하로부터 신망과 존경을 받고 권위를 지키
는 수

5, 6, 11, 15, 16, 24, 31, 32, 35

● 성격이 너무 강직하고 완고하여 대인관계에 결함이 생기는 수
7, 17, 18, 25, 27, 37, 47

● 고집과 시기심이 많고 변태적인 수
2, 12, 22, 42

● 평소 물을 많이 마시고 음료수 등을 좋아하는 수
11, 21, 22, 31, 32, 41

● 담배를 즐겨 피우는 수
14, 24, 33, 52

● 풍류, 사치, 주색(酒色)을 즐기는 음란(淫亂)한 수
17, 23, 24, 27, 33, 37, 43, 52, 62

● 품행이 어질지 못한 불량의 수(남자에 한함)
20, 36, 40

● 일 처리가 민완(敏腕)하고 말솜씨가 유창은 하나 다만 허위와
가식성(假飾性)이 있는 수
4, 14 ,24, 34, 44

(4) 소질 및 기질상의 운수

● 대의를 위하여 자신을 희생하는 의협심이 강한 수
26, 36

● 자기의 욕심만을 챙기는 이기주의(利己主義)의 수
13, 45

● 이상을 추구하는 이상주의(理想主義)의 수
35, 38, 42

● 실리를 추구하는 현실주의(現實主義)의 수
23, 33, 45

● 시작은 화려해도 끝맺음이 없는 유시무종(有始無終)의 수
9, 19, 27, 50

● 시작을 하면 반드시 끝을 맺고 보는 유시유종(有始有終)의 수
8, 18, 37, 48

● 남자답지 못하고 점점 여성화되어 가는 남성여화(男性女化)의
수
5, 6, 15, 16, 35, 43

● 여자가 여자답지 못하고 점점 남성화되어 가는 여성남화(女性男化)의 수

7, 17, 29, 33, 39

● 자존심이 강하고 남에게 굽힐 줄 모르는 방약무인(傍若無人)의 수

1, 7, 17, 18, 25, 27

● 동화력(同化力)이 뛰어난 원만 화합의 수

5, 6, 11, 15, 16, 21

● 세상물정과 통하지 않는 옹고집 세정불통(世情不通)의 수

10, 11

● 세상물정을 너무 잘 아는 정통세정(精通世情)의 수

42, 52

● 모험과 투기를 좋아하는 모험투기(冒險投機)의 수

30, 40, 52

● 모험을 모르고 점진적으로 성취하는 건실온견(健實溫堅)의 수

21, 24, 31

● 겉으로 보기에는 강건해도 내면적으로는 유약(柔弱)한 수

7, 8, 17, 18

● 표면으로는 유약해 보여도 내면적으로는 강건한 수
12, 14, 22, 32

● 범사가 화려하고 급진적으로 대응하는 적극적인 수
17, 23, 27, 33, 39

● 단단한 돌다리도 두들겨 보고 건너는 소극적인 수
12, 14, 19, 22, 24

● 범사를 박력 있게 수행하는 기백(氣魄)의 수
17, 18, 21, 23, 33, 39

● 일을 하다가도 의지가 약하여 중간에 좌절하는 심약(心弱)한 수
4, 12, 14, 22, 24, 56

● 이성과 지혜가 발달하는 이지(理智)의 수
3, 13, 21, 23, 24, 25, 29, 31, 33, 35, 38, 39, 41, 45, 48, 52, 63, 67, 68

● 정감이 농후하고 발달하는 수
1, 3, 5, 6, 11, 15, 16, 21, 23, 32, 33

● 의지가 뛰어나게 강건한 수

7, 8, 11, 17, 18, 21, 25, 31, 37, 41, 47

(5) 재능의 운수

● 기묘한 재능을 지니는 참모(參謀) 또는 신발명가(新發明家)의 수

24, 25, 68

● 문학이나 미술, 기예(技藝) 방면에 높이 발달하는 예능의 수

13, 14, 26, 29, 33, 35, 36, 38, 42, 68

(6) 직능(職能)의 운수

● 지 · 인 · 용(智仁勇) 삼덕을 구비하고 높은 위치에서 많은 사람을 거느리는 두령(頭領)의 수

3, 16, 21, 23, 31, 33, 39

● 학자(學者) 또는 기사(技師) 타입의 수

3, 13, 21, 23, 24, 25, 29, 31, 33, 35, 38, 39, 41, 45, 48, 52, 63, 67, 68

● 종교인이나 예술가의 수

1, 3, 5, 6, 11, 15, 16, 21, 23, 32, 33

● 정치가나 실업가의 수

7, 8, 11, 17, 18, 21, 25, 31, 32, 37, 41, 47

(7) 가정, 부부 환경상의 운수

● 남녀 부부가 화목하지 못하고 다툼이 많은 수

1, 7, 8, 17, 18, 20, 25, 27, 28, 33

● 남녀 다 같이 조혼(早婚)이 불리하고 간혹 생사 이별이 따르는 수

9, 10, 12, 17, 22, 28, 34, 35, 38, 43

● 남녀 다 같이 초혼(初婚)으로는 행복하기가 어려운 수

18

● 남녀 다 같이 배우자를 상실하기 쉬운 수

9, 10, 19, 20, 26, 28, 30, 34, 76

● 한 남자가 두 여자를 거느리거나 아니면 생사 이별이 따르는 수

5, 6, 15, 16, 32, 39, 41

● 여자가 남자의 발전 운기를 극해(剋害)하거나 아니면 간혹 생사 이별 등이 따르는 부부 불목(不睦)의 수

9, 10, 12, 14, 17, 19, 20, 21, 23, 26, 27, 28, 29, 30, 33, 35, 36, 42, 43

● 여자가 홀로 지내기 쉬운 고독의 수
21, 23, 33, 39

● 여자가 부덕(婦德)을 구비하는 행운의 수
5, 6, 15, 16, 35

● 여자가 직업 전선에서 미천한 접대부 등으로 흐르기 쉬운 수
9, 10, 19, 20

● 여자에게 풍파, 이별 등 파란이 가장 많이 따르는 연령
28세, 29세, 32세, 33세

● 혼인을 기피하는 연령
남자: 25세, 42세, 61세
여자: 19세, 33세, 37세

● 자녀의 복이 박약하고 노고(勞苦)만 따르는 불행의 수
9, 10, 14, 19, 20, 26, 28, 30, 34, 76

● 부부의 인연이 박약하여 번민하는 고독의 수
4, 10, 12, 14, 22, 28, 34, 40, 46, 54

● 비록 재산이 많고 외교 수완이 우수해도 가정에 파멸을 가져
온다는 불행의 수

(8) 재부(財富)의 운수

● 재물이 풍성한 풍재(豊財)의 수

15, 16, 41, 52

● 재물을 모을 수 있는 근원이 풍요롭고 횡재수도 따르는 재원(財源)의 수

24, 29, 32, 33

● 음덕으로 집안을 일으키는 행운의 수

3, 5, 6, 11, 13, 15, 16, 24, 31, 32, 35

(9) 재물을 흩트리고 패가하는 파재(破財)의 운수

● 있는 재물도 흩트리고 중도에 좌절한다는 파재(破財)의 수

14, 20, 36, 40, 50, 80

● 패가좌절(敗家挫折)한다는 불길의 수

2, 4, 9, 10, 12, 14, 19, 20, 22, 26, 27, 36

(10) 재액(災厄)이 따른다는 화액(禍厄)의 운수

(이와 같은 수가 이격(二格) 이상일 때는 특히 위험하다)

● 재난의 수

4, 8, 9, 10, 12, 14, 17, 18, 19, 20, 23, 26, 27, 33, 34, 39, 40, 44, 45, 49, 53, 55, 56, 57, 58, 60, 69

● 형벌의 수

9, 10, 14, 19, 20, 22, 28, 30, 34, 44, 50, 53, 54, 56, 59, 60, 70

● 검난(劍難)의 수

3, 4, 6, 8, 9, 10, 12, 14, 17, 18, 19, 20, 28

● 유혈(流血) 부상(負傷)의 수

8, 17, 18, 19, 23, 27, 33, 34, 40, 44, 50, 60

● 자해(自害) 또는 발광(發狂)의 수

4, 27, 34, 44

(11) 기이(奇異)한 변괴(變怪)의 운수

일생에 파란이 많은 수이기는 하나 간혹 역경을 극복하고 크게 성공하는 기이(奇異)의 수

● 효자, 열녀의 수

4, 26, 44

● 위인(偉人) 기재(奇才)의 수

4, 9, 19, 26, 30, 36, 38, 44

● 대부(大富)의 수

9, 19, 27

● 극단에서 전회(轉回) 성공하는 절처봉생(絕處逢生)의 수

10, 20, 30, 40

(12) 변화의 운수

● 흉한 것이 좋게 변한다는 화흉위길(化凶爲吉)의 수

2, 4, 9, 10, 12, 14, 19, 20, 22, 26, 27, 28, 29, 30, 34, 36, 38, 40, 44, 46, 49

● 왕성한 가운데 쇠운을 내포하여 중도에서 실패한다는 길반위흉(吉反爲凶)의 수

1, 6, 7, 8, 13, 17, 18, 23, 25, 32, 33, 37, 39, 45, 57, 77, 81

● 크게 성공한다는 대성공의 수

1, 3, 5, 6, 7, 8, 11, 13, 15, 16, 17, 18, 21, 23, 25, 26, 27, 29, 30, 31, 32, 33, 37, 39, 40, 41, 45, 47, 48, 52, 57

(이 수가 이격(二格) 이상일 때에는 크게 대성할 수도 있다)

(13) 천관성(天官星) 및 금여성(金與星)의 운수

(용모가 단정하고 재능과 천덕이 구비되어 벼슬에 오르고 관용차(官用車)를 탄다는 별)

● 천관성(벼슬을 한다는 별)의 수

1, 8, 16, 17, 28, 29, 30, 33, 44, 45, 52, 53, 67, 74, 81

● 금여성(관용차를 탄다는 별)의 수

3, 4, 5, 18, 24, 26, 40, 51, 52, 68, 70, 79

이상 각개의 특수한 운기의 수는 성명의 사격(四格: 인격, 지격, 외격, 총격) 가운데 어느 격을 막론하고 전부 해당 운기가 영동(靈動)을 한다. 그중에서도 인격(人格)과 총격(總格) 부위에 가장 많이 강하게 영동을 하며 또한 각격(各格)의 수리(數理)가 조화를 이루고 삼재오행(三才五行)의 배치와 내외운(內外運) 등이 적절하게 배합이 되면 이 특수 운기 중 길운이 강하게 영동하면서 흉한 운세 흉운을 완화 내지 해소를 하게 되니 새로 작명을 하거나 성명을 판단할 때에는 수리(數理)와 오행(五行) 등의 상호 연관성과 변화에 각별한 유의를 하고 점 하나라도 소홀히 해서는 안 된다.

4. 81수리(數理)와 영동력(靈動力)

81수의 영의(靈意: 영묘한 뜻)와 암시(暗示), 유도(誘導), 변화(變

化) 등의 작용력은 삼재(三財: 기초운, 성공운, 내외운) 오행(五行) 이 적절하게 배합되고 각격(各格: 인격, 지격, 외격, 총격)의 운기가 상호 연관되면서 각종 변화가 발생한다.

그리하여 한두 격의 수리(數理)만으로는 완전한 길흉 판단이 불 가하니 먼저 각격의 수리 영동력을 자세히 고찰하고 다음 자의(字 意)와 자체(自體), 음령(音靈), 음양(陰陽) 등을 종합 관찰한 연후에 길흉을 판단해야 한다.

5. 81수리(數理) 일람표

1획[길수] 기본격(基本格)

만상(萬象)의 기본이 되는 최상의 길수다. 정감이 넘치는 고귀한 인품이 세상사를 통찰하여 크게 성공하고 일생을 편안하게 부귀영 화를 누리면서 장수하는 대길의 수이기는 하나 너무 지나침은 미치 지 못한 것만 같지 못하니 경솔하게 쓰지 말고 신중을 기해야 한다. 다만 기관 단체 등의 명칭에 사용하는 것은 좋다.

2획[흉수] 분리격(分離格)

일생에 고난과 부침(浮沈)이 많고 재운(財運)이 빈약하며 또한 병 약하여 가정운도 불길하다.

중년기 이전에 유동과 재액이 많이 따르고 몸과 마음이 허약하여 결단력을 상실하게 된다. 그래서 인간의 고독과 비애(悲哀)에 즐거 움을 모르고 허송세월하는 파멸 무상의 대흉수로 친다.

3획 [길수] 성형격(成形格)

천(天), 지(地), 인(人)이 상화(相和)하여 만물이 형상을 이루는 행운의 수로서 이는 복덕을 겸비하여 행복을 구가하듯 대업을 성취한다. 지혜도 총명하고 이지가 발달하여 지도적 인물이 되고 입신양명(立身揚名)하여 대중이 우러러보는 대길의 번영 수이다.

다만 권모(權謀)에 의한 명예욕이 간혹 험난 수를 부를 수도 있으니 경거망동(輕擧妄動)하지 말고 자연에 순응하는 마음가짐이 무엇보다 필요로 한다.

4획 [흉수] 부정격(不正格)

성격은 온유하나 결단력이 부족하고 지략(智略)이 혼미(昏迷)하여 매사 성사되는 것이 없다. 일생에 변화와 역경, 고난과 파멸 등이 따르는 대흉수로 친다.

초년에 비록 순조롭게 발전을 한다 해도 중년에 가서 파멸하고 좌절을 하게 된다. 이는 오로지 자기의 역량을 과대시하기 때문이다. 그래서 분수에 순응하는 수양을 쌓아야 한다. 육친(肉親: 부모, 형제, 처자)과도 인연이 좋지 못하고 또한 일신은 병약하며 고독하다.

그러나 배우자의 길운에 의해서 만년에 행운을 얻을 수도 있고 간혹 효자, 절부(節婦)가 이 수에서 배출되기도 한다.

5획 [길수] 정성격(定成格)

음양이 화합된 완벽의 수라 성격이 원만하고 지혜와 덕망을 겸비하여 대업을 성취하고 입신양명(立身揚名)하여 만인의 우러름을 받고 수복이 겸비되어 부귀와 영화를 함께 누리면서 장수하는 대길수이다.

여성은 부덕을 갖추고 가정을 지혜롭게 이끌어 가면서 사랑과 존경을 받고 행복을 누리는 행운의 수이다.

6획 [길수] 계성격(繼成格)

복덕이 풍성하여 만사가 뜻과 같이 성취되는 부귀영달의 대 길수다. 성격은 외유내강(外柔內剛)하여 군건한 신념과 성실한 노력으로 대업을 순탄하게 성취하고 가문을 빛내니 만인이 우러러 존경한다. 천부의 복덕이 집안에 충만되어 영화롭게 행복을 구가하는 번영의 길수이기는 하나 성운 속에는 쇠운도 포함되어 타운과의 배합이 불길하면, 돌변하는 험란 수도 야기되고 또한 중년 이후에 중단수도 함께 내포하고 있으니 자만심을 버리고 자중해야 한다.

여성은 부덕을 겸비하여 가정이 원만하고 사랑과 존경을 받으면서 행복을 누리는 길수로 친다.

7획 [길수] 독립격(獨立格)

장부의 견고한 의지와 왕성한 정력으로 만난을 돌파하고 대성 발전하여 영화롭게 가문을 일으키는 대길의 수이기는 하나 다만 성격이 지나치게 강건하여 타인과의 공동 사업은 부적합하고 가정적으로도 다소의 의견 충돌이 있다. 그래도 자녀들에게 영화가 있어 이름을 크게 떨칠 수 있으니 길수이다.

단 여성은 남성화(男性化)되는 경향이 있고, 불행에 빠질 수도 있으니 부드럽게 수양을 쌓으면서 아름다운 덕성(德性)을 길러야 한다.

8획 [길수] 개물격(開物格)

완고한 성격이 참을성도 있고 굳건한 의지가 매우 진취적(進取的)이어서 어떠한 난관에 이르러도 이를 극복하고 처음 품은 뜻을 관철하여 소기의 목적을 달성하고 부귀영화를 누리면서 이름을 떨치는 대길의 수이다. 다만 선고후락(先苦後樂)의 운세라 초·중년에는 다소 곤고하고 어려움이 따르기도 하나 중년 후 만년에는 영화롭게 행복을 누리는 행운의 수이다.

다만 지나치게 강건한 기질이 번영되게 전진만 하거나 또는 타운과의 배합이 불길하면 조난(遭難)의 횡액 수가 수반되기도 한다.

9획 [흉수] 궁박격(窮迫格)

한때는 성공하고 한때는 패망하여 흥망 교차되는 부침(浮沈)의 수가 되어 흉수로 친다. 대개 지략(智略)도 있고 활동력도 있으나 인덕이 없고 몸과 마음이 늘 피곤하다. 가정에는 부부의 인연도 좋지 못하고 또한 자녀의 운마저 불길하여 근심이 따르고 별 여망이 없어 대흉의 수로 친다.

다만 삼재(三才) 배치와 타격(他格)과의 운이 좋으면 기회를 잡아 왕왕 큰 부자가 되기도 하고 간혹 위인(偉人)과 괴걸(怪傑)이 배출되기도 한다.

여성은 부부가 무정하여 이별을 하는 수도 있고 또한 자녀에게 늘 근심이 따르며 외로이 홀로 고독을 겪게 되는 불길한 수이다.

10획 [흉수] 공허격(空虛格)

일몰 후 사방이 막막한 만사종국(萬事終局)의 공허한 형상이라 재주도 있고 기량은 풍부해도 세상 물정에 어둡고 매사에 추진력이 부족하여 시작은 화려해도 유종의 미를 거두지 못하고 여러 번 실패를 겪을 수이다. 이리하여 일생에 고난과 빈곤이 따르고 앞날이 암담한 불길의 수이다. 육친과도 별 인연이 없고 일신에도 질병, 형액, 단명, 부부 이별 등 매우 고독한 불행이 따르는 흉수로 친다.

여성은 남편과의 인연이 좋지 못하여 일생을 외로이 홀로 지내야 할 대 흉수로 보고 있다.

11획 [길수] 신성격(新成格)

음양이 다시 되돌아와 만물이 생성되는 신성격이라 성품이 유순하고 몸도 건강하며 지혜도 총명하고 재운 또한 왕성하다. 하는 일은 뜻과 같이 성취되어 대업을 이룩하고 부귀영화도 누리면서 영광되게 가문을 빛내고 사회적으로 신망과 존경을 받으면서 행복하게 자녀들의 영화까지 함께 누리는 대길의 행운 수로 친다.

여성은 간혹 남의 양녀로 가는 수도 있으나 부부가 다정하고 자녀들도 현명하여 가정이 화목하고 원만하다.

12획 [흉수] 박약격(薄弱格)

사람은 똑똑하고 재주는 있으나 의지가 박약하여 매사에 너무 소극적인 경향이 있다. 그래서 자력으로 크게 성공하기는 어렵고 혹 부모의 유산이 있으면 한때 편안히 지낼 수도 있으나 만년에는 이도 실패하여 심신이 허전하다.

가정적으로도 불행하여 부부와의 이별 수도 있고 일신은 병난(病難), 형액(刑厄) 등 화액이 따르며 또한 자녀운도 영화롭지 못하여 늘 허송세월을 하는 불길한 수로 본다.

단 자기 능력에 맞추어서 분수를 지키고 검소하게 자중자애하면 평안을 누릴 수도 있다.

13획 [길수] 지모격(智謀格)

슬기로운 지혜와 재치로 대세를 간파하고 임기응변이 능숙하여 재사(才士)답다. 예능의 자질도 풍부하고 명석한 두뇌와 상사(上司)의 도움을 받으면서 어떠한 고난도 무난히 극복하고 성공의 길을 걷는다. 그래서 빈손으로 대업을 성취하고 사방에 이름을 떨치는 대 길수이다.

특히 지도적인 선견지명(先見之明)이 있으나 왕왕 지나치게 자신만 믿고 경거망동(輕擧妄動)하다가는 불의의 공격을 당할 액운도 따르니 항상 대인관계를 원활히 유지해야 한다.

14획 [흉수] 이산격(離散格)

천성이 유순하고 인정도 있으며 예능의 재주도 다양하다. 그러나 매사 계획은 잘 수립하지만 재운(財運)이 없고 흥패가 무상한 운세라 하는 일이 뜻과 같이 잘 성취되지 않는다. 그래서 일생에 부침(浮沈)이 많고 곤고하여 늘 번민을 하게 된다. 육친과도 인연이 박약하여 파란과 이별, 고독, 병난, 불구 등 흉화가 따르는 매우 불길한 흉수이다.

여자는 남편의 덕이 없고 외로이 홀로 일생을 지내야 하는 불길한 극부(尅夫)의 흉수로 본다.

15획 [길수] 통솔격(統率格)

성격이 원만하고 지혜와 덕망을 겸비하여 상사(上司)의 후견과 수하의 도움을 받아 순탄하게 자립 대성하여 영화롭게 부귀와 공명을 달성한다. 이리하여 사회적 신망도 두텁고 사방에 이름을 떨치면서 가문을 일으키고 자녀들의 영화까지 누리면서 행복하게 장수하는 대 길수이다. 다만 부잣집에서 출생한 사람은 나태하기가 쉽고 간혹 중년 말에 다소의 쇠운이 따르기도 하며 혹자는 두 집 살림을 거느리는 양처 수도 있다.

특히 여자에게는 부덕을 겸비하여 가정을 원만하게 이끌고 행복을 누리는 대길의 수이기도 하다.

16획 [길수] 덕망격(德望格)

인자하고 덕망 높은 인물이 상하의 존경과 신망을 받고 지(智), 인(仁), 용(勇) 삼덕을 구비하여 만인을 지휘하는 수령(首領)격이 되어 대업을 성취하고 부귀영달하는 대길의 행운 수이다.

비록 초년에는 어려움이 있다 해도 중년 후기에는 크게 성공하여 재물도 모으고 가문도 빛낸다. 다만 남녀 간에 권위가 높아지면 자칫 오만하여 실패를 자초할 수도 있으니 자중해야 한다.

여성은 현숙하고 가정에 충실하여 사랑을 받으면서 행복을 누리는 대길의 수이다.

17획 [길수] 건양격(建陽格)

강직한 성품이 불굴의 투지로 만난을 극복하고 초지를 관철하여 소기의 목적을 달성하고 고귀한 지위에 오르는 대길의 수이다. 다만 완강한 고집이 화를 자초할 수도 있으니 대인관계를 원만히 유지하면서 자중자애하는 수양을 쌓아야 탈이 없다.

여자는 남성 기질로 변화하여 남자를 이기려는 고집이 생기고 이 고집 때문에 불행에 이르는 흉수가 된다. 다만 선천적으로 허약한 여성은 건강을 유지하기 위하여 가용하기도 한다.

18획 [길수] 발전격(發展格)

철석같은 굳건한 의지로 만난을 타파하고 경영하는 일들을 박력 있게 진취적으로 추진하여 유종의 결실을 거두고 입신양명(立身揚名)하여 고귀한 지위에 오르게 되는 대길의 수이다.

그러나 완강한 고집과 자존심이 인화(人和)를 못 이루고 화를 초래할까 우려되니 모름지기 제반사를 신중하게 살피면서 수행하고 자중자애(自重自愛)해야 한다.

특히 상업을 경영하면 큰 탈없이 크게 발전, 성공할 수이다. 가정적으로 부부의 운도 좋으나 간혹 처음 사귀는 여자와는 성공하기가 어렵고 실패 또는 험난한 수도 따르니 유의하기 바란다.

19획 [흉수] 고난격(苦難格)

두뇌 회전도 빠르고 활동력도 있으나 운수(運數)는 구름에 가려진 달과 같이 빛을 못 보고 하는 일마다 시작은 화려해도 끝맺음이 없으니 백사가 제대로 성취되는 것이 없다. 경영하는 일마다 장애가 따르니 중도에 좌절하기가 쉽고 육친과도 인연이 박약하여 이별, 패가, 고난, 병액 등 불행을 겪게 되는 대 흉수로 친다.

여자에게는 극부(剋夫)의 수가 있어서 불길하다. 간혹 드물게 이 수에서 큰 부자와 기이한 사람이 배출되기도 한다.

20획 [흉수] 허망격(虛妄格)

비록 지혜는 있으나 몸과 마음이 허약하여 일생을 병과 싸우면서 고난을 겪게 되는 수이다. 육친과도 덕이 없고 경영하는 일에도 늘 장애와 역경이 겹치고 화액이 빈발하여 품은 뜻을 제대로 펼 수가 없다. 가정 또한 원만하지 못하여 자녀들의 불행, 이별, 병액, 조난 등 근심이 끊이지 않는 대 흉수이다. 때로는 다소 경제적으로 여유가 생기는 기간도 있으나 그것도 일시적일 뿐, 돌발적인 재액 때문에 다시 곤경에 이르게 된다.

여자에게는 남편의 기운을 극파(剋破)하는 불길한 운수를 암시하니 각별히 수양하고 근신을 해야 겨우 비참한 액운을 모면할 수 있다.

21획 [길수] 수령격(首領格)

성품이 중후하고 슬기로운 지혜와 재치가 뛰어나면서 의지가 건고하고 독립심이 강하여 만난을 배제하고 자립, 대성 발전하는 길수이다. 백사에 권위와 덕망을 구비하여 상하로부터 존경과 신망을 받는다. 그러나 이른 봄 매화 꽃이 피기까지는 다소 눈이나 서리의 찬 고통이 있음과 같이 초년에는 어려움이 따르기도 하나 점진적으로 발전하여 중년 후기에는 크게 영달하여 만인의 우러름을 받으면서 수령격이 되는 대길의 수이다.

여성에게는 수리(數理)가 지나치게 강왕하여 남편의 운기를 가로막고 재액을 자초하기도 한다. 그러나 독신자는 사업을 경영하면 남성을 능가하는 부귀를 누릴 수 있다.

22획 [흉수] 중절격(中折格)

지혜가 총명하고 재치가 있어서 초년에는 성공도 기약할 수 있으나 이 수는 가을철에 서리가 내리는 형상이 되어 의지가 점점 박약하고 무기력하여 대업을 성취하기에는 어려운 운세이다. 간혹 타운과의 배합 여하에 따라 인내성과 탄력성 등이 영동(靈動)하여 사회적으로 상당한 성공을 거두기도 한다.

가정적으로는 파란이 많고 일신도 곤고하며 병난, 불구, 형액, 이별 등 액운이 따르게 되어 흉수로 친다.

23획 [길수] 공명격(功名格)

성격이 명랑하고 자질이 영특하며 탁월한 지도력을 지니고 그 기세는 하늘을 찌를 듯 당당하여 개선장군과 같은 기상이다. 제반사 처리를 박력 있게 추진하여 조기에 소기의 목적을 달성하고 부귀영화를 누리는 대길의 수이다. 다만 지나친 활기가 도리어 재난을 초래할 수도 있으니 어떠한 지위를 막론하고 자중하면서 교만하지 말고 부드럽게 수양을 쌓아야 좋다.

여자는 수리가 너무 강건하여 남편의 운기를 가로막고 불행을 자초하는 흉운을 암시한다. 그러나 홀로 지내는 독신, 독립자는 남성을 능가하는 영달과 출세도 기약할 수 있는 행운도 있다.

24획 [길수] 입신격(立身格)

성격이 유순하고 지혜가 총명하며 재운(財運)도 순탄하여 빈손으로 자수성가(自手成家)하고 가문을 일으키면서 사방에 이름을 떨치는 부귀영달의 대 길수이다.

다만 온유한 성품이 일을 추진함에 너무 소극적이고 의지가 박약하여 처음은 다소 어려움이 따르기도 하나 슬기로운 지혜와 재치로 이를 극복하고 소기의 목적을 달성한다. 만년에는 더욱 사업이 번창하여 부귀와 영화를 함께 누리는 행운의 수이기도 하다.

여자는 애교가 있고 가정에 충실하여 부부가 화목하고 자녀들도 현명하여 영화를 안겨다 주는 안정된 길수로 친다.

25획 [길수] 안전격(安全格)

듬직한 성격이 의지가 굳건하고 생각이 깊다. 매사에 근면 성실하고 자수성가(自手成家)하여 불굴의 투지와 부단한 노력으로 대업을 성취하고 부귀영달의 대길의 수이다. 다만 한 가지 완강한 고집이 불화와 장애가 될까 우려되니 심덕을 기르는 수양을 쌓아야 탈이 없다.

여성은 애교가 있고 사교성도 좋으며 부부가 유정하고 자녀들도 현명하며 행운을 누리는 길수가 된다.

26획 [흉수] 영웅시비격(英雄是非格)

이 수리(數理)는 영웅(英雄), 변괴(變怪), 파란(破瀾) 등을 암시하여 대발명가, 대철학가, 대문호(大文豪), 지사(志士), 괴걸(怪傑) 등이 배출되는 운수이다. 대체로 의지가 강하고 활동력도 있으나 인정미가 없는 냉정한 성격이다. 비록 초·중년에 의외의 성공을 한다 해도 덕망이 없어서 존경을 못 받고 재능을 너무 과신하고 오만 방자하여 중년 후 말년 초에 실패를 하고 좌절하는 수가 있다.

가정적으로도 부부운, 자녀운이 모두 아름답지 못하고 일신은 지난날 한때의 성공을 회상하면서 쓸쓸하게 말년을 허송하여 흉수로 친다. 간혹 소경이 되거나 도벽(盜癖), 황음(荒淫)에 빠지는 수도 있고 여자는 남자의 운기를 극파(剋破)하여 독신으로 지내는 경우가 많다.

27획 [중길수] 중단격(中斷格)

영특한 재주와 비상한 두뇌의 회전으로 계획은 잘 이루지만 추진하는 과정에 장애물이 출현하여 실패, 좌절하는 중단 수가 있다.

이 수의 수리는 대체로 조숙하여 중·장년에 일찍 발달하고 중·말년에 실패를 한다. 특히 성격이 오만하고 너무 잘난 체하여 대인관계가 원만하지 못하고 비난의 대상이 되기도 한다. 말년에는 불행하게도 역경에 이르러 조난, 형액, 불구, 고독, 이별 등 흉액이 따르는 운세이다. 다만 자신을 성찰하고 중용을 지키면서 성실하게 노력만 하면 실패를 모면하고 부귀와 영화를 누리는 길운도 내포하고 있다.

여자에게는 극부(剋夫)의 수가 되어 불길하다. 만일 거듭 이 수가 들게 되면 일생 중 한 번은 형액을 면하기가 어렵다고 본다.

28획 [흉수] 파란격(波瀾格)

만경창파(萬頃蒼波)에 외로이 떠 있는 일엽편주(一葉片舟)의 형성이라 파란과 역경이 끊이지 않는 곤고한 운세라 가정이 무고하면 일신에 풍파가 생기고 일신이 무고하면 가정에 파란이 야기되어 일생에 행복을 모르고 지내는 기구한 파란만장의 운세이다.

육친과도 인연이 박약하여 이별, 조난, 불구, 형액 등 흉액이 따르고 여자에게는 남자의 운기를 파극(破剋)하여 독신 생활을 하기가 쉽다. 그리하여 일신이 늘 외롭고 고단해도 의지할 곳이 없으니 말년이 처량하기만 하다.

29획 [중길수] 성공격(成功格)

사람됨이 출중하고 지혜와 수완, 역량 등을 두루 겸비한데다가 여기에 따르는 권세의 운도 있으니 처음에 품은 뜻을 저버리지 말고 성실히 노력하면 소기의 목적을 순탄하게 달성한다. 대체로 관운도 좋고 재운도 있어서 영화롭게 부귀 현달하고 행복하게 장수를 누리는 길수로 친다. 다만 지나친 욕심이 실패를 유발할 수도 있으니 자중자애하는 수양이 요망된다.

여성은 남성화(男性化)하여 남편을 파극(破剋)하는 준과부(準寡婦)의 운세라 여성에게는 불길한 수가 된다.

30획 [흉수] 부몽격(浮夢格)

선악을 분별하지 못하고 갈팡질팡하는 부침이 많은 운세라 타향을 전전하면서 하는 일은 많으나 제대로 성사되는 것이 없으니 안타깝기만 하다. 특히 일확천금을 노리는 투기업이나 분수에 넘치는 일을 도모하면 크게 낭패를 보기가 쉽고 부지중에 몰락하여 세월만 탄식하는 불길의 수이기는 하나 다만 일정한 업종에 성실히 노력하면 평안을 얻을 수도 있다. 만일 그렇지 못하고 한군데 뿌리를 박지 못하면 고독, 조난, 형액, 이별 등 흉수만 따르게 된다.

여자에게는 불길한 극부(剋夫)의 수가 내포되어 평생을 외롭게 지내야 하는 불행의 수이다.

31획 [길수] 융창격(隆昌格)

성품이 원만하고 의지 또한 굳건하여 어떠한 난관에 이르러도 능히 극복하고 대업을 성취할 수 있다. 지(智), 인(仁), 용(龍)의 삼덕을 구비하여 많은 사람을 거느리고 상사나 부하로부터 신망과 존경을 받으면서 영화롭게 부귀공명을 이룩하여 행복을 누리는 대 길수이다. 가정적으로도 화목하고 자녀들도 현명하여 영화롭다.

여자도 남자와 같이 동일한 행복을 누리면서 부부는 단란하고 집안이 평화로운 길수가 된다.

32획 [길수] 요행격(僥倖格)

부드러운 성품이 인자하고 친화력이 좋으며 견고한 기반을 이룩하여 예상외로 자산이 늘어나는 요행 수가 있다. 이는 흡사 목마른 용이 물을 얻은 격이 되어 성실하게 노력만 하면 상사의 도움도 받고 좋은 여건과 기회도 주어져 대성 발전하고 부귀와 영화를 누리면서 가문을 일으키는 행운의 요행수이다.

여자도 부부의 금실이 아름답고 만사가 형통하여 부러움 없이 행복을 구가하는 최상의 길수로 친다.

33획 [길수] 승천격(昇天格)

사람이 헌출하고 지략(智略)이 있으며 재덕(才德)을 겸비하여 포부도 크고 도량도 넓다. 과단성 있는 불굴의 추진력과 뛰어난 지략으로 만난을 배제하고 대업을 성취하는 대길의 수이다. 이 수의 수리는 너무 진귀하여 잘못되면 급변(急變), 전락(轉落) 참담하게 되는 수도 있으니 대인관계를 원활히 유지하면서 두터운 덕을 쌓게 되면 한층 더 융성하여 일찍이 성공하고 만사가 형통하는 행운의 수가 된다.

여성에게는 극부(剋夫)의 운이 내포되어 남편의 덕이 없고 생사의 이별 수가 수반되어 흉수로 친다. 다만 독신으로 사업을 경영하면 자립, 대성할 수 있으나 평생을 외롭게 지내야 되는 불행을 암시한다.

34획 [흉수] 파멸격(破滅格)

패가망신을 유도하는 파멸의 수로서 불의의 재화가 속출하고 어천만사의 뜻과 같이 되는 일은 없이 참담하게 불행에 빠져드는 대흉수로 친다. 이 수의 수리는 식복(食福)이 있어서 한때의 평온은 유지해도 가정적으로 파멸을 모면하기가 어렵고 비통, 병액, 이별, 형액 등 흉화가 극심한 것으로 본다. 간혹 희귀하게 한번 크게 성공하는 사람도 왕왕 볼 수 있다.

만일 여성에게 이 수가 거듭 이중으로 들어 있으면 일생 중 한 번은 형액을 치를 불길한 수이다.

35획 [길수] 평범격(平凡格)

성정이 유순하고 지략이 뛰어나며 문학과 예능 방면에도 소질이 있고 제반사를 성실히 수행하여 별 어려움 없이 성공할 수 있다. 충직한 성품이 주어진 직장이나 사업에 변화 없이 종사하고 대인관계도 원만하여 상사나 부하로부터 신망과 존경을 받는다. 일생을 맡은 바 직능에 정성을 다하여 순탄하게 성공하고 부귀장수를 누리는 대길의 수이다.

여성은 부덕을 겸비하고 내조의 공을 이루며 자녀들도 현명하여 영화와 행복을 누리게 된다.

36획 [중길] 의협격(義俠格)

명석한 두뇌와 대붕의 웅지로 대의를 위해 살신성인(殺身成仁)하는 의협심이 두터워 한때의 풍운아(風雲兒)로 군림하기도 하나 일생에 부침(浮沈)이 많고 파란이 빈번하여 실패 후에 성공하고 성공 후에 실패하는 영고성쇠(榮枯盛衰)의 굴곡이 많은 운세이다. 이래서 성공 후에 잘 챙기면 일생을 편안하게 지낼 수도 있으나 만일 그렇지 못하고 투기심을 가지면 낭패를 당하고 불의의 재액을 초래하게 된다. 간혹 병액, 단명, 이별 등의 흉액수도 따르나 항상 내 주변을 잘 살피고 수양하는 마음으로 늘 근신하면 무난하리라.

여성에게는 남자의 운을 파극(破剋)하여 외로이 홀로 지내야 하는 불행한 운기를 내포하고 있다.

37획 [길수] 인덕격(人德格)

성품이 후덕하고 의지가 굳건하며 재주도 뛰어나 만난을 배제하고 천부의 행운으로 대업을 성취하여 만인의 존경과 신망을 받고 영화롭게 부귀와 행복을 누리는 대길의 수이다.

특히 평생에 공덕을 많이 쌓고 후세에까지 명성을 떨치는 특성도 있으나 다만 권위만 앞세우고 경거망동(輕擧妄動)하다가는 천부의 행운도 놓치고 전락하는 수도 잠재해 있으니 항상 덕성을 기르는 데 소홀함이 없이 최선을 다해야 한다.

38획 [길수] 복록격(福祿格)

유순한 성격이 재주 있고 총명하여 문학적인 소질도 다분히 있고 또한 예능 계통이나 기능 분야에서도 자질이 구비되어 품은 뜻을 영화롭게 성취하고 입신양명(立身揚名)하면서 고귀한 행복을 누리는 대길의 수이기는 하나 다만 그 평범한 의지가 박약하여 무기력하고 대중을 거느리는 통솔력이 부족하여 실의에 빠지면서 공연히 이상적인 환상에 번민하기도 한다.

비록 큰 뜻을 품고는 있으나 소기의 목적을 달성하고 관철하기에는 조금의 어려움이 있기도 하다.

39획 [길수] 안락격(安樂格)

이 수의 운세는 풍랑이 평정된 안락의 기상이라 품성이 깨끗하여 인격적 존엄성을 지니고 벼슬운이 좋아서 순탄하게 입신양명(立身揚名)하고 부귀영화를 누리는 최상의 대길수이다. 그러나 지나치게 존귀한 수가 되어 유·소년기에 한 번, 청·장년기에 한 번 재액을 당하게 되나 그것도 무난히 넘기고 장년기 중반부터는 순풍이 부는 대로 돛을 올리고 편안하게 재물도 모으고 지위도 향상되어 부귀와 영화를 함께 구가하는 운세가 된다. 다만 길상(吉祥)의 수에는 항상 흉수도 안으로 품고 있으니 교만하지 말고 겸손해야 한다.

여성에게는 너무 과한 불길한 수가 되어 함부로 쓰지 않는 것이 좋다.

40획 [흉수] 무상격(無常格)

지혜도 슬기롭고 담력도 있으나 덕망을 갖추지 못하여 품행이 불손하고 하는 일도 항상 제자리걸음을 벗어나지 못한다.

일생에 부침과 변화가 무상하여 혹 한때 성공을 해도 모험을 건투기심이 불의의 재화를 자초하여 비참한 곤경에 이르는 흉수이다.

평소 임기응변의 재치가 지나쳐 주위의 친지로부터 배척을 당하고 또한 덕망이 없어 대업을 지키지 못한다. 그래서 평생을 여한에 싸인 채 허송세월하게 되는데 다만 처세에 겸손하고 성실하게 분수를 지키면 평안을 누릴 수도 있다.

41획 [길수] 대공격(大功格)

덕망을 겸비하고 의지가 견고하다. 현명한 두뇌와 천부의 길운으로 대망을 달성하고 대중의 사표(師表)가 되어 만인이 우러러 존경하는 부귀영화와 행복을 함께 누리는 대길수이다.

덕망과 수완을 겸비하고 매사에 성실한 노력과 천부의 행운으로 대업을 성취하여 세상을 놀라게 할 뿐 아니라 후세에 길이 빛나는 이름을 떨칠 수도 있다.

42획 [중흉] 고행격(苦行格)

사람이 민첩하여 세정에도 정통하고 다예 다능하나 여러 방면으로 손을 대기 때문에 하나도 제대로 성공하는 것이 없다. 내성적인 성격에 의지가 박약하고 추진력과 진취성이 결핍되어 좋은 여건과 기회를 상실한다. 혼미한 편견과 아집은 발전의 운기를 가로막고 스스로 고난을 자초하여 외롭고 참담한 비애의 운세가 된다.

가정적으로도 불행한 수이기는 하나 모름지기 한 가지 일에 전념하고 꾸준히 성실하게 노력만 하면 상당한 성공도 기약할 수 있다.

43획 [흉수] 미혹격(迷惑格)

이 수의 수리는 비 내리는 밤 산만하게 떨어지는 꽃잎과 같은 형상이라 선천적인 흉운을 암시한다. 비록 다양한 재능과 기술이 있다 해도 어려움이 많을 수다. 외관상으로 보기에는 화려하게 보여도 내면적으로는 공허하여 파란 속에서 고생을 하는 운격이라 일생에 재난이 거듭 발생하여 재산을 흩트리고 정신적 장애를 일으키는 불의의 재앙을 초래하는 수도 있으나 다만 건실하게 기초부터 다지고 내실을 충실히 다독거리면 성공도 기약할 수 있다.

여성에게는 정조 관념이 희박하고 재물운도 불리하면서 자손의 근심만 따르는 불길한 수로 본다.

44획 [흉수] 마장격(魔障格)

이 수의 수리는 참담한 비운을 안고 있는 패가망신의 흉수이기는 하나 방향과 기회만 잘 잡으면 급성장할 수도 있다. 대개 중·장년기에 행운을 맞아 성공을 한다 해도 중년 말기에는 곧 기울어지는 처량한 운세이다. 매사 하는 일에 장애와 노고가 따르고 좌절하기가 쉬우며 가정적으로도 불행하여 가족과의 이별, 병고, 조난, 불구 등의 흉수가 내포되어 불길한 수이기는 하나 간혹 위인, 열사, 효자, 절부, 발명가 등이 이 수리에서 배출되기도 한다.

45획 [길수] 대지격(大智格)

영민한 지혜와 견고한 의지가 흡사 순풍에 돛을 달고 잔잔한 호수로 나아가는 형상이 되어 대망의 대업을 순탄하게 성취하고 만인의 존경과 신망을 받으면서 영화롭게 부귀와 공명을 누리고 후손에게까지 이름을 떨칠 수 있는 대길한 수이다.

다만 중년 말 이전에는 한 번은 큰 재난을 겪을 수도 있으나 이를 돌파하면 일거에 성공한다. 그리고 명석한 두뇌에는 항상 시기하고 저항하는 흉수가 안으로 잠재하고 있으니 물욕에 빠져들지 말고 대인관계를 원만히 유지해야 탈이 없다.

여자는 자기의 슬기로운 지혜를 과신하거나 오만하지 말고 억제하면서 순종하는 미덕을 쌓으면 크게 평안하고 행복을 누리게 된다.

46획 [흉수] 부지격(不知格)

우직한 성품이 포부도 크고 다재다능하나 세상 물정이 어둡고 의지가 박약하여 자립 대성하기는 극히 어렵다. 특히 기괴한 변괴수가 함축되어 때로는 의외의 행운도 잡을 수 있으나 곧 쇠퇴하고 재앙과 파재(破財)운이 이르러 슬픔을 겪게 된다.

· 그래서 일생을 정처 없는 구름처럼 외로이 타향에서 전전하다가 비참한 불행을 맞게 되는 대흉수이다.

간혹 뜻을 세우고 근면 성실하게 노력하여 성공하는 예도 있으나 대체로 불행하다.

여자는 간혹 특별한 예능으로 출세하여 행복을 누리기도 한다.

47획 [길수] 출세격(出世格)

견고한 의지와 풍후한 식록이 흡사 꽃이 피고 열매를 맺는 형상과 같아서 백사가 순탄하게 성취되어 소기의 목적을 달성하고 공명을 떨치는 천부의 대길수이다.

원만한 성품이 성실하게 노력하여 상사와 선배들이 도와주고 원근의 친구들이 협력하여 별 어려움을 모르고 출세한다.

가정도 화목하고 자녀들도 현명하여 일생을 영화롭게 행복을 누리는 수이다. 특히 이 수의 수리는 남녀 다 같이 재운이 좋고 만사가 순성하는 대부(大富) 대길(大吉)의 수로 보고 있다.

48획 [길수] 유덕격(有德格)

슬기로운 지혜와 두터운 덕망을 겸비하여 명예를 누리고 대중의 사표(師表)가 되어 존경을 받는 고귀한 운세를 형성한다.

특히 천부의 재운을 받아서 독자적인 사업을 경영하는 것보다는 남을 지도하는 입장에서 고문 같은 직위나 상담역 같은 역할을 하면 더욱 아름다운 명예와 복덕을 누릴 수도 있다.

일생을 한유하게 부귀와 명예를 누리고 편안하게 장수하는 최상의 길수가 된다.

49획 [중흥수] 은퇴격(隱退格)

사람은 재주도 있고 수완이 비상하나 길흉을 가리기가 어렵다. 이 수의 수리가 좋을 때는 한없이 좋고 이와 반대로 흉할 때는 대흉하여 길흉을 판별하기가 어렵다. 반평생의 고난과 반평생의 행운이 상반되는 길흉의 변화가 무상하여 장년 중반기 이전은 대길하고 장년 후반기 이후 말년에는 비운의 화액이 이르러 대흉하다.

이와 달리 장년 중반기 이전에 대흉하면 장년 중반기 이후부터는 대길할 수이니 성공 후에는 욕심을 내지 말고 명예롭게 은퇴하여 재산과 신변을 잘 관리 보존하면 편안을 누릴 수도 있으나 그렇게 좋은 운세로는 보지 않는다.

50획 [중흥수] 부몽격(浮夢格)

길흉이 반반인 일승일패의 꿈과 같은 운격이라 한번 성공하면 한 번 실패하고 한 번 실패하면 한 번 성공하는 길흉의 변화가 무상하게 따르는 운세이다. 사람도 총명하지 못하고 우매하여 자립 대성하기는 어렵다. 다만 작은 성공이라도 했다면 반드시 근신을 해야 한다. 그렇지 않으면 불행의 역경에서 헤어나지 못하고 병고, 형액, 고독 등 불행이 따르는 운세가 되어 만년운이 처량하다.

51획 [중흥수] 길흉상반격(吉凶相半格)

행·불행이 그림자처럼 따라다니는 일승일패의 길흉이 서로 반반인 운세가 되어 처음은 비록 곤고하고 어려움이 있다 해도 불굴의 투지로 성실하게 노력하면 자수성가하고 종내에는 대업을 성취할 수 있다. 그러나 애석하게도 만년에는 쇠운이 다시 도래하여 실패, 좌절하고 실의에 빠져들면서 곤고하다. 이는 인생이 무상하여 밤하늘 달빛을 구름이 지나면 다시 가리고 가렸거니 하면 다시 지나가는 형상이라 일생에 부침이 많고 번거로운 운세가 되어 흉수로 친다.

다만 평소에 수양을 쌓고 자중자애하면 평안을 누릴 수도 있다.

52획 [길수] 선견지명격(先見之明格)

슬기로운 지혜와 영민한 자질이 세정에 정통하여 판단이 빠르고 대업을 창립해도 명석한 두뇌와 굳건한 의지로 만난을 극복하고 대성 발전한다.

본시 앞을 내다보는 선견지명이 있고 또한 하늘이 내린 행운으로 이상을 실현하는 부귀 겸전의 대길수인지라 대개 이 수리에서 대기업가, 대학자, 대정치가 등이 많이 배출되기도 한다. 만일 정치에 뜻이 있으면 장년기 이후 말년에는 과감하게 도전도 해볼 만하다.

53획 [중흉수] 우수격(憂愁格)

외관상 보기에는 부자처럼 보여도 내면적으로는 곤고하고 근심이 많은 운세이다. 대개 전반기 반평생은 행복하지만 후반기 반평생은 불행하다. 간혹 전반기 생애에 역경과 불행이 있었다면 후반기 생애에는 부귀와 행복을 암시하는 반흉, 반길의 수이다.

54획 [흉수] 신고격(辛苦格)

이 수의 수리는 어려움이 많은 참담한 신고의 흉수로서 의지가 박약하고 판단이 혼미하여 근심과 고난이 끊이지 않는 대패의 수이다. 항상 밖으로는 장애와 변화가 많고 안으로는 가정이 원만하지 못하여 다툼이 많으니 백사가 하나같이 성취되는 것 없다.

그래서 일신은 늘 우울하고 번민하며 병액과 고독, 이별 등의 불미한 일들이 발생한다. 다만 전반기에 간혹 행복한 사람도 있으나 이도 후반기에는 비운에 빠져들게 되니 이미 이름을 가진 사람은 곧 개명할 것을 권유한다.

55획 [중길수] 불인격(不忍格)

겉으로 보기에는 화려하고 행복해 보여도 내면적으로는 허실하고 고충이 많이 따르는 길흉이 상반의 수이다. 모든 일에 계획은 잘 세워도 중도에서 좌절하기가 쉽고 유종의 결실을 거두기가 어렵다. 다행히 행운을 잘 포착하여 성공을 하더라도 장애가 속출하여 오래 가지를 못하고 백사가 여의치를 못하니 항상 마음이 불안하고 초조하여 의지가 약하고 추진력이 부족하여 성공을 기대하기가 어렵다.

그러나 한편 굳건한 의지로 만난을 극복하고 성실히 노력하면 성공도 기약할 수 있으니 용기를 잃지 말고 과감하게 정진해야 한다. 본시 배를 몰고 산으로 오르는 형상과 같아서 근본 마음 자세부터 수정이 필요하다. 일생에 세 번 주어지는 좋은 기회를 잘 포착하면 성공도 가능하며 또한 타운과의 배합이 좋아도 다시 길수로 변화될 수리를 내포하고 있는 운격이다.

56획 [흉수] 부족격(不足格)

내성적인 성격이 의지가 약하고 사업에 대한 의욕과 용기가 결핍되어 큰일을 성취하기에는 극히 어렵다. 그래서 한 가지 일이 생길 때마다 한 가지 일을 잃게 되고, 한 가지 일에 힘을 기울일수록 함정으로 빠져들게 되어 더욱 용기를 상실하게 된다.

그러나 40세 이후가 되면 따뜻하게 보살펴 주는 구원의 손길도 있으니 이 기회를 놓치지 말고 잘 포착하여 잔여 인생의 설계를 슬기롭게 꾸며야 탈이 없고 여생이 편안하다.

57획 [길수] 노력격(努力格)

풍상(風霜)을 감내(堪耐)하는 고고한 송백(松柏)과 같은 기상이라 하늘이 주어진 행운을 향수하여 부귀영화를 누리는 행운의 대길수이기는 하나 한 번쯤은 실패하고 고난과 역경에서 험난한 수를 겪기도 한다.

본시 성격이 중후하고 매사에 의욕적이라 어떠한 난관도 충분히 극복하고 광명을 되찾는 부귀번영의 운세이니 부단하게 노력만 하면 대성한다. 또한 여타의 운격이 좋으면 더욱 발전하고 성공하는 최상의 길수로 친다.

58획 [길수] 만성격(晚成格)

대기만성(大器晚成)의 운격이라 일생에 성패의 부침이 많다. 처음은 어렵게 사업을 성취해도 곧 크게 실패를 한다. 그래도 다시 재기하여 더욱 큰 대업을 달성한다. 이는 오로지 굳건한 의지와 성실한 노력이 없었다면 재기가 불가능하였을 것이다. 특히 이 수의 수리는 지략(智略)과 담력(膽力)은 있으나 극단에서 극단으로 바뀌는 운기를 내포하고 있으니 모름지기 불운할 때에는 이를 극복하는 인내심을 가장 필요로 한다.

여성은 애정 문제로 기인하여 크게 번민하거나 파탄에 이를 수도 있으니 흉수로 본다.

59획 [흉수] 실망격(失望格)

내성적인 성격이 의기소침하고 용기와 인내심이 부족하여 하는 일마다 시작은 많아도 끝맺음이 없는 유시무종(有始無終)의 기상이라 백사가 제대로 성사되는 것 없으니 성공을 기약할 수가 없다.

한번 재화를 만나면 이를 극복하지 못하고 실의에 빠져들어 좌절하게 되니 재기가 불가능하다. 불운할 때일수록 마음을 대범하게 가지고 굳건한 의지와 성실한 노력으로 타개를 하고 행복의 구심점을 찾아야 할 운세이다.

60획 [흉수] 암흑격(暗黑格)

이 수의 수리는 경영의 성공 여부는 고사하고 방침이나 계획이 전혀 수립되지 않은 무모한 상태에서 시작하여 만에 하나도 제대로 성사되는 것이 없는 흉수이다. 그래서 사업은 언제나 불안하고 처세에 풍파를 예측할 수 없으니 혼자서 번민하고 공연히 동분서주(東奔西走)하게 된다. 일생에 행운을 모르는 운세라 여기에다 가정도 불행하여 재화와 병난, 단명, 형액 등 불길한 운기를 유발하여 대흉수로 친다.

61획 [길수] 영달격(榮達格)

하늘이 내려준 행운으로 부귀와 명예를 한 몸에 지니고 사회적 신망과 대중의 존경을 받으면서 일생을 영화롭게 행복을 누리는 최고의 길수로 친다. 그래서 만사가 뜻과 같이 성취되어 재물도 모으고 명예도 얻는 부귀 겸전의 운세이기는 하나 이기적인 성격이 오만불손하여 화액을 자초하고 눈물을 흘리는 형별의 수도 잠재하고 있다.

가정적으로는 형제간에 우애가 없고 서로 다투며 불목하여 고독에 빠져드는 수도 내재하고 있으니 평생에 덕성을 기르면서 인화에 노력하고 자중자애(自重自愛)하면서 근신을 해야 탈이 없고 행복하다.

62획 [흉수] 곤액격(困厄格)

기반이 허약하고 신빙성이 없는 데다가 사람마저 무기력하여 대사를 성취하기에는 극히 어렵다. 가운도 점점 쇠퇴하고 또한 뜻밖에 재난이 내습하여 심신이 허약하고 제반사 하는 일도 제대로 성사되는 것이 하나도 없다.

가정도 불행하여 가족은 화목하지 못하며 서로 번민 속에서 행복을 모르고 지내야 하는 대흉수이다.

63획 [길수] 길상격(吉祥格)

순풍에 돛을 달고 잔잔한 호수로 나아가는 환희의 길상이라 경영하는 일들이 순탄하게 성취되어 대성 발전하고 재물도 모으면서 사회적으로 신망을 받는 대길의 수이다. 인격적으로도 기품과 지략이 있고 처음 품은 뜻을 관철하는 집념과 투지로 만난을 극복하고 부귀와 영화를 누리는 행운의 수이다.

가정에는 자녀들도 현명하고 영달하여 주위의 우러름을 받으면서 일생을 편안하게 행복을 누릴 수이나 다만 결심한 일은 시종일관 과감하게 추진해야지 중도에서 뜻을 바꾸거나 그만두게 되면 좋지 못하다.

64획 [흉수] 침체격(沈滯格)

재주도 있고 계획 같은 것을 잘 세우기는 하나 성패와 부침이 많이 따르는 운세가 되어 매사에 성공을 이루지 못하고 불행에 이르는 흉수로 본다. 또한 설상가상(雪上加霜)으로 뜻지 않은 재화가 침범하여 가정이 불안하고 형제가 흩어져야 하는 비운이 잠재하고 경영하던 사업도 차질을 가져와 끝내는 실의좌절(失意挫折)하게 되는 흉수이다.

부부간에도 애정이 없고 일신은 병약하여 고독, 곤고, 단명 등 불안을 암시하고 만년 생애가 처량한 신세가 된다.

65획 [길수] 공명격(公明格)

성품이 인자하고 후덕하며 제반 처사가 공명정대(公明正大)하여 사회로부터 신망과 존경을 받고 아울러 공명과 부귀가 함께 따르는 대길의 운세라 경영하는 사업은 만난을 배제하고 날로 번창하여 소기의 대업을 성취하고 사방에 이름을 떨치면서 만인의 우러름을 받는 부귀영달의 대길수이다.

가정적으로도 원만하고 자녀들도 현숙하며 일신도 편안하게 장수를 누리게 된다.

66획 [흉수] 실복격(失福格)

성품이 영민하고 재주도 있으나 욕심이 너무 지나쳐 스스로 함정을 파고 상하로부터 신망을 잃게 되는 불행한 흉수로 본다. 경영하는 사업도 비운에 빠지고 고난과 재액이 교차로 내습하여 진퇴양난의 역경에 이르게 된다. 이는 흡사 밝은 달이 뜨는가 싶더니 곧 검은 구름에 싸여 빛을 보지 못하는 격이 되어 끝내는 패가망신하고 불행하게 되는 실복(失福)의 수라 한다.

67획 [길수] 형통격(亨通格)

이 수의 수리는 하늘이 내린 사통팔달(四通八達)의 형통(亨通)수가 되어 만사가 뜻과 같이 형통하고 빈손으로 자수성가하여 독자적으로 대망의 대업을 성취하고 부귀영달하는 대길수로 친다. 특히 자주정신이 강하고 독창력이 뛰어나며 상하의 도움과 후견에 힘입어 순탄하게 앞날을 개척하고 크게 성공한다.

가운도 번창하여 집안이 화목하고 원만하다. 다만 천부의 행운을 저해하는 것은 과대한 욕심이 대패의 흉수를 유도하여 급전전락(急轉轉落)하는 비운에 빠지는 수도 있으니 과욕을 억제하고 자중자애(自重自愛)하는 수양을 쌓아야 한다.

68획 [길수] 명실상부격(名實相符格)

지혜가 총명하고 매사에 빈틈 없는 주밀한 성품이 근면, 성실하고 창의성도 뛰어나 앞날의 대업을 무난히 성취할 수 있는 명실상부(名實相符)한 부귀 겸전의 대길수이다. 범사에 사리 분별이 분명하고 치밀한 계획이 용의주도하여 사회적으로 신망을 받으면서 부귀와 영화를 누릴 수 있다.

다만 치밀한 성격이 교만하거나 우쭐하게 되면 상하로부터 협조를 상실하고 실패를 초래할 수도 있으니 각별히 유념해야 한다.

69획 [흉수] 궁박격(窮迫格)

재능과 지략은 뛰어나지만 앉으나 서나 불안하고 궁박한 운격이 되어 부침과 성패가 빈번하여 실의에 빠지고 좌절하는 불길한 흉수이다. 처음 하는 일은 근사하고 화려해도 부지중에 비운으로 빠져든다. 그래서 백사 하는 일이 불안정하고 파란을 초래하여 고적하게 고통을 겪게 된다. 돈이 있어도 오래가지를 못하고 세상을 즐겁게 살려고 해도 즐거움을 느낄 수 없는 불행한 운격이다.

70획 [흉수] 암난격(暗難格)

천부의 숙운(宿運)이 박약하여 인덕이 없고 근심과 고난이 끊이지 않는 공허하고 적막한 비운의 불길한 수이다. 이는 흡사 마루 밑 흙처럼 햇빛을 보지 못하고 사회적으로 무용한 사람이 되어 평생이 불행하다. 여기에다 설상가상(雪上加霜)으로 가운도 쇠퇴하여 부부는 이별하고 외로이 타관 객지에서 전전하다가 병난으로 재기가 불가능하며 여생을 참담하게 보내게 된다.

71획 [중길수] 내허격(內虛格)

외관상 보기에는 충실하게 보여도 내면적으로는 허실하다. 외실내허(外實內虛)의 운기가 되어 하는 일마다 처음은 화려해도 항상 괴로움을 내포하고 근심과 고난이 따르게 된다. 본시 부귀영달의 운이 없는 것도 아니나 인내심과 실천력이 부족하여 처음 품은 뜻을 관철하지 못하고 진취적 용기를 상실하여 대망의 대업을 성공하기가 어렵다.

그러나 근면, 성실하게 부단히 노력만 하면 작은 성공은 기약할 수도 있으니 인내심을 가지고 꾸준히 실천하면 평범하게 편안한 행복은 누릴 수 있다.

72획 [중흥수] 상반격(相半格)

즐거움과 괴로움이 서로 반반인 상반격(相半格)은 늘 불안정하다. 길운이 왔다 하면 곧 비운이 닥치고 희비가 교차되는 성패가 많은 운세다. 외관상 보기에는 길상인 듯해도 내면적으로는 공허하고 불행하다.

대개 전반기 반평생이 행복하면 후반기 반평생은 불행하고 말년에는 비참하게 되는 비운을 암시한다. 일생을 통하여 괴로움 가운데 평안을 얻고 행복한 가운데 고통이 따르는 운격이 되어 흉이 7이면 길이 3인 7:3의 불길한 비율로 보고 있다.

73획 [중길수] 지고무용격(志高無勇格)

사람은 현명하지도 못하면서 뜻과 이상만 높고 창의력과 추진력이 미약하여 대업을 달성하기에는 미흡하다. 그러나 작은 소규모의 사업은 별 어려움 없이 성공하여 평안을 누릴 수 있다. 대체로 일생을 통하여 별 근심 없이 순탄하게 안과할 수 있는 평범한 수리로 친다.

다만 허영심과 명예욕을 버리고 대세에 순응하는 중용의 길을 지켜야 탈이 없이 무난하리라.

여성은 가정에도 충실하고 남편의 덕이 많으며 자녀 또한 현명하여 영달하는 대길수로 본다.

74획 [흉수] 불우격(不遇格)

시운을 잘못 만나 추풍에 낙엽처럼 떨어지는 불길한 수이다. 지혜와 능력도 없이 이리저리 헤매다가 한평생을 무료하게 무위도식하면서 세월만 허송하는 무용한 존재가 되어 밖으로는 우롱과 조소를 당하고 안으로는 비난과 갈등의 대상이 된다.

가운도 쇠퇴하여 뜻밖의 재액이 발생하여 어려움이 많다. 일생을 역경과 험로에서 벗어나지 못하고 불우한 인생을 외로이 탄식하는 대흉수로 친다.

75획 [중길수] 정수격(靜守格)

성품이 유순하고 정직은 하나 사회적인 지혜와 수완이 부족하고 매사에 판단과 계획성 없이 뛰어들게 되어 대패를 자초한다. 간혹 뜻밖에 성공을 거두기도 하나 곧 실패하고 또한 타인으로 기인하여 낭패를 당하고 실의에 빠지기도 한다. 모름지기 분수를 지키고 침착하게 한 걸음 물러나 자중자애하면서 근면, 성실해야 사업도 순조롭고 가정도 편안하다. 매사에 일보 전진하면 다시 뒤를 살피고 생각하면서 나아가야 탈이 없고 행복을 누리는 중길수가 된다.

76획 [흉수] 난이격(難移格)

집안 운기가 쇠퇴하여 육친(六親)이 모두 무덕하고 집안 식구들은 사방으로 흩어지면서 명예와 지위는 떨어지고 재산도 파산되는 대흉수로 친다. 가정의 불화, 대인관계의 쟁탈, 실패, 실직, 빈곤 등 흉액이 겹치고 실의와 절망의 구렁에서 허덕이는 불행이 따르나 그렇다고 누구에게 의지할 곳도 없고 하여 외롭게 방황하다가 병고에 시달리는 불행한 운격이다.

여성은 홀로 지내기가 쉽고 자녀의 운도 희박하여 한평생을 비운 속에서 외로이 탄식하며 살아야 하는 불길한 수이다.

77획 [중길수] 개화무실격(開花無實格)

이 수의 수리는 꽃은 피어도 열매가 없으니 길흉이 반반이다. 전반기 중년은 장상(長上)의 혜택과 도움을 받아 순탄하게 행운을 누릴 수 있으나 후반기 말년은 결실을 못 이루고 불행에 이르는 운세가 된다. 간혹 전반기가 불행하고 비운에 처한 사람은 후반기에 행운을 맞이하여 부귀 현달 하는 수도 있다.

인생의 영고성쇠(榮枯盛衰)는 스스로 개척하고 전환하는 역량이 가장 중요하니 모름지기 수양과 덕성을 쌓으면서 성실하게 부단한 노력을 경주해야 한다.

78획 [중길수] 화복상반격(禍福相半格)

인생의 전반기는 즐겁고 후반기는 괴롭다는 전락후고(前樂後苦)의 운격이라 길흉화복(吉凶禍福)이 반반이다. 대개 중년 전반기에 지능이 조기 발달하여 부귀영달을 누리지만 중년 후반기부터는 점차 운기가 쇠퇴하여 어려움이 따르고 만년에는 더욱 곤고하여 불행에 빠져드는 불길한 운격이다.

간혹 삼재(三才)와 타운과의 배합이 좋으면 무난하게 행운을 얻을 수도 있으나 다만 자기 욕심만 챙기고 돈만 모으게 되면 행운은 중도에서 무너지고 만년은 더욱 처량하게 될 것이다.

여성은 두 번 결혼하기가 쉽고 자녀들의 영광도 혜택도 없는 불길한 수로 본다.

79획 [흉수] 곤핍격(困乏格)

육신은 비록 건강하나 정신 상태가 불안정하여 궁극에는 빛을 보지 못하고 궁핍하게 되는 불길한 수이다. 사물에 대한 용기는 있으나 지혜와 수완이 부족하여 남보다 노력은 많이 하면서도 이득 등

남과 같이 챙기지 못하니 한평생 빛을 못 보고 또한 한번 실패하면 좌절하여 실의에 빠지고 다시 재기해 보겠다는 정신적 집념이 결핍되어 궁극에는 처참하게 참패를 당하는 비운의 불길수이다.

그러나 항시 도덕과 의리와 신용을 지키고 세인의 공격과 비난의 대상이 되지 않으면 주위의 도움으로 행운이 전개될 수도 있으니 너그럽게 수양을 쌓아야 한다.

80획 [흉수] 축소격(縮小格)

한평생 생애에 파란과 장애가 연속되는 대흉수로 친다. 의식은 보통 생계를 평범하게 누릴 수 있으나 정신적으로 항상 불평과 불만 속에서 세상을 원망하고 고난을 겪으면서 일생을 자탄하는 기구한 운격이다. 위를 쳐다보아도 한이 없고 또한 아래를 굽어보아도 한이 없는 것이니 각자 분수에 맞는 인생을 달관(達觀)하여 마음을 편히 가지는 수양을 닦으면 정신적인 행복을 얻어 그것이 때로는 물질적 행운으로 전환되는 수도 있으니 운명을 너그럽게 받아들이는 마음이 필요하다.

81획 [길수] 존영무비격(尊榮無比格)

하늘이 부여한 존귀한 복록이 사회에 이름을 떨치고 만인의 우러름을 받는 부귀영달의 대길수이다. 이 수의 수리는 만난을 초월하고 소기의 목적을 달성하는 행운을 암시하여 소망을 성취 못하는 일이 없다.

다만 운기가 너무 강왕하여 한 걸음 잘못하면 흉운으로 변할 수도 있으니 근신하면서 수양과 덕성을 기르고 얻은 것은 사회에 환원을 하면 몸과 마음이 편안하고 일생을 태평하게 행복을 구가하리라.

※ 81수 이상의 수리는 80수를 제감하고 다시 1수로 환원하여 판단한다. 예를 들면 [95-80=15]는 15수와 같으며 이와 같은 수는 상호(商號)나 상품명 등에 많이 적용된다.

작명 및 감정의 순서와 유의점

1. 이름자의 선택

대법원의 인명용(人命用) 한자 8,144자를 확정하여 이를 2015년 1월 1일부터 사용토록 했다. 이리하여 출생신고나 개명 시에는 대법원이 정한 이외의 한자를 사용하여 호적에 올리려고 하면 출생신고나 개명신고가 접수되지 않는다.

이런 경우에는 한글로만 등재가 가능하니 호적에 올릴 수 있는 인명용 한자 중에서 좋은 이름자를 골라 호적에 등재를 하는 것이 마땅하다.

대법원의 인명용(人命用)한자
2015년1월1일 시행(8,142자)

(가족관계의 등록 등에 관한 규칙 제37조)

한글	한문 교육용 기초한자 (2007. 8. 현재)	인명용 추가 한자 및 허용 한자	
		별표1	별표2
가	家佳街可歌加價假架暇	嘉嫁稼賈駕伽迦柯呵哥枷珂痂苛茄袈訶跏軻哿碬痾珈坷髀榎檟筘靹葭謌	
각	各角脚閣却覺刻	珏格殼愨卻咯垴摧攔桷	愨(慤)
간	干間看刊肝幹簡姦懇	艮侃杆旰竿揀諫墾柬束澗磵稈艱癇忓矸侶慳斡秆莨衎赶迂齦	杆(桿) 癎(癇)
갈	渴	葛乫喝曷碣竭褐蝎鞨噶楬秸鞨蠍	
감	甘減感敢監鑑	勘堪坩坎嵌憾戡柑橄疳紺邯龕玲甘埳嵁弇憨撼欲歛泔淦澉矙憨酣轗	鑑(鑒)
갑	甲	鉀匣岬胛閘	
강	江降講強康剛鋼綱	杠堈岡姜橿彊慷畺穅絳羌腔舡薑鱇嬲降襁玒顜茳繈僵壃忼悾扛殭矼罡绛豇韁	強(强) 鋼(鎠) 岡(崗) 襁(褯)
개	改皆個開介慨概蓋	价凱愷溉塏愾疥芥豈鎧玠剴匃揩槩磕闓	個(箇) 蓋(盖)
객	客	喀	
갱	更	坑粳羹硜賡鏗	
갸		표	
거	去巨居車擧距拒據	渠遽鉅炬倨据祛踞鋸駏呿昛秬筥璩胠腒莒筥蕖祛裾	
건	建乾件健	巾虔楗鍵愆腱寋寋寋湕踺捷犍腱褰謇鞬	建(建) 乾(漧)
걸	傑乞	桀乬揭榤	傑(杰)
검	儉劍檢	瞼鈐黔撿芡	劍(劒)
겁		劫怯迲刦刧	
게		揭偈憩	
격	格擊激隔	檄膈覡挌毄闃骼鬲鴃	
견	犬見堅肩絹遣牽	鵑甄繭譴狷畎筧縳繾絹蠲鰹	
결	決結潔缺	訣抉契焆迼玦鐭觖関	潔(潔)
겸	兼謙	鎌傔箝鉗嗛槏傼岭拑歉縑兼黚鼸	
경	京景經庚耕敬輕驚慶競竟境鏡頃傾硬警徑卿	倞鯨坰耿炅更梗憬璟瓊擎儆俓涇莖勁逕熲冏勍烱璥痙磬絅脛頸鵛綮罄	卿(卿) 冏(囧) 景(暻) 綮(橃) 京(亰) 璟(璄)

계	癸季界計 溪鷄系係 戒械繼契 桂啓階繫	誡 烓 屆 悸 棨 稽 谿 堦 瘈 禊 綮 緩 薊 薊 難 醫	界(堺) 谿(磎)
고	古故固苦 高考告枯 姑庫孤鼓 稿顧	叩 敲 皐 暠 呱 尻 拷 槁 沽 痼 睾 羔 膏 苽 菰 藁 蠱 袴 詁 賈 辜 雇 杲 鼓 估 涸 刳 栲 藁 蘽 牯 鹽 瞽 鴣 槀 蒟 篙 糕 罟 殳 翶 胯 觚 詁 郜 酤 鈷 靠 鵠	考(攷) 皐(皋)
곡	谷曲穀哭	斛 梏 鵠 嚳 槲 殼 穀 縠	
곤	困坤	昆 崑 琨 錕 梱 棍 滾 鯤 袞 堃 崐 悃 捆 綑 稇 褌 閫 髡 鵾 鶤 齫	袞(衮)
골	骨	汩 滑 搰 榾 鶻	
공	工功空共 公孔供恭 攻恐貢	珙 控 拱 蚣 羾 鞏 倥 崆 栱 箜 蛩 蚕 贛 玒 釭 槓	
곶		串	
과	果課科過 誇寡	菓 跨 鍋 顆 戈 瓜 侉 堝 夥 夸 撾 猓 稞 窠 蝌 裹 踝 銙 騍	
곽	郭	廓 槨 藿 椁 癨 霍 鞹	
관	官觀關館 管貫慣冠 寬	款 琯 舘 灌 瓘 梡 串 棺 罐 菅 涫 輨 卝 爟 盥 祼 欵 笂 綰 鑵 萑 額 覸 鸛	館(舘) 寬(寛)
괄		括 刮 恝 适 佸 栝 筈 聒 髻 鴰	
광	光廣鑛狂	侊 洸 珖 桄 匡 曠 壙 筐 胱 恇 框 爌 獷 磺 絖 纊 茪 誆 誑	廣(広) 光(𠈌·𡇈)
괘	掛	卦 罫 咼 挂 罣 詿	
괴	塊愧怪壞	乖 傀 拐 槐 魁 媿 膭 瑰 璝 蒯 襘	
괵		馘	
굉		宏 紘 肱 轟 浤 舷 訇 閎	
교	交校橋教 郊較巧矯	僑 喬 嬌 膠 咬 嶠 攪 狡 皎 絞 翹 蕎 鮫 轎 餃 驕 鮫 姣 佼 嗷 僑 鄠 嘐 嚙 撟 咬 暰 榷 嶢 窖 趫 鉸 敿 嫶 皦	教(教)
구	九口求救 究久句舊 具俱區驅 苟拘狗丘 懼龜構球	玖 矩 邱 錄 溝 購 鳩 軀 枸 仇 勾 咎 嘔 坵 寇 嶇 鉤 歐 柩 毆 逑 灸 瞿 絿 臼 佝 衢 逑 劬 鷗 駒 璆 姁 耉 媾 甌 疚 嫗 賻 誆 蚯 赳 觏 訽 遘 卸 轉 韭 圖 殼 鷄 胊 蒟 蚯	丘(坵) 者(者) 廐(廐)
국	國菊局	鞠 鞫 麴 蘜 匊 掬 鬩 麯	國(国)
군	君郡軍群	窘 裙 捃 裾 皸	
굴	屈	窟 堀 掘 倔 崛 淈 詘	

음	대표자	이체자	
궁	弓宮窮	躬穹芎躳	
권	券權勸卷拳	圈眷倦捲淃勧惓棬睠綣蜷	權(権)
궐	厥	闕獗蕨蹶	
궤	軌	机櫃潰詭饋佹几劂匭憒撅樻氿簋繢跪聞餽麂	
귀	貴歸鬼	句晷鏡龜	龜(亀)
규	叫規糾	圭奎珪揆逵窺葵槻硅竅赳閨邽虯湀茥煃刲嬀嬀暌楏樛潙睽虬跬闚頍馗	糾(糺)
균	均菌	畇鈞筠勻龜覠困麇	勻(匀) 龜(亀)
귤		橘	
극	極克劇	剋隙戟棘尅尅屐郤	
근	近勤根斤僅謹	墐漌槿瑾嫤筋劤憖芹菫觐釿蓳厪廑勲跟釿靳	
글		契扢	
금	金今禁錦禽琴	衾襟昑妗擒檎芩衿唅噤嶔笒黔	
급	及給急級	汲伋扱圾岌皀礏笈芨	
긍	肯	亘兢矜殑	亘(亙)
기	己記起其期基氣技幾旣紀忌旗欺奇騎寄豈棄祈企譏飢器機	淇琪琪棋祺錤騏麒玘杞埼崎琦綺錡箕歧汽沂圻耆璣磯譏冀驥嗜隑伎夔妓萁畸祁祇羈羇肌饑祺榿嵌低僛剞墍屺皮弆忮惎掎攲旂曁基歧炁猉禨綦綥綨肵芰芪蘄藄蟣覬跂隑頎鬐鰭	棋(碁) 璣(璣)
긴	緊		
길	吉	佶桔姞拮蛣	
김	金		
끽		喫	
나	那	奈奈娜挐儺喇儒拿挪胗挐袎梛糯誗	
낙	諾		
난	暖難	煖偄愞赧餪	
날		捺捏	
남	南男	楠湳枏喃	
납	納	衲	
낭	娘	襄曩	
내	內乃奈耐	奈奶嬭酒鼐	

녀	女		
녀		怒	
년	年	撚碾	年(秊)
념	念	恬拈捻	
녑		惗	
녕	寧	嬣佞儜嚀濘	寧(寗)
노	怒奴努	弩瑙駑譩呶孥猱猺笯臑	
농	農	膿濃儂噥穠醲	
뇌	腦惱	餒	
뇨		尿鬧撓嫋鷂淖鐃	
누		鐼吼	
눈		嫩	
눌		訥吶朒	
뉴		紐鈕杻狃忸	
뉵		衄	
능	能		
니	泥	尼柅瀰膩馜伲呢怩称禰	
닉		匿溺	
닐		昵暱	
다	多茶	爹爹槎爹膻	多(夛)
단	丹但單短端旦段壇檀斷團	緞鍛亶象湍簞蛋袒鄲煓胆担傳椴簿癉峏胆腶蜑	
달	達	撻澾獺疸妲怛闥靼韃	
담	談淡擔	譚膽澹罩啖坍儋曇湛痰聃薝錟潭倓啿埮炎儓啗噉墰壜毯襢纕薝郯黮黲	
답	答畓踏	沓遝	
당	堂當唐糖黨	塘鐺撞幢戃棠螳倘儻搪檔溏璫瑭膛磄蟷褿讜鐋餳鏜	
대	大代待對帶臺貸隊	坮玳袋戴擡旲昊岱黛旲嘴儓懟汏碓憝	臺(坮) 擡(抬)
댁		宅	
덕	德		德(悳·惪)
도	刀到度道島徒圖倒都桃挑跳逃渡陶途稻導盜塗	堵棹濤燾禱鍍蹈屠悼掉搗櫂淘滔睹萄覩賭韜酴絢鋾夲稌叨壔祹切慆搯掐搗禂洮涂靗菟酢閣韶鞀饕	島(嶋)
독	讀獨毒督篤	瀆牘犢禿纛横纛	
돈	豚敦	墩惇暾燉頓旽沌焞弴潡蝡	
돌	突	乭咄堗	

196

동	同洞童冬 東動銅凍	棟董潼垌瞳楝憧疼胴桐朣瞳彤烔 橦勭侗偅峒峒涷㠉茪薑	同(仝)
두	斗豆頭	杜枓兜痘竇荳讀逗枓抖斁肚脰蚪 蠹陡	
둔	鈍屯	遁臀芚遯窀迍	
듈		乧	
득	得		
등	等登燈騰	藤謄鄧燈橙凳墱滕磴籐縢螣鐙	
라	羅	螺喇儸懶蘿裸邏剆覶摞猍鑼儸砢 贏倮囉曪瘰騾贏	
락	落樂絡	珞酪烙駱洛鉻犖	
란	卵亂蘭欄	瀾珊丹欒鸞爛孌娚糷擸欒襴闌	
랄		刺辣埒粣	
람	覽濫	嵐攬欖籃欖襤藍婪灆埜溒爁璼惏	攬(擥·擎)
랍		拉臘蠟鑞	
랑	浪郎廊	琅瑯狼朗烺蜋庌駺榔閬硠稂莨	娘(孃) 郞(郎)
래	來	崍萊徠淶騋	來(来·逨)
랭	冷		
략	略掠	畧	
량	良兩量涼 梁糧諒	亮倆椋粱輛駺俍喨悢踉魎	糧(粮) 涼(凉)
려	旅麗慮勵	呂侶閭黎儷廬戾欐濾礪藜蠡驢驪 唳儢厲唳梠臚黸濿鑢	
력	力歷曆	瀝礫櫟靂擽櫪瓅壢轢酈	
련	連練鍊憐 聯戀蓮	煉璉攣漣輦孿孌楝湅攣鏈鰊縺	
렬	列烈裂劣	冽洌捩挒颲	
렴	廉	濂簾斂殮瀲磏	
렵	獵	躐鬣	
령	令領嶺零 靈	伶玲姈昤鈴鴒怜囹笭羚翎聆逞泠 澪岭呤另欞齡秢苓蛉輘鴒	岭(岺)
례	例禮隷	澧醴隸鱧	禮(礼)

로	路露老勞爐	魯盧鷺撈撈櫓潞瀘蘆輅鹵嚧虜璐 壚蕗潦璐澇壚滷澿澇牢鷁糣爐轤 鑪鑢顱髗艫	虜(虏)
록	綠祿錄鹿	彔碌菉麓淥漉簏轆籙	
론	論		
롱	弄	瀧瓏籠壟朧聾儱擺矓礱龍隴	
뢰	雷賴	瀨儡牢磊賂賚耒擂礌礧穎穎礨蕾 誄酹	賴(赖)
료	料了僚	遼寮廖燎療瞭聊蓼暸嫽撩暸潦獠 繚膋醪鐐飂飉	
룡	龍	襲	龍(龙)
루	屢樓累淚漏	壘婁瘻縷蔞褸鏤陋僂嶁穄熡僂嘍 螻髏	
류	柳留流類	琉劉硫瘤旒榴溜瀏謬榴縲泵遛鷚	琉(琉)
륙	六陸	戮勠	
륜	倫輪	侖崙綸淪錀圇掄	崙(㑽)
률	律栗率	傈摔稞瑮溧	
륭	隆	癃窿	
륵		勒肋泐	
름		廩凜菻澟	凜(凛)
릉	陵	綾菱稜凌楞俊菱	楞(棱)
리	里理利梨 李吏離裏 履	俚莉璃俐唎浬狸莉籬羅羸螯鯉浰 敽犁擸獜哩麰茘蝌嫠狸邐讈嫠瀉	裏(裡) 離(离) 俐(唎) 螯(厘) 犁(犂)
린	鄰	潾璘麟吝燐藺躪鱗揸鏻獜橉舜鄰 嶙繗嶙恪磷鱗躪麟	麟(麟) 鄰(邻)
림	林臨	琳霖淋琴晽晽玲痳	
립	立	笠粒砬岦	
마	馬麻磨	瑪摩瘋碼魔媽劘螞墓麼	
막	莫幕漠	寞膜邈暯鏌	
만	萬晚滿慢 漫	曼蔓鏋卍娩槾彎挽灣睌輓饅鰻蠻 墁嫚幔縵謾蹣鏝蔓	萬(万)
말	末	茉帓抹沫襪韎帕秣	

망	亡忙忘望 茫妄罔	網芒輞邙莽惘汒湷魍	莽(莽) 望(朢)
매	每買賣妹 梅埋媒	寐昧枚煤罵邁魅苺呆楳沫玫眛莓 酶霉	
맥	麥脈	貊陌驀貃貘	
맹	孟猛盟盲	萌氓甍虻虻	
멱		冪覓幎	
면	免勉面眠 綿	冕棉沔眄緬麪俛湎緜	麪(麵)
멸	滅	蔑篾蠛	
명	名命明鳴 銘冥	溟暝榠皿瞑茗蓂螟酩愵洺朙鷭	
몌		袂	
모	母毛暮某 謀模貌募 慕冒侮	摸牟謨姆帽摹牡瑁眸耗芼茅矛橅 耗懗侔姥媢嫫恾庬兒眊耄蟊蝥髦	
목	木目牧睦	穆鶩沐苜	
몰	沒	歿	
몽	夢蒙	朦幪懞曚濛濠瞢矇檬雺鸏	
묘	卯妙苗廟 墓	描錨畝昴杳淼猫淼眇藐貓	妙(玅)
무	戊茂武務 無舞貿霧	拇斌畝撫懋巫憮橆毋繆蕪誣鵡橅 儛嘸廡膴鶩	無(无)
묵	墨默	嘿	
문	門問聞文	汶炆紋們刎吻紊蚊雯抆悗懣捫璊	
물	勿物	沕	
미	米未味美 尾迷微眉	渼薇彌嵄媄媚帽楣楣湄謎靡徽糜 燉瀰媚娓渼伙瑂衆瀓采釁嫩亹弭 枚糜瀰彌糜縻茉靡	彌(弥)
민	民敏憫	玟旻旼閔珉岷忞慜敃愍潣暋頣泯 悶緡顒鈱脗閩旼罠瑉珉緍旼繁鼁	珉(瑉·砇·碈) 忞(忟)
밀	密蜜	謐樒滵	
박	泊拍迫朴 博薄	珀撲璞鉑舶剝樸箔粕縛膊雹駁亳 樽餺鎛駮髆	

반	反飯半般盤班返叛伴	畔頒潘磐拌搬攀斑槃泮瘢盼磻礬 絆蟠黸攽敊扳擊盼胖頒螯	
발	發拔髮	潑鉢渤勃撥跋醱魃炦哱浡脖鈸袚	
방	方房防放訪芳傍妨倣邦	坊彷昉龐榜尨旁枋滂磅紡肪膀舫 蒡蚌謗髣仿厖徬搒旗梆膀絳螃錺 髣魴	幇(帮)
배	拜杯倍培配排輩背	陪裴湃俳徘焙胚褙賠北蓓貝坏扒 琲蓓	杯(盃) 裵(裴)
백	白百伯	佰帛魄柏苩趰珀	柏(栢)
번	番煩繁飜	蕃幡樊燔磻藩繙膰緐袢	飜(翻)
벌	伐罰	閥筏橃罸	
범	凡犯範	帆机氾范梵泛汎釩渢溠范訉颿	
법	法	琺	
벽	壁碧	璧闢僻劈擘檗癖霹辟擗襞躄甓 鼊	檗(蘗)
변	變辯辨邊	卞弁便釆忭抃邊昪緶駢餅鴘	
별	別	瞥鱉徶馠莂鷩䱽勆炦彆	
병	丙病兵竝屏	幷倂瓶軿炳柄眪秉餅騈鉼抦絣絣 迸鉼	竝(並) 幷(并) 眪(昺) 柄(棅) 餅(餠)
보	保步報普補譜寶	堡甫輔菩潽洑潗褓俌玤脯葆籫葆 寶䃋鯆	寶(宝·珤·琓) 步(歩)
복	福伏服復腹複卜覆	馥鍑僕匐宓茯葍輹輻馥墣鵩扑濮 箙蔔蝠蝮腷	
본	本		
볼		乶	
봉	奉逢峯蜂封鳳	俸捧琫烽棒蓬鋒熢縫漨芃丰夆篷 綘萻焺	峯(峰) 漨(浲)

200

부	夫扶父富 部婦否浮 付符附府 腐負副簿 赴賦	孚 芙 傅 溥 敷 復 不 俯 剖 咐 埠 孵 斧 缶 腑 艀 莩 訃 賻 趺 釜 阜 駙 鳧 膚 俘 媍 抔 拊 掊 桴 榑 涪 玞 祔 筟 罘 孚 胕 芣 苻 蔀 蚨 蜉 袝 裒 跗 鈇 頫 鮒 麩	
북	北		
분	分紛粉奔 墳憤奮	汾 芬 盆 吩 噴 忿 扮 盼 焚 糞 賁 雰 体 坌 帉 枌 棼 棻 氛 湓 濆 犇 畚 砏 笨 肦 膹 蕡 轒 黺 鼢	
불	不佛拂	佛 弗 岪 祓 紱 艴 茀 韍 髴 黻	
붕	朋崩	鵬 棚 硼 繃 堋 鬅 漰	
비	比非悲飛 鼻備批卑 婢碑妃肥 祕費	庇 枇 琵 扉 譬 丕 匕 匪 憊 斐 榧 毖 毗 沸 泌 痺 砒 秕 粃 緋 翡 脾 臂 菲 蜚 裨 誹 鄙 棐 庀 裴 霏 俾 馡 伾 仳 剕 圮 埤 妣 屁 庳 俳 椑 沘 淝 淠 濞 狒 狉 痞 痹 睥 篦 紕 羆 腓 芘 芾 萆 蓖 蚍 貔 贔 轡 邳 郫 閟 陴 鞴 騑 騛 髀 鼙	祕(秘) 毗(毘)
빈	貧賓頻	彬 斌 濱 嬪 檳 儐 璸 玭 嚬 檳 殯 浜 瀕 牝 邠 繽 豳 霦 贇 鑌 擯 穦 矉 臏 蘋 顰 鬢	彬(份)
빙	氷聘	憑 騁 凭 娉	
사	四巳士仕 寺史使舍 射謝師死 私絲思事 司詞蛇捨 邪賜斜詐 社沙似查 寫辭斯祀	泗 砂 糸 紗 娑 徙 奢 嗣 赦 乍 些 伺 俟 僿 唆 柶 梭 渣 瀉 獅 祠 肆 莎 蓑 裟 飼 駟 麝 篩 傞 剚 卸 咋 姒 楂 榭 汜 痧 皶 竢 笥 蜡 覗 駛 魦 鯊 鰤	
삭	削朔	數 索 爍 鑠 搠 槊 蒴	
산	山産散算	珊 傘 刪 汕 疝 蒜 霰 酸 產 祘 僝 剷 姍 孿 橵 澘 潸 狻 繖 訕 鏟	
살	殺	薩 乷 撒 煞	
삼	三	參 蔘 杉 衫 滲 芟 森 槮 釤 鬖	
삽		插 澁 鈒 颯 卅 唼 歃 翣 鍤 霅 霎	插(揷)
상	上尙常賞 商相霜想 傷喪嘗裳 詳祥象像 床桑狀償	庠 湘 箱 翔 爽 塽 孀 峠 廂 橡 觴 樣 牀 慡 潒 徜 晌 殤 甞 緗 鎟 顙 鷞	
새	塞	璽 賽 鰓	

색	色索	嗇穡塞槭濇瀒	
생	生	牲甥省笙眚鉎	
서	西序書署 敍徐庶恕 暑緒誓逝	抒舒瑞棲曙壻惛謂竪嶼犀笸絮胥 薯鋤黍鼠藇揟念湑偦稰㬉遾噬撕 滋紓勬芧鉏	敍(叙・敘) 棲(栖・捿) 壻(婿) 嶼(璵) 恕(态) 胥(縃) 謂(謣)
석	石夕昔惜 席析釋	碩奭汐淅晳秙鉐錫潟蓆舄齟褯矽 腊蜥	晳(晰)
선	先仙線鮮 善船選宣 旋禪	扇渲瑄愃墡膳繕琁璿璇羨嬋銑珗 嫙僊敾煽蘚腺薛蟬詵跣鐥洒亘譔 睒瑢洗愃仚歚筅綫藷鏇鱻騸鱓	膳(饍)
설	雪說設舌	薛楔屑泄渫渫褻暬离蔎契偰揲媟 撲爇爇磶稧絏	离(离)
섬		纖暹蟾刹殲贍閃陝孅憸摻睒譫銛 鐵	
섭	涉攝	燮葉樞紗躞鑷囁儑灄聶鑷顳	
성	姓性成城 誠盛省聖 聲星	娍娍理惺醒宬猩筬腥胜胜成城誠 盛晟睲騂	晟(晠・晠) 聖(聖)
세	世洗稅細 勢歲	貰笹說忕洒涗媤蛻彗帨帨繐蛻	
소	小少所消 素笑召昭 蘇騷燒訴 掃疏蔬	沼炤紹邵韶巢遡招玿嘯塑宵搔梳 瀟瘙篠簫蕭逍銷愫穌卲霄劭衞璐 傃艄佋嗉埽塐愬捎樔泝筱節繰艏 膆艘蛸酥魈鮹	疏(疎) 穌(甦) 霄(霄) 遡(溯) 笑(咲)
속	俗速續束 粟屬	涑謖贖洬漱	
손	孫損	遜巽蓀飧	飧(飡)
솔		率帥乭達衞窣蟀	
송	松送頌訟 誦	宋淞悚竦愯鬆	
쇄	刷鎖	殺灑碎曬瑣	鎖(鎖)
쇠	衰	釗	
수	水手受授 首守收誰 須雖愁樹 壽數修秀 囚需帥殊 隨輪獸睡 遂垂搜	洙琇銖粹穗繡隋髓袖嗽嫂岫戌漱 燧狩璲瘦綏羞茱蒐荽藪邃酬銹售 隧鬚鵐晬豎饈睢瞍睟膄瞍睡颼饍 嫂晬殳泅溲腧崇籔脺腄陲颼	壽(寿) 修(脩) 穗(穂) 岫(峀) 豎(竪) 雖(讐) 睢(濉)

음	대표자	추가자	약자
숙	叔淑宿孰 熟肅	塾琡璹橚夙潚菽倏俶儵婌驌鷫	
순	順純旬殉 循脣瞬巡	洵珣荀筍舜淳焞諄錞醇徇恂栒楯 橓蓴蕣詢馴盾峋姰紃侚肫昀眴紃膞 駒鬊鶉	
술	戌述術	鉥絉絉	
숭	崇	嵩崧菘	
쉬		倅淬焠	
슬		瑟膝瑟瑟璱虄虱	
습	習拾濕襲	褶慴熠隰	
승	乘承勝昇 僧	丞陞繩蠅升塍承塍氶阞脀	陞(阩)
시	市示是時 詩施試始 矢侍視	柴恃匙嘶媤尸屎屍弑猜翅蒔蓍諟 豕豺偲禗諟媞柹愢褆絁沶諰眂廝 兕澌嘖塒澌枲凘緦翤豉釃鍉題	柿(柹·枾)
식	食式植識 息飾	栻埴殖湜軾寔拭熄篒蝕熄	
신	身申神臣 信辛新伸 晨愼	紳莘薪迅訊侁呻娠宸燼腎蓋蜃辰 璶哂囟姺汛矧脤臄頤駪	
실	失室實	悉蟋	實(実)
심	心甚深尋 審	沁沈潯芯諶潯燖葚鐔鱏	
십	十	什拾	
쌍	雙		雙(双)
씨	氏		
아	兒我牙芽 雅亞餓	娥峨衙妸俄啞莪蛾訝鴉鵝阿婀哦 硪峨砑婭椏啊娿猗枒丫痾笌迓錏 鵞	兒(児) 亞(亜) 峨(峩) 婀(娿)
악	惡岳	樂堊嶽幄愕握渥鄂鍔顎鰐齷偓鄂 咢喔鶕腭萼覨諤鴞齶	
안	安案顏眼 岸雁	晏按鞍鮟鴈妟婩矸侒鮟犴	雁(鴈) 案(桉)
알	謁	斡軋關嘎揠穵訐遏頞藹	
암	暗巖	庵菴唵癌闇啽媕嵓晻腤葊馣諳頷 巖黯	巖(岩)
압	壓押	鴨狎	
앙	仰央殃	鴦快秧昂卬坱鞅決	昂(昻)
애	愛哀涯	厓崖艾埃曖隘靄睚礙挨唉優啀曖 娭帷挨捱欸溰欸曖曖磑薆藹靉 騃	礙(碍)

액	厄額	液扼掖縊腋呝戹搤阨	
앵		鶯櫻罌鸚嚶鶯罌	
야	也夜野耶	冶倻惹椰爺若揶	野(埜) 揶(捓)
약	弱若約藥躍	葯蒻爚禴篛箹鑰鶸龠	
양	羊洋養揚陽讓壤樣楊	襄孃漾佯恙攘暘瀼煬痒瘍禳穰釀椋徉瀁烊癢眻襄暢鑲颺驤	陽(昜) 揚(敭)
어	魚漁於語御	圄瘀禦敔齬唹衒圉敧淤飫	
억	億憶抑	檍臆繶	
언	言焉	諺彥偃堰嫣傿匽讞鄢鼴鼹	彥(彦)
얼		孼蘖糵枿臬	蘖(蘗)
엄	嚴	奄俺掩儼淹奄崦曮罨醃閹广	嚴(厳)
업	業	嶪嶫鄴	
에		恚曀	
엔		円	
여	余餘如汝與予輿	歟璵礖艅茹轝妤悆舁	
역	亦易逆譯驛役疫域	睗繹嶧懌減闚	
연	然煙研延燃燕沿鉛宴軟演緣	衍淵姸娟涓沇筵瑌埏嚥埏捐挻橼延續薦硯矊然醼兗嬿延瓀均戭困涎悁掾橪浇臁蜎蠕讌	煙(烟) 淵(渊) 兗(兖) 姸(妍) 娟(娟) 軟(輭) 硯(硎)
열	熱悅閱	說咽澄噎	
염	炎染鹽	琰艶厭焰苒閻髥冉饜扊繹灩壓魘魘	艶(艷)
엽	葉	燁曄煠曅爗饁	
영	永英迎榮泳詠營影映	渶煐瑛瑩潆盈楹鍈嬰穎瓔咏塋嶸穎瀯纓霙嬴憕蠑朡涅脛杽濚瘿馦碤縈贏郢	榮(栄·荣) 映(暎) 瀯(濴)
예	藝豫譽銳	叡預芮乂倪刈曳汭濊猊穢裔詣覽堄樂珝嫕蕊蘂蘙艾藝羿瘞郳叡帠浣兒囈嫛抴枘獩睨瞖緊翳薉蚋蛻鯢鷖寱	叡(睿·容·叡) 藝(埶·芸) 蕊(蘂)
오	五吾悟午誤烏汚嗚娛傲	伍吳旿珸蜈鼇奧吾塢寤惡懊敖熬圬娛筽墺梧燠顠仵俁吾嗷嗷坳鏊廒隝鶩鷔汙寤譽莫襖警迕迂	鼇(鰲)

옥	玉屋獄	沃鈺	
온	溫	瑥媪穩瘟縕蘊穩盝榲氳餫媼慍氳熅輼醞輼蘊	穩(穩) 盝(盝)
올		兀杌嗢膃	
옹	翁擁	雍壅瓮甕癰邕襄喁臃澭癰禺罋蕹雖閹	
와	瓦臥	渦窩窪蛙蝸訛哇㕭媧杮洼猧窊萵譌	
완	完緩	玩垸浣莞琬瑰婠婉宛梡椀碗豌脘腕豌阮頑妧岏鋺抏杬刓忨椀浣盌	
왈	曰		
왕	王往	旺汪枉瀇迬	
왜		倭娃歪矮媧	
외	外畏	嵬巍猥偎崀峗渨煨碨碗聵隗	
요	要腰搖遙謠	夭堯饒曜耀瑤樂姚僥凹妖嶢拗擾橈燿窈窯繇繞嬈邀曉僄唠坳境嬈幺傜徼殀澆祆突窅蕘遶鷂	
욕	欲浴慾辱	縟褥溽蓐	
용	用勇容庸	溶鎔瑢榕蓉涌埇踊鏞茸墉甬俑傭滽聳俗槦宂戜峪傛慂桶舂蛹踴	鎔(熔) 涌(湧) 宂(冗)
우	于宇右牛友雨憂又尤遇羽郵愚偶優	佑祐禹瑀寓堣隅玗釪迂霧旴盂禑紆芋藕虞雩盱圩惆燠惆俁邘猛亮偊吁嵎寓杅疣旰竽耦耰諤踽鍣麀褒齵	雨(宋)
욱		旭昱煜郁項彧勖栯煦稶燠	稶(稶)
운	云雲運韻	沄澐耘暈会暈橒殞熉芸蕓隕篔篔員鄖頵惲耺賱韵	篔(篔)
울		蔚鬱厇菀	
웅	雄	熊	
원	元原願遠園怨圓員源援院	袁垣洹沅瑗媛嫄愿苑轅婉湲爰猿阮鴛援阮杬鋺冤筼遵俒榬芫薗蜿謜騵鶢黿猨	冤(寃) 員(貟)
월	月越	鉞刖粵	

위	位危爲偉 威胃謂圍 衛違委慰 僞緯	尉 韋 瑋 暐 渭 魏 萎 葦 蔿 蝟 褘 衛 韡 喟 幃 熨 痿 葳 諉 逶 闈 韙 餧 骪	
유	由油酉有 猶唯遊柔 遺幼幽惟 維乳儒裕 誘愈悠	侑 洧 宥 庾 喩 兪 楡 瑜 猷 濡 愉 柚 攸 柚 琟 釉 孺 揄 楢 游 癒 臾 萸 諛 諭 踰 蹂 逾 鍮 嚅 婑 囿 牖 逌 姷 呦 蕤 貐 渘 瑈 需 揉 帷 尤 呦 壝 泑 鼬 顬 瘉 瘐 窬 窳 籲 楺 緌 腴 莠 蕕 蚴 蚰 蝤 褕 黝 讉 糅 鮪	兪(俞) 濡(渪)
육	肉育	堉 毓 儥	
윤	閏潤	尹 允 玧 鈗 胤 阭 奫 贇 昀 玙 鋆 橍 沇	閏(閠·閏) 胤(亂)
율		聿 燏 汩 建 潏 歈 矞 颶	
융		融 戎 瀜 絨 狨	
은	恩銀隱	垠 殷 誾 溵 珢 慇 濦 億 听 璁 圻 蘟 檼 檃 訢 蔎 泿 蒽 慭 圁 嶾 谿 濦 嚚 垽 狺 癮 訔 鄞 齗	誾(誾)
을	乙	圪 鳦	
음	音吟飮陰 淫	蔭 愔 瘖 喑 崟 瘖 霪	
읍	邑泣	揖 悒 挹 浥	
응	應凝	膺 鷹 譍	
의	衣依義議 矣醫意宜 儀疑	倚 誼 毅 擬 懿 椅 艤 薏 蟻 妶 猗 儗 澺 劓 嶷 欹 漪 礒 饐 螘	
이	二以已耳 而異移夷	珥 伊 易 弛 怡 爾 彝 頤 姨 痍 肄 苡 荑 貽 邇 飴 貳 嬰 杝 胹 姐 珆 鴯 羡 配 佴 廙 咿 尔 栮 洟 訑 迤 隶	彝(彛)
익	益翼	翊 瀷 謚 翌 熤 弋 鷁	
인	人引仁因 忍認寅印 姻	咽 湮 絪 茵 蚓 靷 刃 芒 汈 牣 璌 靭 韌 氤 膩 儿 諲 濦 秵 戭 仞 堙 禽 婣 洇 禋 裀	靭(靷) 韌(靭) 仁(忎·忈)
일	一日逸	溢 鎰 馹 佾 佚 壹 劮 泆 軼	逸(逸)
임	壬任賃	妊 稔 恁 荏 訌 誑 紝 衽 鉅 飪	妊(姙)
입	入	廿	廿(卄)
잉		剩 仍 孕 芿 媵	
자	子字自者 姉慈玆紫 資姿恣刺	仔 滋 磁 藉 瓷 咨 孜 炙 煮 疵 茨 蔗 諮 雌 秄 褯 呰 嬨 孖 孳 柘 泚 牸 眦 眥 耔 胾 茈 莿 虸 觜 訾 貲 赭 鎡 頿 髭 鮓 鷀 鶿 粢	姉(姊) 玆(玆)
작	作昨酌爵	灼 芍 雀 鵲 勺 嚼 斫 炸 綽 舃 岝 作 斱 柞 汋 焯 犳 碏	

잔	殘	孱 棧 潺 盞 剗 驏	
잠	潛 暫	箴 岑 簪 蠶 涔	潜(潛)
잡	雜	卡 囃 眨 磼 襍	
장	長 章 場 將 壯 丈 張 帳 莊 裝 獎 墻 葬 粧 掌 藏 臟 障 腸	匠 杖 奘 漳 樟 璋 暲 薔 蔣 仗 檣 欌 漿 狀 獐 臧 贓 醬 傽 妝 嬙 嶂 廧 戕 牂 瘴 糚 胖 萇 鄣 鏘 餦 鱆	將(将) 壯(壮) 莊(庄) 墻(牆) 獎(奬)
재	才 材 財 在 栽 再 哉 災 裁 載 宰	梓 縡 齋 渽 滓 齎 捚 賳 溨 粂 崽 扗 榟 灾 纔	
쟁	爭	錚 箏 諍 崢 猙 琤 鎗	
저	著 貯 低 底 抵	苧 邸 楮 沮 佇 儲 咀 姐 杵 樗 渚 狙 猪 疽 箸 紵 菹 藷 詛 躇 這 雎 齟 宁 岨 杼 柢 氐 潴 豬 牴 罝 羝 苴 蛆 袛 褚 觝 詆 陼	
적	的 赤 適 敵 滴 摘 寂 籍 賊 跡 積 績	迪 勣 吊 嫡 狄 炙 翟 荻 謫 迹 鏑 笛 蹟 樀 磧 糴 菂 覿 逖 馰	
전	田 全 典 前 展 戰 電 錢 傳 專 轉 殿	佺 栓 詮 銓 琠 甸 塡 奠 荃 雋 顚 佃 剪 塼 廛 悛 氈 澱 煎 畑 癲 筌 箋 箭 篆 纏 輾 鈿 鐫 顫 餞 吮 囀 嫥 屇 巓 戩 揃 旃 栫 湔 澶 牋 甎 畋 痊 癜 磚 籛 羶 翦 腆 膞 躔 輇 邅 鄽 鋑 鎭 靛 靦 顓 飦 餰 鬋 鱣 鸇	
절	節 絶 切 折 竊	晢 截 浙 癤 岊	絕(絶)
점	店 占 點 漸	岾 粘 霑 鮎 佔 墊 玷 笘 簟 苫 蔪 蛅 覘 颭 黏	點(点・奌)
접	接 蝶	摺 椄 楪 蜨 跕 蹀 鰈	
정	丁 頂 停 井 正 政 定 貞 精 情 靜 淨 庭 亭 訂 廷 程 征 整	汀 玎 町 呈 桯 珵 姃 偵 湞 幀 楨 禎 珽 挺 綎 鼎 晶 晸 柾 鉦 淀 錠 鋌 鄭 靖 靚 鋥 炡 渟 釘 涏 頲 婷 旌 檉 瀞 睛 碇 穽 艇 諪 酊 霆 彭 埩 佂 姘 梃 胜 灯 証 艴 朾 侹 掟 頳 叮 婧 怔 棖 疔 筳 莛 証 酲 逭	靜(静)
제	弟 第 祭 帝 題 除 諸 製 提 堤 制 際 齊 濟	悌 梯 瑅 劑 啼 臍 薺 蹄 醍 霽 媞 儕 禔 偙 娣 晢 姊 擠 猘 睇 稊 緹 踶 蹏 躋 鍗 隄 韲 鯷 鮧	濟(済)
조	兆 早 造 鳥 調 朝 助 弔 燥 操 照 條 潮 租 組 祖	彫 措 晁 窕 祚 趙 肇 詔 釣 曹 遭 眺 俎 凋 嘲 棗 槽 漕 爪 璪 稠 粗 糟 繰 藻 蚤 躁 阻 雕 昭 艚 佻 傮 刁 厝 嘈 噪 嬥 徂 慒 找 殂 澡 琱 皁 祧 竈 笊 糙 糶 絩 絛 胙 臊 艚 蔦 蜩 誂 譟 鈟 銚 錭 鯛 鵰 鼂	曹(曺) 棗(枣)

족	足族	簇鏃瘯	
존	存尊	拵	
졸	卒拙	猝	
종	宗種鐘終 從縱	倧琮淙悰綜樅鍾慫腫踵椶柊蹤公 憽樅瘇螽	樅(棕) 蹤(踪)
좌	左坐佐座	挫剉痤莝髽	
죄	罪		
주	主注住朱 宙走酒晝 舟周株州 洲柱奏珠 籌	冑湊炷註嚋遒駐姝澍姝侏做呪 喋廚籌紂紬綢蛛誅疇犪酎燽鉒拄 綢粖騆絑蛀椆晭珘紸調睭丢倜儔 尌幮硃籒㲹蛀炷裯訹䐈趎軸 鼅霍	遒(酒)
죽	竹	粥	
준	準俊遵	峻浚畯焌竣唆駿准濬雋儁埻隼寯 樽罇遵純葰陖俊陖餕逡憲僔儁 鐏俊皴埻捘淳綧鱒竣踆踆駿	準(準) 濬(睿) 陵(埈)
줄		茁羍	
중	中重案仲	眾	
즉	卽	喞	
즐		櫛騭	
즙		汁楫茸檝戢	
증	曾增證憎 贈症蒸	烝甑拯繒矰熷罾	
지	只支枝止 之知地指 志至紙持 池誌智遲	旨沚址祉趾祇芝摯鋕脂咫枳漬砥 肢芷蜘識贄坻底泜岐駈劧坻坁搘 禔祇坻墀楮洔痣祇篍舐腄頤枳阯 鮨鷙抵	知(柯) 智(猺)
직	直職織	稙稷禝	
진	辰眞進盡 振鎭陣陳 珍震	晉珒瑨津璡秦軫塵禛診縝塡賑溱 珍唇嗔搢振榛珍畛疹瞋縉臻陳袗 呒蓁昣杓槇稹盡靕儆眹侲珒贐趁 賮	眞(真) 晉(晋) 瑨(瑨) 珍(鉁) 盡(尽)
질	質秩疾姪	瓆侄叱嫉帙桎窒膣蛭跌迭垤絰蒺 郅鑕	

짐		斟 朕 鴆	
집	集執	什 潗 輯 楫 鏶 緝 咠 戢	潗(潗)
징	徵懲	澄 澂 澈 癥 瞪	
차	且次此借差	車 叉 瑳 侂 嗟 嵯 磋 笷 茶 蹉 遮 硨 齹 姹 鹾 伙 岔 借 槎	
착	着錯捉	搾 窄 鑿 齪 戳 搦 斲	
찬	贊讚	撰 纂 粲 澯 燦 璨 瓚 纘 鑽 竄 餐 饌 攢 巑 儧 篡 欑 孉 劗 爨 趲	贊(賛) 讚(讃) 僭(僣) 篡(篡)
찰	察	札 刹 擦 紮 扎	
참	參慘塹	僭 塹 儳 斬 站 讒 譖 傪 嶄 慘 攙 槧 毚 譖 鏨 鑱 饞 驂 驏	塹(慚)
창	昌唱窓倉創蒼暢	菖 昶 彰 敞 廠 倡 娼 愴 槍 漲 猖 瘡 賬 艙 滄 淐 唱 淌 悢 傖 滄 刱 悵 惝 餦 搶 氅 瑒 窻 蹌 錩 閶 瑒 鶬	
채	菜採彩債	采 埰 寀 蔡 綵 寨 砦 釵 琗 責 採 婇 睬 茝	
책	責冊策	栅 嘖 幘 磧 筞 簀 蚱	冊(册)
처	妻處	凄 悽 淒 萋 覷 郪	
척	尺斥拓戚	陟 倜 刺 剔 擲 滌 瘠 脊 蹠 隻 墌 感 堉 惕 抃 撫 蜴 跖 躑	墌(坧) 感(慼)
천	天千川泉淺賤踐遷薦	仟 阡 喘 擅 玔 穿 舛 釧 闡 韆 茜 俴 倩 傮 儃 濟 濺 祆 綪 芊 荐 蒨 蔵 訕 韆	
철	鐵哲徹	澈 撤 轍 綴 凸 輟 惙 瞮 剟 啜 埑 惙 掇 歠 銕 錣 飿 餮	哲(喆) 鐵(鉄)
첨	尖添	僉 瞻 沾 簽 籤 詹 諂 甜 幨 忝 惉 檐 櫼 瀸 簷 襜	甜(甛)
첩	妾	帖 捷 堞 牒 疊 睫 諜 貼 輒 倢 呫 喋 怗 艓	
청	靑淸晴請廳聽	菁 鯖 淸 圊 蜻 鶄 婧	靑(青) 淸(清) 晴(晴) 請(請)
체	體替遞滯逮	締 諦 切 剃 涕 諟 玼 棣 彘 殢 砌 蒂 靆 蔕 疐	
초	初草招肖超抄礎秒	樵 焦 蕉 楚 剿 哨 憔 梢 椒 炒 硝 礁 稍 苕 貂 酢 醋 醮 岩 鈔 俏 髓 僬 焦 勦 嘵 譙 峭 噍 怊 悄 愀 杪 燋 綃 秒 誚 譙 趠 軺 迢 鈔 鍬 鼗 翰 顦 髫 鷦 鮹	草(艸)
촉	促燭觸	囑 矗 蜀 曯 爥 瞩 葘 躅 儥	

209

촌	寸村	忖 吋	村(邨)
총	銃總聰	寵 叢 恖 憁 摠 蓯 塚 蔥 樅 鏦 聰	聰(聡) 塚(塜) 總(総)
촬		撮	
최	最催	崔 嘬 摧 榱 漼 璀 確 縗 脧	
추	秋追推抽醜	楸 樞 鄒 錐 錘 墜 椎 湫 皺 芻 萩 諏 趨 酋 鎚 雛 騶 鰌 傶 啾 娵 帚 惆 捶 搥 甃 瘳 箠 簉 縋 緅 蒭 陬 佳 鞦 雎 鷦 雖 鶖 鶵 齲 穊	鰌(鰍)
축	丑祝蓄畜築逐縮	軸 竺 筑 蹙 蹴 妯 舳 豖 蹜 竈	
춘	春	椿 瑃 賰	
출	出	朮 黜 秫	
충	充忠蟲衝	珫 沖 衷 忡	蟲(虫) 沖(冲)
췌		萃 悴 膵 贅 惴 揣 瘁 頜	
취	取吹就臭醉趣	翠 聚 嘴 娶 炊 脆 驟 鷲 取 橇 毳	
측	側測	仄 惻 厠 昃	厠(厠)
층	層		
치	治致齒値置恥	熾 峙 雉 馳 侈 嗤 幟 梔 淄 痔 寴 緇 緻 蚩 輜 稚 卮 哆 寘 時 窒 絺 菑 薙 黐 夂 跱 錙 阤 鯔 鴟 鵄 鶲	癡(痴) 稚(稺)
칙	則	勅 飭 敕	
친	親	櫬 襯	
칠	七漆	柒	
침	針侵浸寢沈枕	琛 砧 鍼 琴 寖 忱 椹 郴 鋟 駸	
칩		蟄	
칭	稱	秤	
쾌	快	夬 噲	
타	他打妥墮	咤 唾 惰 拖 朶 舵 陀 馱 駝 橢 佗 坨 扡 柁 沱 詫 詑 跎 躱 馳 蛇 鴕 鼉	楕(楕)
탁	濁托濯卓	度 倬 琸 晫 託 擢 鐸 拓 啄 坼 柝 琢 踔 橐 拆 沰 涿 矺 擢 擇 遠	槖(槖)

탄	炭歎彈誕	呑坦灘嘆憚綻暉憻攤殫癱驔	
탈	脫奪	侻	
탐	探貪	耽眈嗿忐酖	
탑	塔	榻傝塌搨	
탕	湯	宕帑糖蕩燙盪碭蘯	
태	太泰怠殆態	汰兌台胎邰笞苔跆颱鈦珆鮐脫娧迨埭抬駘	
택	宅澤擇	垞	
탱		撑撐掌	
터		攄	
토	土吐討	兔	兔(兎)
톤		噋	
통	通統痛	桶慟洞筒恫樋筩	
퇴	退	堆槌腿褪頹隤	
투	投透鬪	偸套妬妒渝骰	
퉁		佟	
특	特	慝忒	
틈		闛	
파	破波派播罷頗把	巴芭琶坡杷婆擺爬跛叵妑岥怕灞爸玻皤笆簸耙菠葩鄱	
판	判板販版	阪坂瓣辦鈑	
팔	八	叭捌朳汃	
패	貝敗	浿佩牌唄悖沛狽稗霸孛旆珮霈	霸(覇)
팽		彭澎烹膨砰祊鬃蟛	
퍅		愎	
편	片便篇編遍偏	扁翩鞭騙匾徧偏緶蝙萹蝠褊諞	
폄		貶砭窆	
평	平評	坪枰泙萍怦抨苹蓱鮃	

폐	閉肺廢弊蔽幣	陛吠斃斃敝狴獘癈	
포	布抱包胞鮑浦捕	葡褒砲鋪佈匍匏咆哺圃怖暴泡疱脯苞蒲袍逋鮑拋儣庖晡曓炮怉誧鉋鞄舖鯆	拋(抛)
폭	暴爆幅	曝瀑輻	
표	表票標漂	杓豹彪驃俵剽慓瓢飄飆瞟僄勲嘌嫖摽殍熛縹裱鏢鑣髟鰾	飆(颩)
품	品	稟	
풍	風豊	諷馮楓瘋	豊(豐)
피	皮彼疲被避	披陂詖鞁髲	
픽		腷	
필	必匹筆畢	弼泌珌苾祕鉍佖疋㳒斁咇澤篳罼蓽觱鵯韠韠鵯駜	
핍		乏逼偪	
하	下夏賀何河荷	廈霞瑕蝦遐鰕呀煆碬閜嚇煆謑煆蕸欱抲啁岈嗛癏罅鍜	廈(厦) 夏(昰)
학	學鶴	壑虐謔嗃狢瘧皬确郝鷽	學(学)
한	閑寒恨限韓漢旱汗	澣瀚翰閒悍罕潤釁侃嫺橌閈扞忓邗嫻捍暵閝駻鬜軒	
할	割	轄瞎	
함	咸含陷	函涵艦喊檻緘衘鹹菡莟諴轞闞	衘(唧)
합	合	哈盒蛤閤閤陜匌嗑柙榼溘盍部	
항	恒巷港項抗航	亢沆姮伉杭桁缸肛行降夯炕頏頏	恒(恆) 姮(嫦)
해	害海亥解奚該	偕楷諧咳垓孩懈邂蟹邂駭骸咍瑎澥祄咴嶰廨欬獬痎薤醢頦鮭	海(海)
핵	核	劾翮覈	
행	行幸	杏倖荇涬悻	
향	向香鄉響享	珦嚮餉饗麘晑薌	
허	虛許	墟噓歔	
헌	軒憲獻	櫶輶憓田獻幰攇	
헐		歇	
험	險驗	嶮獫玁	

212

혁	革	赫 爀 奕 焱 侐 烍 緎 嚇 弈 洫 閱	
현	現賢玄絃 縣懸顯	見 峴 晛 泫 炫 玹 鉉 眩 眩 絢 呟 俔 睍 舷 衒 弦 儇 譞 怰 俔 鋗 癹 玣 嬛 娊 姸 灦 槏 駽 胘 繯 翾 蜆 誢	顯(顕)
혈	血 穴	孑 頁 絜 趐	
혐	嫌		
협	協脅	俠 挾 峽 浹 夾 狹 莢 鋏 頰 冾 匧 叶 埉 恊 悏 悏 篋	脅(脇)
형	兄刑形亨 螢衡	型 邢 珩 泂 炯 瑩 澄 馨 熒 滎 瀅 荆 鎣 逈 侀 詗 婞 詗 陘	逈(逈)
혜	惠慧兮	蕙 彗 譓 憓 憓 暳 蹊 醯 鞋 譓 鏸 匸 謑 傒 嘒 徯 槥 盻 謑	惠(恵)
호	戶乎呼好 虎號湖互 胡浩毫豪 護	晧 皓 昊 淏 濠 灝 祜 琥 瑚 頀 顥 戶 鎬 壕 壺 濩 澔 岵 弧 狐 瓠 糊 縞 葫 蒿 蝴 犒 娛 芐 犒 郝 熇 婟 怙 蒜 薲 儫 沍 嘷 皜 嫭 沍 滈 滬 猢 皞 蚼 聕 醐	芐(芦) 浩(澔) 號(号)
혹	或惑	酷 熇	
혼	婚混昏魂	渾 琿 倇 顐 圂 溷 涽 焜 闇	
홀	忽	惚 笏 囫	
홍	紅洪弘鴻	泓 烘 虹 鈜 哄 汞 訌 眳 澒 澒 鬨	
화	火化花貨 和話畫華 禾禍	嬅 樺 譁 靴 澕 俰 嘩 驊 龢	畫(畵)
확	確穫擴	廓 攫 礨 擭 矡 鑊	確(碻)
환	歡患丸換 環還	喚 奐 渙 煥 晥 幻 桓 鐶 驩 宦 紈 鰥 圜 皖 洹 寰 懽 擐 瓛 睆 絙 豢 輾 鍰 鬟	
활	活	闊 滑 猾 豁 蛞	闊(濶)
황	黃皇況荒	凰 堭 媓 晃 滉 榥 煌 璜 熀 幌 徨 恍 惶 愰 慌 湟 潢 篁 蝗 遑 隍 楻 喤 怳 瑝 肓 眖 謊 鎤	晃(晄)
회	回會悔懷	廻 恢 晦 檜 澮 繪 誨 匯 徊 淮 獪 膾 茴 蛔 賄 灰 個 洄 盔 詼 迴 頮 繪	繪(絵) 會(会)
획	獲劃	画 嚄	
횡	橫	鐄 宖 澋 鈜 鎣	
효	孝效曉	涍 爻 驍 斅 哮 嚆 枭 淆 看 酵 晶 歊 寧 謼 傚 洨 庨 烋 熇 烋 嫐 虈 崤 斀 餚	效(効)

후	後厚侯候	后逅吼嗅帿朽煦珝喉堠欹姁芋吽 煦屋猴篌詡詬酗餱	厚(垕)
훈	訓	勛君熏薫壎燻鑂暈纁煇蘍曛獯葷	勛(勳・勲) 蘍(蕉) 壎(塤) 熏(燻)
훌		欻	
훙		薨	
훤		喧暄萱煊愃田烜諠諼	
훼	毁	喙毁卉燬芔虺	卉(卉)
휘	揮輝	彙徽暉煒諱麾煇撝翬	
휴	休携	烋畦虧庥咻隳鵂鷂	
휼		恤譎鷸卹	
흉	凶胸	兇匈洶恟胷	
흑	黑		
흔		欣忻昕痕忔很掀俒舋	
흘		屹吃紇訖仡汔疙迄齕	
흠		欽欠歆鑫廞	
흡	吸	洽恰翕噏歙潝翖	
흥	興		
희	希喜稀戱	姬晞僖橲禧嬉憙熹凞羲爔曦俙囍 僖犧噫熙烯暿譆巇咥晞嘻悕歖燹 豨餏	熙(熈・煕) 熹(熺) 戱(戲) 姬(姫)
힐		詰犵纈襭頡黠	

주: 1. 위 한자는 이 표에 지정된 발음으로만 사용할 수 있다. 그러나 첫소리(初聲)가 "ㄴ" 또는 "ㄹ"인 한자는 각각 소리나는 바에 따라 "ㅇ" 또는 "ㄴ"으로 사용할 수 있다

2. 동자(同字)・속자(俗字)・약자(略字)는 별표 2의 ( )내에 기재된 것에 한하여 사용할 수 있다.

3. "示"변과 "礻"변, "++"변과 "艹"변은 서로 바꾸어 쓸 수 있다.

   예: 福＝福, 蘭＝蘭

214

(1) 항열자(行列子)

항렬자가 있을 경우에는 관례상 항열자를 존중해야 하나 글자의 선택에 애로가 있거나 또한 항열자와 연결되어 성격(成格)된 수리(數理)나 오행(五行)이 불길하면 항열자에 구애받지 말고 좋은 운격(運格)의 이름자를 임의로 선정하여 호적에 등재하고 통용해도 무방하다.

이때 단 보첩(譜牒)에는 항열자를 따라 보명(譜名)을 올리고 옆에 관명(官名)은 「ㅇㅇ이다」라고 표기를 하면 된다.

(2) 획수의 산정

이름자의 획수 산정은 해자체(楷字體)의 정자로 산정을 한다. 단 표준 자전에 있는 정자의 획수를 보고 점 하나라도 소홀함이 없이 정확히 산정을 해야 한다.

(3) 오격(五格)의 분류

성명의 분류 및 구성란을 참조하여 성명의 오격(五格: 천격, 인격, 지격, 외격, 총격)을 직절하게 배치하고 좋은 운격(運格)으로 성격(成格)이 되도록 구성한 다음 자의(字義)와 자체(字體), 음령(音靈), 음양(陰陽) 등의 구성 및 조화 여부를 대조해 본다.

(4) 오행(五行)과 삼재(三才)배치

성명의 구성에 있어 오행의 배치는 대단히 중요하다. 본문 오행의 배치란을 참조하여 기초, 성공, 내외운과 삼재(三才: 천격, 인격, 지격) 배치 등을 조화되게 적절히 배치하면 일생을 통하여 균등하게 좋은 운으로 영동하고 그 사람의 성불성(成不成)을 좌우하는 후천적 운로에 중대한 작용을 하게 된다.

(5) 수리(數理)의 영동력(靈動力)

각격(各格) 81수의 영동란을 참조하여 길흉과 영동력을 감별해 본다. 다만 과도한 강성운수(强盛運數)는 그 사람의 환경 여하에 따라 간혹 흉조(凶兆)로 작용할 수도 있으니 각자의 환경과 각격의 배합 관계를 잘 살펴서 정한다. 이때 먼저 인격수와 총격수의 길흉을 감별하고 다음 인격 주운의 단수(端數) 성격과 품행 란을 대조해 본다. 특히 총격(總格)의 수리특질(數理特質)과 삼재오행(三才五行)의 특질 등은 그 사람의 품성에 많은 반영을 하고 있으니 종합해서 감별을 해야 한다.

이상과 같이 순서대로 남녀를 구별하여 체질의 강약 등에 주안점을 두고 상호 연결 조절하여 전부가 길격(吉格)으로 구성이 되면 좋은 이름이 되고 또한 반드시 먼 앞날에 좋은 행운이 유도되리라 믿어 의심치 않는다.

2. 개명(改名)의 효력(效力)

본시 성명 수리의 영동력(靈動力)은 그 이름을 쓰고, 부르고, 사용하는 데서 영동한다. 그러므로 좋지 못한 흉한 이름은 사용하지 말고 방치하거나 버리고 좋은 이름으로 개명을 하여 사용하게 되면 길운(吉運)이 영동하여 행운(幸運)으로 유도하고 특히 다음과 같은 영혐이 발현하게 된다.

- · 병약자는 건강한 신체로 변하고,
- · 불우한 자는 행복해질 수 있으며,
- · 좋은 배우자와 직장을 얻고,
- · 가정의 풍파가 없어지면서 부부가 유정해진다.
- · 불효자는 변하여 효도를 하고,
- · 자녀가 없는 사람은 자녀를 얻을 수 있으며,
- · 사업도 순탄하게 성공하고 가운도 융창해진다.
- · 흉화를 피하고 행운을 얻게 되며,
- · 빈곤하고 단명자도 부귀장수하고,
- · 근심과 번민이 변하여 심신이 편안해질 수 있다.

그러나 40대 이후에 본명을 개명하는 것은 필자는 좋게 보지 않는다. 비록 좋은 이름으로 개명이 됐다 하더라도 이름 덕을 보기는 극히 어려우니 아호(雅號)를 지어 보강해 쓰도록 권고를 한다.

3. 상호와 상품명의 선정

각 수리(數理)의 영동(靈動)하는 그 위력은 성명에만 국한하는 것이 아니라 큰 회사에서부터 작은 점포, 각종 상품명에 이르기까지 많은 영향을 주고 있다. 그래서 사업상의 경영, 신용, 발전, 명예 등 대내외의 거래적 측면에서 상호나 상품명의 수리가 암시하는 그 영동력도 경솔히 보아 넘길 수 없다.

상호와 품명의 선정은 성명과는 달리 오격(五格)으로 분류하지 않고 대체적으로 호명(號名)의 의의(意義)와 주부구(主副句) 및 합계수(合計數)의 수리 길흉과 주부구(主副句) 수의 오행상생(五行相生) 관계 등에 중점을 두고 다음과 같이 선명(選名)을 한다.

· 호명(號名)은 일관적이면서 그 의의가 명랑하고 기품이 있어야 한다.
· 문자(文字)의 형체는 가급적 약형(弱形)이나 허형(虛形)의 문자는 쓰지 않는 것이 좋다.
· 호명의 주구(主句)와 부구(副句) 및 합계수(合計數)의 수는 그 수리(數理) 좋은 것으로 선정한다.
· 호명의 음령(音靈) 및 음양의 배치는 상호 조화를 이루도록 선정해야 한다.
· 끝으로 부르기가 좋고 듣기가 좋아야 한다.

(가) 상호예시(商號例示)

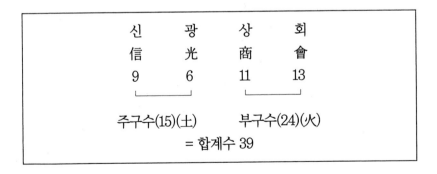

• 주구(主句) 15수: 순탄하게 자립대성(自立大成)하여 부귀영예(富貴榮譽)를 누리는 길수이고,

• 부구(副句) 24수: 재운이 좋고 집안에 경사가 이어지는 길수이며,

• 합계(合計) 39수: 입신양명(立身揚名)하고 부귀와 영화를 누리는 최상의 길수이다.

• 오행(五行): 화생토(火生土)되어 부구수(副句數) 4, 화(火)가 주구수(主句數) 5, 토(土)를 생조(生助)하여 길격이다.

• 의의(意義): 신광(信光), 믿음이 빛나는 상회라 안전성과 기품이 있고 부르고 듣기에도 매우 좋다.

(나) 상품명(商品名) 예시

샘	표	간	장
8	7	4	6 = 합계수 25

품명은 합계수의 수리 길흉에 중점을 두고 선명을 한다.

• 합계 25수: 영예(榮譽)와 재록(財祿)을 겸비하여 안전성이 있고, 대업을 성취하는 대길의 수이다.

• 의의(意義): 샘물처럼 끊임없이 솟아나는 영원성(永遠性)을 지니고 또한 듣기에 명랑하고 부르기도 좋아서 친근감을 준다.

끝으로 좋은 이름과 상호는 일생을 영화롭게 행운으로 유도하는

후천운(後天運)을 조성하고 개척하는 데 영묘(靈妙)한 작용을 하게 되어 모두가 함께 좋은 이름을 가려서 빛나는 행운의 길로 이끌어 가기를 바라는 마음 간절하다.

혼인궁합법(婚姻宮合法)

남녀가 혼인을 하는 데 있어서는 여러 가지 상고할 사항도 많으나 그중에서도 빼놓을 수 없는 것이 궁합이다.

이 궁합을 보는 방법도 몇 가지 있으나, 여기서는 60갑자 납음오행표(納音五行表)에 명시된 오행(五行)의 상생상극(相生相剋)으로 길흉을 알아보기로 한다. 먼저 「납음오행표」에서 남자의 생년오행(生年五行)과 여자의 생년오행을 대조해서 상생(相生)이 되면 길(吉)하고 상극(相剋)이 되면 흉(凶)한 것으로 본다.

상생(相生)은 목생화(木生火), 화생토(火生土), 토생금(土生金), 금생수(金生水), 수생목(水生木)이고, 상극(相剋)은 목극토(木剋土), 토극수(土剋水), 수극화(水剋火), 화극금(火剋金), 금극목(金剋木)이다.

예를 들면 갑자(甲子)생 남자와 경오(庚午)생 여자일 경우 「납음오행표」에서 「갑자」생 남자는 해중금(海中金)이 되고, 「경오」생 여자는 노방토(路傍土)가 된다. 그래서 남금(男金) 여토(女土) 토생금(土生金) 상생(相生)이 되어 길하다.

1. 60갑자 납음오행표(納音五行表)

갑자 · 을축 (甲子)(乙丑) 해중금	병인 · 정묘 (丙寅)(丁卯) 노중화	무진 · 기사 (戊辰)(己巳) 대림목	경오 · 신미 (庚午)(辛未) 노방토	임신 · 계유 (壬申)(癸酉) 검봉금
갑술 · 을해 (甲戌)(乙亥) 산두화	병자 · 정축 (丙子)(丁丑) 윤하수	무인 · 기묘 (戊寅)(己卯) 성두토	경진 · 신사 (庚辰)(辛巳) 백납금	임오 · 계미 (壬午)(癸未) 양유목
갑신 · 을유 (甲申)(乙酉) 정천수	병술 · 정해 (丙戌)(丁亥) 옥상토	무자 · 기축 (戊子)(己丑) 벽력화	경인 · 신묘 (庚寅)(辛卯) 송백목	임진 · 계사 (壬辰)(癸巳) 장류수
갑오 · 을미 (甲午)(乙未) 사중금	병신 · 정유 (丙申)(丁酉) 산하화	무술 · 기해 (戊戌)(己亥) 평지목	경자 · 신축 (庚子)(辛丑) 벽상토	임인 · 계묘 (壬寅)(癸卯) 금박금
갑진 · 을사 (甲辰)(乙巳) 복등화	병오 · 정미 (丙午)(丁未) 천하수	무신 · 기유 (戊申)(己酉) 대역토	경술 · 신해 (庚戌)(辛亥) 채천금	임자 · 계축 (壬子)(癸丑) 상차목
갑인 · 을묘 (甲寅)(乙卯) 대계수	병진 · 정사 (丙辰)(丁巳) 사중토	무오 · 기미 (戊午)(己未) 천상화	경신 · 신유 (庚申)(辛酉) 석류목	임술 · 계해 (壬戌)(癸亥) 대해수

그리고 갑자(甲子)생 남자와 무진(戊辰)생 여자일 경우 「갑자」생 남자는 해중금(海中金)이 되고, 「무진」생 여자는 대림목(大林木)이 된다. 그래서 남금(男金) 여목(女木) 금극목(金剋木)이 되어 불길하다.

이와 달리 반대로 「갑자」생 여자가 되고 무진(戊辰)생 남자가 되어도 여금(女金) 남목(男木) 상극(相剋)이 되어 역시 불길하다.

2. 남녀 궁합 길흉표

남금여금 (男金女金)	×	남목여금 (男木女金)	×	남수여금 (男水女金)	○
남금여목 (男金女木)	×	남목여목 (男木女木)	△	남수여목 (男水女木)	○
남금여수 (男金女水)	○	남목여수 (男木女水)	○	남수여수 (男水女水)	○
남금여화 (男金女火)	×	남목여화 (男木女火)	○	남수여화 (男水女火)	×
남금여토 (男金女土)	○	남목여토 (男木女土)	△	남수여토 (男水女土)	×
남화여금 (男火女金)	×	남토여금 (男土女金)	○	남화여목 (男火女木)	○

남토여목 (男土女木)	×	남화여수 (男火女水)	×	남토여수 (男土女水)	×
남화여화 (男火女火)	×	남토여화 (男土女火)	○	남토여토 (男土女土)	○
남토여토 (男土女土)	○	*	*	*	*

「납음오행표」를 보면 위와 같은 남녀의 궁합 길흉 표시를 할 수 있다. ○표는 '좋다'는 뜻이고, ×표는 '흉하다'거나 '나쁘다'는 뜻이며, △표는 '좋지도 않고 크게 나쁘지도 않다'는 그저 평범함을 뜻한다.

3. 남녀궁합(男女宮合) 해설

남금여금(男金女金)

남금여금은 용이 물고기로 변화(龍變化魚)한 격이 되어 불길하다. 이는 금(金)과 금(金)이 만나 남녀 다 같이 성정이 완강하고 명예를 중히 여기며 남달리 자존심이 강하여 조화를 못 이루고 일생에 길흉과 굴곡이 많이 따른다. 재운도 불길하여 재물은 사방으로 흩어지고 관재와 구설수만 이어지고 부부는 사소한 일에도 트러블이 생기며 서로 다투면서 지려고 하지 않는다.

슬하에 자녀들은 번성하나 정이 없어 불목하고 집안이 늘 화목하지 못하여 불안하다. 금(金)과 금(金)의 혼인은 평생에 무익한 불길한 궁합으로 친다.

남금여목(男金女木)

금극목(金剋木)이 되어 상극(相剋)이다. 목(木)이 금(金)을 만나 혼인을 하면 노닐던 물고기가 물을 잃은 형상, 즉 유어실수(遊魚失水) 격이 되어 불행하다.

이런 남녀의 결합에는 서로가 불목하여 만사 뜻과 같이 성취되는 것이 없고 관재 구설수만 생긴다.

상속받은 재물은 사방으로 흩어지고 자녀들도 현숙치 못하여 불효한다. 불행한 부부는 이별을 하거나 독수공방을 하는 수도 있다.

남금여수(男金女水)

이는 사마득타(駟馬得馱) 격이라 즉, 말 네 마리가 끄는 수레에 재물이 가득히 쌓여 있다는 격이 되어 재운이 좋다.

오행에서 보면 금생수(金生水) 되어 상생(相生)이 되고 금수동궁(金水同宮)이라 대길하고 기쁨이 더욱 새롭다. 부부는 화목하고 서로 조화를 이루어 항시 유정함이 흡사 겨울을 지난 초목이 다시 새봄을 맞이함과 같다. 자녀들도 영귀하여 명망이 높고 부모에게 더없는 효도를 하여 집안이 화락한 금상첨화의 궁합이다.

남금여화(男金女火)

남금(男金)이 여화(女火)를 만나 극(尅)을 당한다 하여 척마중타
(瘠馬重馱)라 이른다. 즉 여윈 말이 무거운 수레를 끄는 형상이 되
어 일생을 살아가는 데 있어 힘들기 이를 데 없다.

이와 같은 궁합은 물속에 들어간 불(火) 같은 운이 되어 스스로
멸망하기가 쉽다. 그래서 부부는 백년해로(百年偕老)를 근심하게
되고 태산 같은 재산도 점점 줄어들어 자연히 패가한다.

남금여토(男金女土)

토생금(土生金) 되어 상생(相生)을 하니 이를 산득토목(山得土木)
격이라 이른다. 즉 산이 토목(土木)을 얻은 것과 같다. 그래서 일명
부귀공명지격(富貴功名之格)이라 칭하기도 한다.

이들 부부는 서로 마음이 화합하여 언제나 즐겁고 자녀들도 현숙
하여 효양한다. 재물운도 절로 따라 예금통장에는 항시 잔고가 유
여하여 일생을 평화롭게 영화를 누리면서 사회에 공헌할 수 있는
대길한 궁합이다.

남목여목(男木女木)

이 궁합은 주실계견(主失鷄犬) 즉, 주인이 닭과 개를 잃어버리는
격이 되어 평범하다. 이는 양 목(木)이 만나 동거를 하면 평생에 굴
곡과 성패가 빈번하고 길흉이 상반되는 것으로 본다. 그러나 부부

는 마음이 화합하여 인생의 기쁨을 누린다. 자녀들도 현숙하고 효도하여 집안이 우애 있고 화락하다.

다만 재물운이 풍성하지 못해서 흠이기는 하나 기초가 안정되어 순조롭게 성공하고 일생 동안 평범하고 편안하게 지낼 수 있는 궁합으로 친다.

남목여금(男木女金)

서로 상극(相剋)이 되어 맞지 않아 불길하다. 이는 풀을 지고 누워 있는 소, 즉 와우부초(臥牛負草)와 같은 형상이 되어 이들 부부는 해로하기가 어렵고 함께 사는 동안 빈곤함을 면하지 못할 것으로 본다. 뿐만 아니라 자녀들도 현명하지 못하여 불효를 하고 근심과 걱정이 생긴다.

또한 간간이 관재 구설수도 야기되고 서로 뜻이 맞지 않아 별거운이 따르기도 하는 불행한 궁합이다.

남목여수(男木女水)

수목(水木)이 상봉하여 상생(相生)을 하니 이는 조변성응(鳥變成鷹) 즉, 새가 매로 변하는 형상이다. 나무와 물이 서로 만나면 상생이 되어 수복이 창성(創成)되어 영화와 부귀가 가득하다.

그래서 부부의 금실은 더할 나위 없이 단란하고 한평생 좋은 일은 끝없이 어어지며 자녀들도 현명하여 영달하고 효도한다. 일생을 태평하게 행복을 만끽할 수 있는 대길한 궁합이다.

남목여화(男木女火)

남목여화(男木女火)도 상생(相生)을 하여 삼하봉선(三夏逢扇) 즉, 더운 여름에 부채를 만난 격이라 남녀의 궁합으로는 잘 어울리는 한 쌍이다. 그래서 부부의 금실은 더없이 화락하고 평생을 다툼 없이 화목하게 행복을 구가하며 자녀운도 창성하여 영화롭다.

신이 보우하사 평생을 동락하면서 부귀영화를 누리고 만인의 존경을 받을 수 있는 대길한 궁합이다.

남목여토(男木女土)

목극토(木剋土) 되어 서로 상극이기는 하나 목(木)은 토(土)가 없으면 뿌리를 박을 수 없다. 이는 서로가 살고 있으므로 해서 크게 근심은 되지 않는다. 다만 인다재의(人多裁衣) 즉, 사람이 많아 지을 옷이 많다는 형상이 되어 한평생 할 일이 너무 많다고 본다.

그래서 부부는 금실이 좋지 못하고 친인척과도 화목할 수 없으며 자녀들도 효순하지 못하다. 그리고 몸에는 항시 잔병이 떠나지 않아 늘 우울하다. 그러나 크게 걱정할 필요는 없다.

남수여수(男水女水)

물과 물이 서로 화합을 이루듯 남녀 양 수가 함께 살면 상합(相合)하여 병마봉침(病馬逢針) 즉, 병든 말이 침을 맞는 격이 되어 부부의 금실은 화목하고 친인척간 우애도 있으며 자녀들도 창성하고 영화롭다. 재물운도 풍성하여 전답이 사면에 즐비하고 해마다 기쁜 일만 생긴다.

대개 일생을 편안하게 행복을 누리는 수이기는 하나 간혹 변전(變轉)이 무상하여 황망하게 실패수가 따르기도 한다.

남수여금(男水女金)

금생수(金生水) 상생(相生)이 되어 서로 뜻이 맞아 화합하고 부귀할 격으로 친다. 옛 글에 삼객봉제(三客逢弟) 즉, 세 명의 나그네가 동생을 같이 만난다는 격이 되어 행복하다.

이는 자녀들이 번성하고 재물복도 점점 풍성하면서 많은 금은보화가 창고에 가득히 쌓이고 친인척 간에도 우애 있고 화목하다. 전답은 해가 갈수록 늘어나고 자녀 손도 모두 현명하여 영귀하니 더 바랄 것이 없다. 가족계획이 아니면 3남 4녀는 둘 것이다.

남수여목(男水女木)

이는 수목(水木)이 상봉하여 상생(相生)을 하니 교변위룡(蛟變爲龍) 격이라 즉, 교룡이 변하여 용이 된다는 형상이라 남녀의 궁합으로는 잘 어울리는 한 쌍이 되어 자손이 나뭇가지 뻗어 나가듯 번성하고 부부는 화목하게 조화를 이루면서 튼튼한 가정을 이룩한다.

나무가 무성하여 그늘이 두텁듯이 부귀장수하고 일생 동안 별 어려움 없이 영화를 누리고 만인의 존경을 받으면서 영귀하게 이름을 사회에 떨칠 수 있는 대길한 궁합이다.

남수여화(男水女火)

수극화(水剋火) 상극(相剋)이 되어 부부는 서로 믿지 않고 존경하지 않으며 사소한 일에도 언쟁을 벌이고 잘잘못을 따지면서 원수같이 여긴다.

부부라면 서로 이해하고 덮어 주고 사랑으로 대해야 하는데 그렇지 못하니 수명도 짧고 인생살이가 자연 고달프다고 한탄하게 된다.

옛 글에 「남수여화(男水女火)」는 꽃도 지고 더운 여름을 만난 화락봉서(花落逢暑) 격이 되어 불길하다.

남수여토(男水女土)

수토(水土)는 상극(相剋)이다. 흙(土)은 물(水)의 흐름을 막고 흡수하기 때문에 서로 궁합이 맞지 않는다. 이는 마치 만물이 서리를 만난 만물봉상(萬物逢霜) 격이 되어 이들 부부에게는 늘 재액이 따르고 한방에 같이 있어도 사랑을 모르며 항시 서로 다른 생각만 갖게 된다. 평소 사소한 일에도 자기의 욕구만 옳다고 주장하여 언제나 바람 잘 날이 없다.

그래서 집안에는 화기가 없고 자녀들도 제각기 뜻이 달라 부모에게 대항하고 친인척 간에도 우애가 없다. 살림은 자연 궁핍하게 되고 특히 남편에게 상고의 위험이 따르는 불행한 궁합이다.

남화여화(男火女火)

불(火)과 불(火)이 서로 만나 동거를 하면 불같은 성격이 아침저녁으로 싸움만 하여 좋은 일은 적고, 흉한 일만 따른다고 하여 용변위어(龍變爲魚) 즉, 용이 변하여 물고기가 된다는 격이다.

이들 부부는 자기의 주장만 고집하다가 재액을 자초한다. 재운도 불길하여 물려받은 자산도 자연 흩어지고 자녀운도 희소하여 자녀 두기가 극히 힘들다. 특히 불이 불을 부르니 항상 화재에 유념함이 좋으리라.

남화여금(男火女金)

화극금(火剋金)은 상극(相剋)이 되어 불길하다. 불 속에 금이 있으니 자연히 녹아 없어져 용실명주(龍失明珠) 즉, 용이 구슬을 잃은 격이라 부부간에도 서로 화합하지 못하여 항상 재앙이 끊이지 않고 좋은 것은 적고 흉한 일만 많으니 재물도 자연 모으기보다 사방으로 흩어지기만 한다.

자녀 손도 희귀하고 대인관계도 매우 복잡한 불길한 궁합이다.

남화여목(男火女木)

화목(火木) 상봉은 상생(相生)이 되어 잘 어울리는 한 쌍의 부부가 된다. 이는 새가 변하여 학이 된다는 조변성학(鳥變成鶴)의 격이라 만사가 대길하다.

이들 부부는 화락하게 인생의 기쁨을 누리고 자녀들도 현명하여 영귀하게 이름을 사방에 떨친다. 재물복도 풍성하여 부귀영화도 함께 갖추고 영광된 명성이 만인으로부터 우러러 존경하며 만사가 태평하니 하늘이 정한 천정배필이다.

남화여수(男火女水)

물과 불은 상극이 되어 서로 뜻이 맞지 않고 사랑이 결핍된 불행한 궁합이다.

옛글에 늙은이가 다리를 건너는 노각도교(老脚渡橋)의 격이라 하여 부부가 한방에 있어도 마음이 맞지 않아 사랑을 나누지 못하고 서로 다른 생각만 하게 되니 즐거움을 모르고 괴롭기만 하다.

비록 한때 재물이 모인다 해도 곧 사방으로 흩어지고 도산에까지 이르니 부부는 더욱 원수처럼 서로 대하게 된다.

남화여토(男火女土)

화토(火土)는 상생(相生)이다. 화토(火土)가 서로 만나 혼인을 하면 수복이 증진하여 행복한 궁합이 된다.

이는 사람이 변하여 신선이 된다는 인변성선(人變成仙) 격이 되어 부부는 화합하고 재물은 풍성하여 일생을 편안하게 수복을 누리고 자녀들도 현명하여 대성 발전하면서 크게 이름을 떨친다.

본시 부귀가 겸전하는 궁합이라 만사가 평화롭고 만인이 우러러 존경하는 좋은 궁합이다.

남토여토(男土女土)

양 토(土)는 상합(相合)한다. 두 사람 토성이 서로 만나 혼인을 하면 재복이 풍성하고 자손도 번성하는 좋은 궁합이 된다.

이는 아름다운 꽃이 가지마다 만발하는 개화만지(開花滿枝) 격이라 이들 부부는 마음이 화합하여 재물이 풍성하고 해마다 기쁜 일로 일생을 편안하게 행복을 누리고 자녀들도 현명하여 효도를 한다.

후덕한 인품에 찾아드는 문객도 많으며 만사 평화롭게 일생을 안과하리라.

남토여금(男土女金)

토생금(土生金)은 상생(相生)이라 토(土)와 금(金)이 서로 만나 동거를 하면 수복이 증진하고 자녀들이 높이 출세하는 좋은 배필이 된다.

이는 새가 변하여 매가 되는 조변성응(鳥變成鷹) 격이다.

이들 부부는 처음에는 비록 조촐한 가정을 이루어도 서로 사랑하고 마음이 화합하여 점차 부귀공명을 쉽게 이룩하고 언제나 즐겁고 기쁜 일만 이어진다.

번성한 자녀들도 현명하여 높이 출세하고 사방에 이름을 떨친다. 본시 부귀를 겸전한 궁합이 되어 일생을 평화롭게 안과하리라.

남토여목(男土女木)

토(土)와 목(木)은 목극토(木剋土)되어 상극(相剋)이다. 토(土)와 목(木)이 서로 만나 동거를 하면 각종 재화가 야기되어 어천만사 뜻과 같이 성취되는 것 없이 고액만 따른다고 본다.

이는 고목이 가을을 만난 형상 즉, 고목봉추(枯木逢秋) 격이 되어 부부는 처량하다. 서로 불목하여 구설이 빈번하고 평생을 사랑 없이 근심으로 보내다가 끝내는 이혼 또는 별거도 할 수 있다. 그래서 집안은 궁핍하고 일생에 고액만 따르니 하늘을 보고 가슴을 친들 무슨 소용이 있으랴.

남토여수(男土女水)

토수(土水)도 토극수(土剋水)되어 상극(相剋)이다. 토(土)와 수(水)가 서로 만나 혼인을 하면 뜻이 맞지 않아 한평생 괴롭고 쓸쓸하다.

이는 술 마시고 슬피 노래하는 형상 즉, 음주비가(飲酒悲歌) 격이 되어 부부는 사랑을 모르고 불목하기 때문에 관재와 구설이 끊이지 않고 비록 자녀들이 있다 해도 동·서로 각기 흩어져 부모를 찾지 않고 원망만 한다. 물려받은 자산도 맥없이 흩어져 슬프고 괴로워 외로이 술만 마시면서 인생을 한탄하다.

남토여화(男土女火)

토화(土火)는 화생토(火生土) 격이 되어 상생(相生)이다. 토(土)와 화(火)가 서로 만나 혼인을 하면 제일 영화롭고 수복이 증진된다.

이는 물고기가 변하여 용이 되는 형상 즉, 어변성룡(魚變成龍) 격이 되어 부부는 더할 수 없이 잘 맞는 금실이 된다.

언제나 뜻이 화합하여 조화를 이루고 부귀공명 성취하여 평화롭게 행복을 구가하고 자녀들도 현명하여 효도한다.

세세연년 경사스러운 일이 생겨나고 소식마다 즐거움이 이어져 제일가는 궁합이 아닐 수 없다.

4. 오행상극(五行相剋) 중 상생법(相生法)

납음오행(納音五行) 상극(相剋) 중에서도 관성제화(官星制化)의 통변(通變)에 의해서 상생지명(相生之命)이 있는데 이는 다음과 같다.

● 갑오(甲午) · 을미(乙未) 사중금(沙中金)과 임신(壬申) · 계유(癸酉) 검봉금(劍鋒金)은 봉화희성형(逢火熹成形)이라 「화(火)」를 만나야 기쁘게 형체를 이룩한다고 한다.

● 무자(戊子) · 기축(己丑) 벽력화(霹靂火)와 병신(丙申) · 정유

(丁酉) 산하화(山下火)는 득수복록영(得水福祿榮) 격이 되어 「물(水)」을 만나야 복록과 영화를 얻는다고 한다.

● 무술(戊戌)·기해(己亥) 평지목(平地木)은 무금불취영(無金不就榮) 격이 되어 「금(金)」이 아니면 영화를 이룰 수 없다고 한다.

● 병진(丙辰)·정사(丁巳) 사중토(沙中土)와 무신(戊申)·기유(己酉) 대역토(大驛土)는 비목오평생(非木誤平生)이라 하여 「목(木)」이 아니면 평생을 그르치게 된다고 이른다.

● 병오(丙午)·정미(丁未) 천하수(天河水)와 임술(壬戌)·계해(癸亥) 대해수(大海水)는 우토자연형(遇土自然亨)이라 「토(土)」를 만나야 자연히 형통한다고 한다.

5. 남녀 원진구기살(怨嗔拘忌殺)

예부터 우리 혼인 풍속에서는 「원진살(怨嗔殺)」을 꺼리고 있다. 원진은 곧 성상(星相)의 흉살을 뜻하며 이는 다음과 같이 출생 연지(年支)로 맞추어 본다.

이 「원진살」에 해당되는 남녀가 혼인을 하면 평생 서로 미워하고 불화하여 종내에는 이혼을 하거나 별거 또는 사별에까지 이른다고 한다.

● 쥐띠(子)와 양띠(未)

서기양두각(鼠忌羊頭角)이라 하여 쥐(子)는 **양(羊)** 머리에 있는 뿔을 꺼린다.

● 소띠(丑)와 말띠(午)

우진마불경(牛嗔馬不耕) 즉, 소(丑)는 말(午)이 밭 갈지 않는 것을 노여워한다.

● 범띠(寅)와 닭띠(酉)

호혐계취단(虎嫌鷄嘴短)이라 하여 호랑이(寅)는 닭(酉)의 입부리가 짧은 것을 미워한다.

● 토끼띠(卯)와 원숭이띠(申)

토한후불평(兔恨猴不平) 즉, 토끼(卯)는 원숭이(申) 같지 않음을 한스러워한다고 한다.

● 용띠(辰)와 돼지띠(亥)

용증저면흑(龍憎猪面黑)이라 하여 용은 돼지의 낯이 검은 것을 미워한다.

● 뱀띠(巳)와 개띠(戌)

사경견원성(蛇驚犬怨聲)이라 하여 뱀(巳)은 개(戌)가 짖는 소리에 놀라고 원망한다.

6. 고과살(孤寡殺)

연지(年支)	고과살(孤寡殺)
해(亥) · 자(子) · 축(丑)생	인고(寅孤) · 술과(戌寡)
인(寅) · 묘(卯) · 진(辰)생	사고(巳孤) · 축과(丑寡)
사(巳) · 오(午) · 미(未)생	신고(申孤) · 진과(辰寡)
신(申) · 유(酉) · 술(戌)생	해고(亥孤) · 미과(未寡)

「고과살」도 출생 연지(年支) 띠로 보는데 이 살에 해당되면 생사 이별수가 따른다고 한다. 예를 뜰면 해(亥) · 자(子) · 축(丑)년생이 인(寅) 범띠와 만나면 홀아비(孤)가 되고 술(戌) 개띠를 만나면 과부가 된다고는 하나 너무 과신할 것은 못 된다.

7. 혼삼재(婚三災)와 불혼법(不婚法)

출생 연지(年支)	꺼리는 연지(年支)
인(寅) · 오(午) · 술(戌)생	자(子) · 축(丑) · 인(寅)생
해(亥) · 묘(卯) · 미(未)생	유(酉) · 술(戌) · 해(亥)생
사(巳) · 유(酉) · 축(丑)생	묘(卯) · 진(辰) · 사(巳)생
신(申) · 자(子) · 진(辰)생	오(午) · 미(未) · 신(申)생

「혼삼재」는 서로 상극(相剋)이 되는 띠와 띠가 만나게 되면 혼삼

재에 해당되는데 해당 부부는 살림이 줄어들거나 병고(病苦) 또는
생사·이별 등 재액이 따른다고는 하나 이도 과신할 것은 못 된다
고 본다.

유명인의 이름풀이

이명박 대통령 李明博

　이명박 대통령의 이름을 음양오행으로 풀어보면 土, 水, 水이다. 土와 水는 음양오행상 상극이다. 흙(제방)이 물의 앞길을 막는 형국이다. 그래서 음양오행에서는 토와 수를 서로 부딪치는 기운이라고 한다. 따라서 이 대통령은 그 이름이 원래 그리 좋은 이름은 아니다. 음양오행상 상극으로 구성된 이름은 그 구성이 좋지 못하다는 게 일반적인 성명학의 이론이다. 그러나 영웅의 이름은 그런 성명학 이론을 뛰어넘는다. 좋지 않은 구성을 통해 뛰어난 인물이 만들어 지는게 우주자연의 이치이다.

　이 대통령의 이름의 음양오행을 가만히 살펴보면 앞의 제방이 물을 막는 형국이어서 인생에 굴곡이 많은 그런 형상이다. 그런데 이 대통령의 경우 특이한 것은 물이 두 개다(水, 水). 따라서 이 대통령은 물이지만 큰물이다. 그래서 앞의 제방을 뚫고 지나가는 큰물이다. 이름으로 볼 때 이 대통령은 방해물이 있으면 그것을 우회하지 않고 그대로 돌파해 나가는 불도저 같은 성품이라고 할 수 있다. 이 대통령이 불도저라는 별명을 갖게 된 것은 이처럼 그 이름에 원인이 있다.

이처럼 이 대통령은 그 이름으로 볼 때 앞의 방해물을 과감하게 제거하고 나가는 불도저 같은 성품을 지녔지만 그러나 이름이 가지고 있는 상극의 기운은 그대로 작용을 한다. 그래서 인생이 편안하지만은 않고 언제나 굴곡이 있다. 고난이 있는 삶을 살지만 그것을 돌파해 성공하는 인생, 그것이 이 대통령의 이름기운에 숨어 있는 비밀이다.

앞에서 이 대통령의 이름의 음양오행이 土, 水, 水의 형상이라고 했다. 이름에서 음양오행은 주변과의 관계를 나타내기도 한다. 이 경우 성명학에서 보통 자신의 위치는 이름의 가운데에 위치한다. 그래서 이명박 대통령이 대통령이 되기 전에는 물의 위치여서 앞의 제방을 뚫고 나가는 불도저 같은 기상을 갖게 된다. 그런데 대통령이나 재벌 회장 등 지존의 위치에 가면 본인의 위치가 성의 위치로 이동하게 된다. 따라서 이 대통령의 경우 지금은 대통령이 되었기 때문에 성의 위치인 土의 위치가 본인의 위치이다. 이제 이 대통령은 제방의 입장에서 밑의 물의 공격을 받는 그러한 형국이 됐다. 그것도 큰물의 공격을 받는 형상이 지금 이 대통령이 처한 입장이다. 이 대통령은 대통령이 되기 전에는 앞의 방해물을 공격하는 그러한 형상에서 대통령이 되고 난 후에는 앞의 물의 공격을 받는 형상으로 그 모양이 변한다. 그래서 이 대통령은 대통령이 되고 난 후 주변의 공격을 자주 받게 되는 것이다. 그런데 이 대통령은 큰물의 공격을 받기 때문에 쉽게 제방이 무너지게 된다.

이 대통령은 이름으로 볼 때 공격을 한번 받게 되면 아주 큰 공격을 받게 되고 그 공격에 쉽게 무너지는 그러한 형국이다. 그래서 대통령이 되고 난 후 촛불집회 같은 공격을 받게 된 것이다. 이 대통령의 입장에서는 촛불집회는 억울한 점이 많을 것이다. 사실 본인의 실수라고 해야 별반 큰 것이 아니다. 그런데 그런 실수에 비해서 받은 비판은 엄청나다고 할 수 있다. 이렇게 대통령이 되고 난 후 작은 실수에도 엄청난 저항을 받게 되는 것이 바로 이 대통령의 이름이 가지고 있는 기운 때문이다.

그래서 앞으로도 이 대통령은 작은 실수나 오류에도 주변의 엄청난 저항을 받을 수 있다. 그것은 이름이 가지고 있는 주변과의 상극 기운, 갈등기운에 연유하는 것이고 특히나 그 저항이 큰물을 이루어 이 대통령을 공격하는 것이 이 대통령이 가지고 있는 이름이 가지고 있는 비밀이다.

따라서 이 대통령은 앞으로 남은 임기 동안 야당, 여당 내, 언론 등 주변과의 소통, 국민과의 소통에 특히 주의해야 한다. 그렇지 않으면 아주 작은 일도 큰물이 되어 자신을 무너뜨리려 몰려들 것이다. 이와 함께 이 대통령은 자신은 주변과 상극의 기운이 들어와 있기 때문에 본인이 직접 나서기보다는 중간에 다른 사람을 넣어서 일을 하는 것이 더 효과적이다. 본인이 직접 하게 되면 본인은 잘하려고 하는 것이 꼭 갈등을 일으키는 일을 하게 되는 그러한 기운이 생긴다.

그래서 참모 중에 주변과 상생의 기운을 가진 사람을 시켜서 정책을 추진하는 것이 국민을 설득하고 야당을 설득시키는 게 훨씬 더 효과적일 것이다. 또한 이 대통령은 다른 사람보다 참모를 고를 때 주변과 상생의 기운을 가진 사람들을 써야 한다. 예를 들어 오세훈 서울시장, 정몽준 의원의 경우 자신의 이름에 주변과 상생의 기운이 들어와 있다. 오 시장과 정몽준 의원은 따라서 참모가 상생의 기운을 가진 사람이 아니라도 큰 문제가 되지 않는다. 그러나 이 대통령은 다르다. 이 대통령은 자신이 상극의 기운을 가진 사람이기 때문에 주변 참모까지 그런 인물이면 일이 다 틀어진다. 그래서 이 대통령은 참모를 쓸 때 특히나 상생의 기운을 가진 사람을 써야 한다.

현재 청와대 참모로는 박재완 정책기획수석이 그런 형태를 가진 이름을 가지고 있다. 박재완 수석은 그 이름에 지혜와 총명의 운이 있다. 또 주변과도 상생의 기운을 가지고 있다. 필자가 만나보지 못해 모르긴 해도 박재완 수석은 주변과의 관계가 좋을 것이다. 박 수석은 윗사람을 잘 보필하고 아랫사람들이 잘 따르고 그 자신의 이름에 지혜와 총명의 기운이 있다. 따라서 박 수석은 국민들에게 이익이 되는 일을 할 사람이다. 그래서 박 수석을 쓰면 이 대통령이 많은 도움을 받는다. 이동관 대변인도 그렇다. 이동관 대변인도 아랫사람들이 잘 따르고 윗사람을 잘 보필하는 그러한 이름의 형상을 가지고 있다. 이런 사람들을 쓰면 이 대통령이 직접 나서는 것보다 주변과의 관계를 상생으로 이끌 수 있다.

내각의 장관으로는 유인촌 장관이 주변과 상생의 관계이다. 유인촌 장관은 그 이름에 덕망운이 많아 사람들이 많이 따른다. 이유 없이 그 사람을 좋아하는 것이 이름에 있는 덕망의 기운 때문에 그렇다. 유인촌 장관이 그런 사람이다. 그래서 유인촌 장관도 이 대통령에게는 도움이 되는 사람이다.

이 대통령의 이름에는 음양오행으로는 土, 水, 水이지만 주역으로 보면 한글이름의 마지막에 화수미제의 괘가 들었다. 또 한자이름에는 산화비괘가 들었다. 산화비괘는 금옥대를 찬다는 의미를 가지고 있고 화수미제의 괘는 대경영주의 의미를 갖는 괘이다.

즉 이 대통령은 말년에 금옥대를 찬 대경영주라는 의미가 된다. 대통령의 기운인 것이다. 지금과 같은 전 세계적인 경제위기의 시기에 이 대통령처럼 대경영주의 기운을 가진 사람이 대통령의 자리에 있는 것은 국민으로서는 다행스러운 일이다. 이 대경영주의 기운이 잘 발휘되려면 이 대통령은 자신이 가지고 있는 주변과의 상극의 기운을 어떻게 잘 다스려 나가느냐가 관건이다.

박근혜 朴槿惠(정치인)

(1) 6   15   12

음령의 순열: 0 8 8 6 4, 0 8 8 6 4, 4 2 2 0 8 전체적으로
좋음.

몇 달 전 김두관 경남 도지사의 이름풀이 글을 올린 적이 있는데
이번에는 박근혜 한나라당 의원의 이름을 감정해 본다. 음령의 순
열조합은 좋다. 8이 가장 좋아하는 것은 0과 6이다. 8이 6을 만나
부와 귀를 동시에 누릴 수 있는 바탕이 마련되었다. 게다가 앞에선
0을 만났으니 사회적 성공과 명성을 얻기에 유리한 구조이다. 6과
4의 조합은 자기주장이 강해지고 생활력이 강해진다는 측면이 있
어 좋다. 2와 0의 역시 최상의 조합이고 끝부분 0 8도 훌륭하다. 그
러나 4 2 2 0은 마땅치 않은데, 4를 만난 2는 겁재인데 이것이 중복
되니 가정운, 부부운에 신경을 쓰는 것이 좋다.

朴　槿　惠

辛
卯 子 卯 寅 巳 丑 子: 년살, 卯: 장성살, 寅: 망신살, 巳: 역마살
木 水 木 木 火 土 丑: 월살 * 寅: 천을귀인 * 木火土金水 오행 구비
金 巳丑: 금국(金局) 비견 寅巳: 역마, 형살(刑殺)

　　끝부분 巳丑 金局이 돋보이는 이름이다. 辛金이 이 巳丑 금국 뿌
리를 얻지 못했다면 불미했을 것이다. 전체적으로는 신약한 이름인
데 寅 천을귀인의 도움으로 卯 장성살의 명예 권위가 살아났다.

　　후반부 寅巳 형살은 寅 망신살, 巳 역마살과 조합되니 중년 후반
부에 원거리 여행 중 몸을 상할 수 있다는 암시가 된다. 몇 년 전 당
한 얼굴의 부상은 이것에 대한 액땜이라고 본다. 다행히 寅이 천을
귀인도 되어 생명에는 아무 지장이 없었다. 끝부분 巳丑 金局은 박
근혜 씨의 말년이 빛날 것임을 암시하고 있는데 초·중년까지 먼
거리에 있던 辛金의 뿌리가 바로 밑으로 오는 격이 되기 때문이다.

　　대통령 선거연도인 壬辰年은 젖은 흙 辰土가 辛金의 뿌리가 되니
한층 유리하다고 할 수 있다. 이름상 寅卯辰 木局도 되지만 寅卯가
앞부분에 몰려 있어 현재 박근혜 씨 연령대에는 작용키 힘들다.

　　대통령 선거 월은 子月(음 11월)도 좋고 丑月(음 12월)도 좋다. 子
月은 子丑合 土로 辛金을 생하니 좋고 丑月은 편인(어머니)의 土라
좋다.

　　이제 측자파자를 해보자. 나는 눈에 보이는 대로 하는 물상측자

파자를 한다. 고서의 원리원칙에 집착하면 실전에서 틀릴 수 있기
때문이다.

朴 槿 惠
木, 卜 木, 世의 안 부분, 口, 中, 主, . = 一, 王 十, 田, 車, /, ., 心

박(朴) 집안에 태어나 박씨(木)의 대(世)를 이어(十十) 국가(口)의
중심(中) 인물(主)이 되니 사방(十)으로 바쁘게(田 = 日, 日) 오가며
(車) 국가(口)를 위해 일관되게(一) 마음(心) 쓰는 사람.

  * 惠의 心을 제외한 부분은 높은 분들이 타고 다니는 가마의 형
상이다.

  * 惠는 열(心)을 내며 올라가는 비행기 모양도 된다.(끝자라 말년
에 해외여행이 더 많을 수 있다)

반기문 潘基文(유엔사무총장)

　유엔 사무총장은 세계 각국에서 대통령에 준하는 예우를 받는다. IOC 위원 역시 상당한 예우를 받지만 유엔 사무총장에 비할 바는 못 된다.　이렇듯 대단한 명예를 누리는 반기문 씨는 어떤 구조의 이름을 가지고 있을까?

潘	基	文
16	11	4

27　14　이격: 20획(공망수　16 + 4)
형격　원격

　* 潘: 성명학상 물수변은 실제 부수가 水이므로 1획 더해진 16획으로 계산함.

　획수에 있어서 형격 27획이 보인다. 일반 작명이론에서 27획은 대흉한 수리인데, 여기서 또 획수의 허구성이 드러나게 된다. 공망수는 이격에서는 상대적으로 작용이 적다고 예전에 몇 번 언급한 적이 있다. 나는 원형이정에서 이격 작용이 과연 있는지도 심히 의심스럽다. 과거 지인들에게 누차 말했지만, 한 칸 떨어져 있는 수리의 합은 상식적으로도 힘이 미약하다고 생각하기 때문이다. 어쨌든 획수만 보면 대흉한 이름이 되었다.(27획, 20획) 이제라도 획수가 안 좋으면 무조건 흉하다고 우기는 작명가들은 생각을 달리했으면 한다. 나는 이름에서 획수의 비중을 5% 이하로 본다.

반 기 문

음령의 순열: 4 0 9 4 0, 9 5 8 0 6

재물에 뜻을 두면 안 되는 전형적 이름이다. 4 0 은 유리하지 않고 0 9 는 길한데 학업을 의미하기 때문이다. 다행히 제2음령이 우수하니 명예(8)에 뜻을 두는 직장생활을 하면 좋다.

신살

潘 基 文

甲
申 子 午 寅 子 午 申子合水 二重, 寅午合火, 子: 장성살, 寅: 역마살
  * 子午沖 二重(申子合, 寅午合으로 인해 그 기세가 약하다.)

반기문 씨의 이름은 신살에서 그 빛을 발한다. 子午沖이 二重이라 얼핏 보면 수화상쟁(水火相爭)으로 건강이 안좋게 보이나 申子合水 二重, 寅午合火로 子午沖 작용이 대부분 상쇄되었다. 申子合水는 인성(印性)으로 寅木과 함께 甲木의 뿌리가 되고 寅午合火는 능력을 발휘(설기)하는 모양세이니 오묘하고 좋은 조합이다. 그럼에도 子午沖 二重의 영향은 남아 있는지라 왠지 약해 보이고 마른 모습은 바로 여기에 기인한다고 본다.

신살에서 장성살과 역마살이 동주하면 좋게 해석하는데, 무역업으로 대성한 사람들 중에는 장성살과 역마살이 중중하며 財가 왕한 경우가 많다. 반기문씨의 경우 음령이나 신살법에서 財가 크게 왕하진 않는데 장성살(子)과 역마살(寅)이 동주하여 오랫동안 외무부 생활을 한 것으로 보인다.(제2음령 중 8 0 6 은 금전적으로 유리하다)

1. 역마살 + 장성살 + 재왕(財旺)   2. 역마살 + 지살 + 장성살 + 재왕(財旺)

자식을 해외에서 성공하게 하고 싶거나 무역업 등에서 성공하기를 바라는 분이 있다면, 위 두 가지 조합을 기억하기 바란다.

이제 측자파자를 해보자.

基字는 언덕(土)에 놓인 계단(目)을 올라가면 하늘과 맞닿은 정상이 보이는 형상이다. 이름조건이 좋으면 "계단(目)을 밟아 올라가듯

차근차근 승진하여 최고위층(其)에 오른다"는 의미가 된다. 반면, 이름조건이 나쁘면 基字는 농사에서 쓰는 키 모양(其)이니 "땅(土)에서 키(其) 작업하다 눈(目)에 흙먼지가 들어가 앞을 보기 어렵고 눈만 간지럽고 아프다" 라는 의미가 된다. 이 경우 사업과는 상극이 된다. 文자는 이름조건이 좋으면 사귈 교 交字로 측자하여 "대인관계가 매우 원만하다" 로 해석하거나 한자 그대로 "학문을(學文)을 숭상한다", "공부에 뜻을 둔다" 등으로 해석한다. 반면, 이름 조건이 나쁘면 文字에는 凶자의 X 가 있으니 "만나는 인연(交)마다 흉(X, 凶)하다" 로 해석하면 된다.

반기문씨의 경우 다음과 같이 측자파자 된다.

"潘氏 가문에 태어나 학업(文)에 뜻을 두었고 사교성(交)이 좋고 대인 관계에 능하니, 차근 차근 계단을 오르듯(目), 승진(基)을 거듭하여 최고위츰(其)에 오른다."

이건희 李健喜(삼성그룹회장)

土木土
10 7 9 13

산택손 산천대축 산천대축

이건희 삼성그룹 회장의 한글이름을 보면 인생 전체운이 총명지모(聰明智謀)이다.

총명지모는 총명하고 지혜로운 데다 판단력이 명석하고 능숙하여 어떤 고난도 임기응변으로 잘 개척해 나가며 천하 대세를 재빨리 간파하고 행동하니 대성할 운이다.

어느 방면으로 나가도 크게 이름을 떨치며 부귀영화를 누리고 권세와 재력을 함께 가질 수 있어 천하를 호령하는 대길 운이다. 빈손과 선견지명만으로도 능히 대업을 이루고 3군(軍)의 참모도 잘 해낼 지모를 갖추고 있다.

하지만 이 회장의 인생도 굴곡은 분명히 있다.

초년에 만사허망이 있어 쉽지 않은 유년기를 보냈을 것이다. 막내아들로 태어나 위에 있는 형들을 다 제치고 그룹의 총수가 되기까지 보이지 않는 권력 쟁탈전이 있었음을 알 수 있다.

그리고 음양오행이 좌우상극으로 주위사람들에게 결코 좋은 소리를 못 들을 사람이다.

상극 중에서도 내가 남을 쳐서 이득을 얻는 형국이라 더더욱 적을 많이 만들며 가깝게는 자식과의 관계에서도 부딪히게 된다.

자기가 가장 아꼈던 막내딸이 자살을 했다. 남자친구를 인정해주지 않고 끝까지 반대를 하자, 이런 극단적인 방법으로 생을 마감했는데 끝내 딸의 장례식에 참석하지 않았다고 한다.

이건희 회장의 내면의 세계를 알 수 있는 주역괘를 뽑으면 山澤損 (산택손) 山天大畜(산천대축) 山天大畜 괘이다.

이 회장은 초년에는 산택손괘이다.

원래 산택손괘는 위가 이익을 보고 아래가 손해를 본다는 의미에서 손괘라고도 하며 뒤에 이익을 얻겠으나 처음에는 손실, 감퇴 등을 당하게 된다. 길로 치면 비포장도로를 달려 아스팔트에 이르는 그러한 운이며 큰 사람의 경우 대업을 준비하는 과정으로 보아도 무방하다. 따라서 이건희 회장은 인생의 전반부에는 마음고생을 하면서 대업에 대비하는 그러한 운이다.

삼성 그룹 창업자의 아들로 태어나 아무 고생 없이 어린 시절을 보낸 것 같지만 이름에 숨어 있는 주역괘로 볼 때 총수 자리를 물려받을 때까지 마음고생이 심하다는 해석이 가능하다.

이건희 회장의 인생후반부터는 산천대축(山天大畜) 괘가 두 개나

들어 있다. 산천대축(山天大畜)괘는 말 그대로 크게 축적한다는 뜻
이다.

하늘이 거듭된 괘로 크고 높이 쌓고 기른다는 의미를 지니고 있
어서 대축(大畜)괘라고 한다. 이건희 회장은 결국 초년고생을 이겨
내고 인생후반부로 갈수록 엄청난 부를 축적할 수 있는 운을 가진
것이다.

또 산천대축(山天大畜)괘는 인재를 양성하고 미래를 준비한다는
의미도 가지고 있어 삼성의 미래를 위해 많은 글로벌 인재를 길러
낼 것으로 보인다.

정몽구 鄭夢九(현대그룹회장)

수리: 10 14 10 17   23 33 28 42
주역: 수택절 수택절 수풍정   천산둔 천뢰무망 천수송
음양오행: 金 水 木

　한글수리를 보면 초년에 만사허망운이 겹쳐 어려움을 겪지만 오히려 복이 된다. 인생 전체 운이 23으로 일흥중천지상이다. 하늘 중간에 해가 높이 떠 있으니 크게 빛나고 성공한다. 또 16, 덕망운이 두 개나 들었다. 정 회장은 참으로 좋은 사람이다. 초년 고생을 지나면 말년까지 운이 좋다. 주역 괘는 수지비괘가 두 개나 들어 초년에 어려움을 겪는다. 그러나 말년과 인생 전체 운이 수풍정괘로 재물은 마르지 않는 샘물과 같다. 재물운은 있으나 개인적으로는 어려움을 겪는 운이다. 이름에서 한자는 내면을 나타낸다.

　한자수리로 초년에 영도운(23)이 있으니 사람들을 잘 이끌며 먹

여 살린다. 33의 권위충천운이 있어 남들이 쉽게 볼 수 있는 상대가 아니다. 그러나 말년에 28로 파란풍파운이 들었다. 여러 가지 어려운 일을 겪는데 또 노년에 42수가 들어서 수난을 겪는 운이다. 말년에 송사를 당한 것이 이 운 때문으로 보인다. 지금부터라도 말년의 운을 보완하는 노력이 꼭 필요하다. 한자수리를 보면 천산둔 괘이니 숨으라는 뜻이 들어 있다. 높은 자리에 오르더라도 항상 대비책을 만들어야 한다. 인생 후반에 오면 천뢰무망괘가 들어와 마음껏 뜻을 펼칠 기회가 온다. 그러나 결론 운으로 천수송괘가 들었으니 소송 등 정신 사나운 일이 많이 생긴다. 반드시 자기를 방어하고 챙겨줄 사람과 기운이 필요하다.

한문이름의 운이 한글에 비해 약하다. 한글 운은 밖으로 보이는 운이고 한자는 내면의 운이라고 했다. 정몽구 회장의 운세는 밖으로 보이는 성공과 화려함에 비해 마음속으로는 고생이 많다. 다른 사람들은 정 회장의 마음고생을 모른다. 정몽구 회장의 운세는 겉과 속이 다른 기운이므로 내면의 기운을 보완해야 한다. 필히 유념할 일이다.

음양오행은 金, 水, 木이다. 주변과의 관계는 상하가 다 상생으로 이루어져 있다. 특히 아랫사람을 잘 돌보고 키워주는 형상이다. 주변과 화합하니 인망이 있다. 자신의 기운이 金의 기운이므로 土와 水의 기운이 자신과 상생이다. 이런 사람들과는 일이 잘 풀린다. 그러나 火와 木의 기운은 자신과 상극이므로 이런 사람들과는 뜻하지 않는 시비에 휘말릴 수 있다. 특히 火는 나를 해치는 기운으로 조심해야 한다. 火의 기운을 가진 사람들은 성의 초성에 'ㄴ', 'ㄷ', 'ㄹ', 'ㅌ'의 자음이 들어간 사람들이다. 예를 들어 '나'씨 '동'씨 '류'씨 '탁'씨 등이 화의 기운을 가진 성이다.

최태원 崔泰源(SK그룹회장)

최태원 회장은 마음속으로 고생이 많은 사람이다. 한마디로 겉과 속의 기운이 다르니 겉은 화려하고 잘 되어가는 것 같으나 속은 고통이 많다. 이것은 사업으로 인한 어려움이라기보다는 본인의 내면에 있는 마음의 문제로 풀이된다. 특히 말년에 어려움과 고통을 겪을 운이다. 내면의 기운을 보강할 방법을 찾는다면 이를 잘 극복할 수 있다.

한글수리의 초년과 중년에 지혜의 운이 들었으니 굉장히 똑똑한 사람이다. 앞을 내다보는 안목이 뛰어나 사업이 크게 번창하니 기쁨을 누린다. 그러나 중년 이후에 14의 이산 파멸운이 있어 실패의 기운이 있고, 인생 전체로도 20의 실패운이 작용한다. 이 실패의 운을 보완해서 성공적으로 그룹을 이끌어 후손에게 물려주려면 부인의 운을 한번 살펴보는 것도 좋겠다.

한글주역은 인생 전반에 손위풍괘가 들었으니 하나를 투자하면 세 곱을 얻는 운이다. 면모를 일신해 나가면 기쁨이 생긴다.

한문수리의 초년에 23이 들었으니 부모의 유산을 많이 받아 시작부터 유리한 출발을 한다. 곧이어 실패의 운인 20이 들어와 감옥을 가는 등 한번 실패를 겪게 되지만, 중년 이후에 25의 지모격이 있으니 잘 이겨낸다. 그러나 말년에 34로 평지풍파의 운이 들었으니 또다시 어려움을 겪을 수 있다.

한문주역을 보면 인생 전반에 뇌산소과괘가 들었으니 무슨 일이든지 조금은 지나칠 수가 있다. 주변의 의견을 듣고 자기주장을 조절할 필요가 있다. 인생 후반은 뇌천대장으로 사업체를 물려받아 크게 성장시킬 수 있다. 인생 전반의 운은 진위뢰로 외형에 비해서 그 내실이 부족하다는 운이다.

최태원   崔 泰 源

7 6 7   11 10 14

수리 13 13 14 20   23 20 25 34

주역손위풍 풍수환 풍택중부   뇌산소과 뇌천대장 진의뢰

음양오행 金火土

▲ 최태원 이름풀이

음양오행을 보면 金, 火, 土로 아랫사람을 잘 거느린다. 아랫사람이나 주변에는 잘해주는 성품이지만 윗사람과는 잘 지내지 못하니 이를 잘 다스려야 한다.

최태원 회장의 이름에 설계되어 있는 우주자연의 비밀코드는 외적인 화려함에도 불구하고 내면적으로 끊임없이 어려움이 닥쳐오는 운이다. 이 운세는 한글보다도 한자이름에서 더 많이 연유하니 한글에 비해 한자이름이 나쁘다는 뜻이다. 김대중 대통령이 한글이름은 그대로 두고 한자이름을 바꾸어 대통령이 되었듯이, 최 회장도 이를 한번 고려해 봄 직하다. 아니면 최 회장의 내면 기운을 보강할 수 있는 호를 지녀보는 것도 한 방법이다.

손석희 孫石熙(방송인)

孫 자손, 겸손하다 달아나다
石 돌, 돌악기, 굳다, 돌바늘, 돌비석, 섬(10말, 용량 단위), 저울
熙 빛나다, 넓다, 넓어지다, 화락하다, 복(禧), 기뻐하다

음력 1956년 06월 20일 15시 31분 출생 남자

```
年 月 日 時
丙 乙 乙 癸
申 未 未 未
```

4 14 24 34 44 54 64 [대운]

```
丙 丁 戊 己 庚 辛 壬
申 酉 戌 亥 子 丑 寅
```

사주격국의 주인인 일주(日柱)의 천간(天干) [乙木]이 음력 6월
(未)에 태어나 [여름] 기운이 느껴지는 [선진국]을 다스리는 [화초

(木)]왕에 해당한다.

대운은 [신유술(申酉戌) 서방(西方) 가을 기운], [해자축(亥子丑) 북방(北方) 겨울 기운]으로 흐르고 있다.

[천을귀인(天乙貴人)] 길신(吉神) 중에서 최고(最高)의 길신이다. 어렵거나 위태로울 때는 언제나 귀인이 나타나 도와주니 만사형통 이다.

성명
孫 水
石 金
熙 火

대길(大吉)
본인의 사주가 우주와 조화롭게 운행하기 위해서는 절대 부족한 [金] 오행이 가장 필요하다. 그런데 이름에 [金] 자원오행의 이름이 있으니 매우 좋은 이름이다.

자원오행 수금화 길(吉)
중길평탄격(中吉平坦格): 총명한 성품으로 비교적 평탄한 삶을 살아가며 초년에 비해 중년 이후 자수성가할 가능성이 많다. 가정 생활은 화목한 편이다.

발음오행 금금토 대길(大吉)

부귀공명격(富貴功名格): 두뇌가 명석하고 판단력이 탁월할 뿐 아니라 매우 성실하여 신임을 얻고 순조로운 발전을 한다. 뜻하는 분야에서 사회적인 명예와 재물을 얻고 가정의 화목과 무병장수의 안정적 삶을 누릴 수 있다.

삼원오행 수토금 길(吉)

고진감래격(苦盡甘來格): 소극적이어서 결정적인 기회를 놓치는 경우도 있지만 재능이 뛰어나고 세심하여 커다란 실수 없이 점진적으로 성공의 기반을 다져가며 중년 이후에 편안하고 안정된 삶을 살게 된다.

원격 (초년운): 18 획 = 향상격(向上格), 발전운(發展運) 길(吉)

진취적 기상과 강인한 의지력으로 뜻한 바를 반드시 이루어냄으로써 만인의 존경과 사회적 성공을 얻는다. 입신양명으로 명예가 온 누리에 떨치게 된다.

형격 (청년운): 15 획 = 통솔격(統率格), 흥륭운(興隆運) 대길(大吉)

온화한 성품으로 지덕을 겸비하여 다정다감하므로 주위의 신망이 하늘에 이르러 지도자로서 사회적 성공을 이루게 되고 가정의 화목까지 이루니 더없이 좋은 운이다.

이격 (장년운): 23 획 = 수령격(首領格), 융창운(隆昌運) 대길(大吉)

공수래 만수거. 빈손으로 왔다가 부귀를 양손 가득히 가지게 되는 대길운이다. 두뇌도 명석할 뿐만 아니라 넓은 도량으로 덕까지 베풀어 만인의 존경을 받고 이름을 날리게 된다.

정격 (말년 인생총운): 28 획 = 변란격(變亂格), 적막운(寂寞運) 흉(凶)

재능이 뛰어나고 활동도 왕성하여 빠른 발전을 이루지만 뜻하지 않은 불운이 자주 발생하여 기복이 심한 삶을 살게 된다. 마음을 평안히 하도록 노력하면 발전을 지속할 수 있다.

12운성(浴(惑) 帶(譽)) 길(吉)

적극적으로 추진하면 흉하니 이로울 바가 없다. 부부 사이에는 불화의 기미가 있으니 가정화목에 어느 때보다 신경을 써야 한다.

구사(九四)는 귀매건기(歸妹愆期)면 지귀(遲歸)니 유시(有時)니라. 여동생이나 자녀를 시집보낼 때, 시기가 맞지 않다거나 궁합이 맞지 않다면서 지나치게 따지면 혼기를 놓쳐 나중에 곤란을 겪을 수 있은 것처럼 뜻을 세우고 일을 추진함에 있어서 지나치게 소극적이거나 물러서서 관망하기만 하면 불리할 수 있다. 나서야 할 때는 과감히, 그리고 찾아오는 기회를 확실히 잡아두는 것이 좋으리라.

뇌택귀매(雷澤歸妹)

중(中)

길(吉)

이름이 가로나 세로로 분리되거나 쪼개지지(破字) 않으므로 길한 이름이다.

길(吉)

石: 천한 사람들이 많이 쓰며 평생 고생만 하여 우두머리가 되기는 어려운 중도좌절의 흉 암시가 있다. 정말로 내성적인 성격으로 여자는 과묵한 편이나 어렸을 적부터 고생이 많고 인연도 자꾸자꾸 바뀐다.

불용(不用)문자에 해당하는 이름이다. 그러나 사주가 최상격 일품에 해당하므로 글자의 기운을 운용할 수 있으므로 오히려 더욱 귀하게 사용할 수 있는 이름이다.

입신양명격(立身揚名格) = 지혜가 총명하고 마음이 인자하여 천재나 수재로 우수한 성과를 보이며 입신출세하여 온 세상에 이름을 날리게 되고 명예와 부가 따르게 된다. 부부운과 자손운이 모두 길하다.

부록2(p267)

1. 육 갑 법(六甲法)

육갑법이란 천간(天干)은 무엇이고 지지(地支)는 무엇이며 육십갑자는 무엇을 말하고, 또는 천간과 지지는 서로 만나면 어떤 작용(作用)을 하는가 등에 대한 술학(術學)의 기본적 상식이다.

① 천간(天干)과 지지(地支)

천간은 그냥 간(干)이라고도 하고 지지(地支)를 그냥 지(支)라고도 하며 천간과 지지를 합칭간지(干支)라 한다. 그리고 천간은 열개로 되어 있다하여 십간(十干)이라고도 하고, 지지는 열두개가 있다해서 십이지(十二支)라고도 한다.

천간의 명칭과 순서는 아래와 같다.

天干＝甲・乙・丙・丁・戊・己・庚・辛・壬・癸
　　　천간갑 을 병 정 무 기 경 신 임 계

십이지의 명칭과 순서는 아래와 같다.

地支＝子・丑・寅・卯・辰・巳・午・未・申・酉・戌・亥
　　　지 지 자 축 인 묘 진 사 오 미 신 유 술 해

② 간지(干支)의 음양(陰陽)

천간과 지지는 각각 음양이 있는데 이래와 같다.

천간의 甲 丙 戊 庚 壬은 양에 속하고 乙 丁 己 辛 癸는 음에 속한다.

지지의 子 寅 辰 午 申 戌은 양에 속하고 丑 卯 巳 未 酉 亥는 음에 속한다.

이를 다음과 같이 표로 작성해 본다.

天干 천간	甲 양	乙 음	丙 양	丁 음	戊 양	己 음	庚 양	辛 음	壬 양	癸 음	
地支 지지	子 양	丑 음	寅 양	卯 음	辰 양	巳 음	午 양	未 음	申 양	酉 음	戌 양	亥 음

③ 간지(干支)의 작용(作用)

천간(千干)은 서로 충(沖)하는 것과 합(合)하는 관계가 있고, 지지(地支)는 합하고 충하고 형(刑)하고 파(破)하고 해(害)하고 싫어하는 (怨嗔)것이 있으니 다음과 같다.

○ 간   합(干合)

천간끼리 서로 합이 되는 것인데 천간합(天干合)또는 그냥 간합(干合)이라 한다. 다음과 같다.

甲己合　乙庚合　丙辛合　丁壬合　戊癸合
갑기합　　을경합　　병신합　　정임합　　무계합

甲이 己를 만나거나 己가 甲을 만나면 서로 합(合)을 이룬다. 乙庚 丙辛 丁壬 戊癸의 합도 마찬가지다.

○ 간   충(干沖)

충(沖)이란 서로 충돌한다는 뜻이다. 이를 천간충(天干沖)또는 그냥 간충(干沖)이라고도 하는데 아래와 같다.

甲庚沖　乙辛沖　丙壬沖　丁癸沖　戊己沖
갑경충　　을신충　　병임충　　정계충　　무기충

가령 甲이 庚을 만나거나 庚이 甲을 만나면 서로 충돌하는 성질이 있다. 乙辛沖 丙壬沖 丁癸沖 戊己沖도 甲庚沖과 같은 예다.

○ 지   합(支合)

지합(支合)이란 지지(地支)끼리 서로 합(合)을 이루는 것인바 지합에는 삼합(三合)과 육합(六合)이 있다. 아래와 같다.

三合＝申子辰合　巳酉丑合　寅午戌合　亥卯未合

가령 申子辰이 三合인데 申이 子를 만나거나 辰을 만나도 합이오 子가 申이나 辰을 만나거나 辰이 子나 申을 만나도 합이니 申子辰 혹은 申辰, 子辰, 申子 이렇게 만나도 합이라 한다. 그외 巳酉丑 巳酉 酉丑 巳丑도 합이오 寅午戌 寅午, 午戌 寅戌이 만나도 합이며, 亥卯未 亥未 亥卯 卯未, 이렇게 만나도 합이다. 원칙적으로 三合되는 지(支)끼리 셋이 모두 만나면 三合이오 둘씩 만나면 반합(半合)또는 반회(半會)라 한다.

六合＝子丑合　寅亥合　卯戌合　辰酉合　巳申合　午未合

가령 子가 丑을 만나거나 丑이 子를 만나면 지합(支合)또는 육합(六合)이라 한다. 寅亥合 卯戌合, 辰酉合, 巳申合, 午未合도 마찬가지다.

○ 지　충(支沖)

지충(支沖)이란 지지끼리 서로 만나면 충돌하는 관계를 말하는데 이를 육충(六沖)또는 지지상충(地支相沖)이라고도 한다.

子午沖　丑未沖　寅申沖　卯戌沖　辰戌沖　巳亥沖

子와 午가 상충(相沖)이오 丑과 未가 상충이오 寅과 申이 상충이오, 卯와 酉가 상충이오, 辰과 戌이 상충이오. 巳와 亥가 상충이다.

○ 지　형(支刑)

지형(支刑)이란 지지끼리 서로 형(刑)한다는 뜻으로 충(沖)과 마찬가지의 작용을 한다. 그리고 이 지형을 삼형(三刑)이라고도 한다.

寅巳申三刑　　丑戌未三刑　（子卯相刑　辰午酉自刑）
　삼형　　　　　　　　　　　상형　　　　자형

寅巳申三刑이란 寅은 巳를 형하고, 巳는 申을 형하고, 申은 寅을 형한다 함이오, 丑戌未三刑이란 丑은 戌을 형하고 戌은 未를 刑하고 未는 丑을 형한다 함이요, 子卯상형(相刑) 이란 子와 卯가 서로 형한다 함이오, 辰午酉亥자형(自刑)이란 辰은 辰을 午는 午를 酉는 酉를 亥는 亥를 같은 지(支)끼리 만나면 형한다는 뜻이다.

○ 지　파(支破)

지파(支破)를 육파(六破)라고도 하는데 파(破)란 서로 파괴한다는 뜻이다.

子酉破　丑辰破　寅亥破　巳申破　卯午破　戌未破
　파　　　파　　　파　　　파　　　파　　　파

子는 酉를 파괴하고 酉는 子를 파괴하니 子酉가 만나면 서로 파괴한다는 뜻이다. 이하 丑-辰 寅-亥 巳-申 卯-午 戌-未의 파도 마찬가지다.

○ 지　해(支害)

지해(支害)는 육해(六害)라고도 하는데 서로 해치는 관계를 말한다.

-3-

子未害　丑午害　寅巳害　卯辰害　申亥害　酉戌害
　해　　　해　　　해　　　해　　　해　　　해

가령 子未가 해(害)이니 子는 未를 해하고 未는 子를 해하므로 子未가 만나면 서로 해진다는 뜻으로 이하 丑午 寅巳 卯辰 申亥 酉戌의 해도 마찬가지다.

○ 원　　　진(怨嗔)

원진이란 서로 미워하는 관계를 말한다.

子-未　丑-午　寅-酉　卯-申　辰-亥　巳-戌

子는 쥐, 丑은 소, 寅은 범, 卯는 토끼, 辰은 용, 巳는 뱀, 午는 말, 未는 양(羊), 申은 원숭이(잔나비), 酉는 닭, 戌은 개, 亥는 돼지라 한다. 즉 쥐(子)는 양(未)의 뿔을 싫어하고, 소(丑)는 말(午)이 갈지않고 노는 것을 미워하고, 범(寅)은 닭(酉)의 부리가 짧은 것을 미워하고, 토끼(卯)는 원숭이(申)의 허리가 굽은 것을 원망하고, 용(辰)은 돼지(亥)의 열굴이 검은 것을 미워하고, 뱀(巳)은 개(戌)짓는 소리를 싫어한다.

(鼠忌羊頭角　牛憎馬不耕,　虎憎鷄嘴短,　兔怨猴不平　龍嫌猪面黑　蛇驚犬吠聲)

④ 육십갑자(六十甲子)

육십갑자(六十甲子)의 기본은 십간(十干)과 십이지(十二支)다. 이 십간 십이지가 순서대로 서로 사귀어 배합(配合)하면 아래와 같은 육십개의 간지(干支)로 구성되므로 육십갑자라 한다.

甲子	乙丑	丙寅	丁卯	戊辰	己巳	庚午	辛未	壬申	癸酉
甲戌	乙亥	丙子	丁丑	戊寅	己卯	庚辰	辛巳	壬午	癸未
甲申	乙酉	丙戌	丁亥	戊子	己丑	庚寅	辛卯	壬辰	癸巳
甲午	乙未	丙申	丁酉	戊戌	己亥	庚子	辛丑	壬寅	癸卯
甲辰	乙巳	丙午	丁未	戊申	己酉	庚戌	辛亥	壬子	癸丑
甲寅	乙卯	丙辰	丁巳	戊午	己未	庚申	辛酉	壬戌	癸亥

⑤ 월 건 법(月建法)

월건법(月建法)이란 육갑법(六甲法)으로 일년 십이월은 각각 무엇에 해당하는가를 알아보는 법으로 다음과 같다.

正月 寅, 二月 卯, 三月 辰, 四月 巳, 五月 午, 六月 未, 七月 申, 八月 酉, 九月 戌, 十月 亥, 十一月 子, 十二月 丑

어느 해를 막론하고 正月은 寅月이오 二月은 卯月, 三月은 辰月, 四月은 巳月, 五月은 午月, 六月은 未月, 七月은 申月, 八月은 酉月, 九月은 戌月, 十月은 亥月, 十一月은 子月, 十二月은 丑月이라 한다.

그런데 가령 正月은 寅月인데 위에 천간(天干)을 붙여 丙寅月 戊寅月 庚寅月 壬寅月 甲寅月 등으로 六十甲子가 月마다 속해 있는 것이니 이를 쉽게 따지는 요령은 아래와 같다.

甲己年－丙寅頭, 乙庚年－戊寅頭, 丙辛年－庚寅頭,
丁壬年－壬寅頭, 戊癸年－甲寅頭

이를 아래아 같이 일람표로 작성해 본다.

生月 \ 月別	正 (寅)	二 (卯)	三 (辰)	四 (巳)	五 (午)	六 (未)	七 (申)	八 (酉)	九 (戌)	十 (亥)	十一 (子)	十二 (丑)
甲 己 年	丙寅	丁卯	戊辰	己巳	庚午	辛未	壬申	癸酉	甲戌	乙亥	丙子	丁丑
乙 庚 年	戊寅	己卯	庚辰	辛巳	壬午	癸未	甲申	乙酉	丙戌	丁亥	戊子	己丑
丙 申 年	庚寅	辛卯	壬辰	癸巳	甲午	乙未	丙申	丁酉	戊戌	己亥	庚子	辛丑
丁 壬 年	壬寅	癸卯	甲辰	乙巳	丙午	丁未	戊申	己酉	庚戌	辛亥	壬子	癸丑
戊 癸 年	甲寅	乙卯	丙辰	丁巳	戊午	己未	庚申	辛酉	壬戌	癸亥	甲子	乙丑

가령 甲年 즉 甲子 甲戌 甲申 甲午 甲辰 甲寅 등 태세(太歲)의 천간(天干)이 甲으로 되었거나 己巳 己卯 己丑 己亥 己酉 己未 등 태세의 천가이 己로 된 해는 반드시 正月을 丙寅부터 시작하여 二月은 丁卯, 三月은 戊辰, 四月은 己巳, 五月은 庚午, 六月은 辛未, 七月은 壬申, 八月은 癸酉, 九月은 甲戌, 十月은 乙亥, 十二月은 丙子, 十二月은 丁丑이 된다는 뜻이다.

위 일람표의 예로 가령 戊辰年 八月이면 辛酉月이오, 庚午年 五月이면 壬午月이니 모두 이와 같은 예로 일람표를 참고하는 것이다.

⑥ 시 간 법(時間法)

하루는 二十四時요. 六甲法으로 따지면 두 시간에 一支時씩 십이지시(十二支時)가 된다. 따지는 요령은 오후 十一時 零分부터 子時가 시작되어 두시간에 一支時씩 丑寅卯 辰巳午未申酉戌亥로 十二支 순서를 따져 나간다.

子時 : 오후 11시 ~ 명일 0시말　　午時 : 오전 11시 ~ 오후 1시말

丑時 : 오전　1시 ~　2시말　　未時 : 오후　1시 ~　2시말

寅時 : 오전　3시 ~　4시말　　申時 : 오후　3시 ~　4시말

卯時 : 오전　5시 ~　6시말　　酉時 : 오후　5시 ~　6시말

辰時 : 오전　7시 ~　8시말　　戌時 : 오후　7시 ~　8시말

巳時 : 오전　9시 ~ 10시말　　亥時 : 오후　9시 ~ 10시말

時 旿	子 時 (0시)	丑 ″	寅 ″	卯 ″	辰 ″	巳 ″	午 ″	未 ″	申 ″	酉 ″	戌 ″	亥 ″	(子) (밤) 11시
甲己日	甲子	乙丑	丙寅	丁卯	戊辰	己巳	庚午	辛未	壬申	癸酉	甲戌	乙亥	(丙子)
乙庚日	丙子	丁丑	戊寅	己卯	庚辰	辛巳	壬午	癸未	甲申	乙酉	丙戌	丁亥	(戊子)
丙辛日	戊子	己丑	庚寅	辛卯	壬辰	癸巳	甲午	乙未	丙申	丁酉	戊戌	己亥	(庚子)
丁壬日	庚子	辛丑	壬寅	癸卯	甲辰	乙巳	丙午	丁未	戊申	己酉	庚戌	辛亥	(壬子)
戊癸日	壬子	癸丑	甲寅	乙卯	丙辰	丁巳	戊午	己未	庚申	辛酉	壬戌	癸亥	(甲子)

가령 甲午日 卯時라면 丁卯時요, 己丑日 午時라면 庚午時다. 또 乙未日 寅時면 戊寅時요 壬子日 巳時면 乙巳時가 된다.

⑦ 간　지(干支)의 수(數)

천간과 지지는 또 각각 그에 속한 수(數)가 있는데 선천수(先天數)와 후천수(後天數)와 중천수(中天數)가 있다.

　　○ 선천수(先天數)

甲己子午九, 乙庚丑八, 丙辛寅申七, 丁壬卯酉六 戊癸辰戌五 巳亥屬之四

　　○ 후천수(後天數)

壬子一, 丁巳二, 甲寅三, 辛酉四 戊辰戌五, 癸亥六 丙午七 乙卯八 庚辛九
己百(혹은 十)丑未十

　　○ 중천수(中天數)

甲己辰戌丑未十一, 乙庚申酉十, 丙辛亥子九, 丁壬寅卯八, 戊癸巳午七

　　※ 토정비결작쾌법(土亭祕訣作卦法)

이상의 선후천수(先後天數) 및 중천수(中天數)로 다음과 같이 토정비결의 패(卦)를 짓는다.

상괘(上卦)＝당년 태세를 중천수에 의해 간지(干支)수를 합한 숫자에다 주인공의 당년 연령수를 합한다음 八로 제(除)하여 나머지수로 상괘(上卦)를 정한다. (나머지가 없이 0으로 떨어지면 그냥 八을 된다.)

중괘(中卦)＝주인공의 생월(生月)로 당년 출생월에 해당하는 월건(月建)으로 선천수의 간지수를 합하고, 그 달이 크면 30, 작으면 29를 또 합해서 六으로 제(除)하여 나머지 수로 중괘를 정한다.(나머지자 없이 0이면 六을 취용한다.)

하괘(下卦)＝주인공의 생일로 당년 생일의 일진을 취용하는바 日干은 선천수를, 日支는 중천수를 취하여 干支합한 다음 또 생일 날수를 총합해서 三으로 제하고 남는 수로 하괘를 정한다(나머지가 없으면 다시 三으로 한다)

2. 음   양(陰陽)

천지만물 가운데 음양(陰陽)으로 분류되지 않은 것은 하나도 없다. 음양이란 상대성원리(相對性原理)와 거의 부합되는 것으로 높고 낮고, 크고 작고, 길고 짧고, 넓고 좁고, 두텁고, 얇고, 밝고 어둡고, 따뜻하고, 차고, 뽀족하고 오목하고, 희고 검고 한 거등이 모두 상대적이며 따라서 음양으로 구분된다.

즉 하늘은 양이오. 땅은 음이니. 높은 것은 양이오. 낮은 것은 음이다. 밝은 것은 양이오. 어두운 것은 음이니 해는 양이오 달은 음이며, 낮은 양이오 밤은 음이다. 수컷은 양이오 암컷은 음이니 남자는 양이고 여자는 음이다. 더운 것은 양이고 추운 것은 음이니 불은 양이오 물은 음이며, 봄, 여름은 양에 속하고 가을 겨울은 음에 속한다. 굳쎈 것은 양이오 약한 것은 음이며, 또 강한 것은 양이고 부드러운 것은 음이다. 급한 것은 양이고 느린 것은 음이며, 긴 것은 양이고 짧은 것은 음이다.

천간(天干)의 甲丙戊庚壬은 양이오. 乙丁己辛癸는 음이며, 지지(地支)의 子寅辰午申戌은 양이오. 丑卯巳未酉亥는 음이다.

숫자로는 一三五七九의 홀수(寄數)는 모두 양에 속하고 二四六八十의 짝수(偶數)는 모두 음에 속한다.

3. 오 행(五行)

① 오행의 명칭

木 火 土 金 水

② 오행(五行)의 생극(生剋)

木火土金水 오행은 서로 만나면 반드시 생극비화(生剋比和)관계가 이루어진다. 즉 상생(相生)관계나 상극(相剋)관계 아니면 서로 비화(比和)된다.

　　상생(相生)＝木生火　火生土　土生金　金生水　水生木

목은 火를 생하고, 火는 土를 생하고, 土는 金을 생하고, 金은 水를 생하고, 水는 木을 생한다. 그러므로 木火가 상생관계요, 火土가 상생관계요, 土金이 상생관계요. 金水가 상생관계요, 水木이 상생관계다.

　　상극(相剋)＝木剋土　土剋水　水剋火　火剋金　金剋木

　木은 土를 극하고, 土는 水를 극하고, 水는 火를 극하고 火는 金을 극하고 金은 木을 극한다. 그러므로 金木이 상국관계요. 木土가 상극관계요. 土水가 상극관계요. 水火가 상극관계요, 火金이 상극관계다.

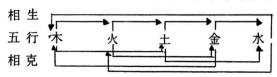

③ 오 행 소 속

○ 간지오행(干支五行)

　甲乙寅卯木　丙丁巳午火　戊己辰戌丑未土　庚辛申酉金　壬癸亥子水

　천간 甲乙과 지지 寅卯는 木이오, 천간 丙丁과 지지 巳午는 火요, 천간 戊己와 지지 辰戌丑未는 土요, 천간 庚辛과 지지 申酉는 金이오, 천간 壬癸와 지지 亥子는 水다.

　　○ 수(數)의 오행

　一六水　二七火　三八木　四九金　五十土

　一과 六은 水요, 二와 七은 火요 三과 八은 木이요 四와 九는 金이오. 五와 十은 土다.

○ 오행방위(五行方位)

東方木　南方火　中央土　西方金　北方水 또는

甲乙東方木　丙丁南方火　戊己中央土　庚辛西方金　壬癸北方水

○ 오행색(五行色)

青色木　赤色火　黃色土　白色金　黑色水
청색목　적색화　황색토　백색금　흑색수

이를 다음과 같이 총칭하여 외운다.

甲乙東方青色木　丙丁南方赤色火　戊己中央黃色土　庚辛西方白色金　壬癸
北方黑色水

가령 甲과 乙은 동방에 속하고, 甲乙木의 빛은 청색이다. 丙과 丁은 남방이
오. 丙丁火의 빛은 적색이다. 戊와 己는 중앙이오 戊己土의 빛은 황색이다.
庚과 辛은 서방이오, 庚辛金의 빛은 백색이다. 壬과 癸는 북방이요. 壬癸水의
빛은 흑색이다.

○ 간합오행(干合五行)

천간이 합을 만나면 다음과 같은 오행이 작용된다.

甲己合土　乙庚合金　丙辛合水　丁壬合木　戊癸合火

甲己가 합하면 土로 화하고, 乙庚이 合하면 金으로 화하고, 丙辛이 合하면
水로 화하고, 丁壬이 합하면 木으로 화하고, 戊癸가 합하면 火로 화한다.

○ 삼합오행(三合五行)

申子辰合水　巳酉丑合金　寅午戌合火　亥卯未合木

申子辰 또는 申辰 子辰 申子가 합하여 水로 화하고, 巳酉丑 또는 巳酉 酉
丑 巳丑이 합하면 金으로 화하고, 寅午戌, 또는 寅午 寅戌 午戌이 합하면 火
로 합하고, 亥卯未, 또는 亥未 卯未 亥卯가 합하면 木으로 화한다.

○ 육합오행(六合五行)

子丑合土　寅亥合木 辰酉合金 巳申合水 午未合(단 五行不變)

子丑이 합하면 土로 화하고, 寅亥가 합하면 木으로 화하고, 卯戌이 합하면
火요 辰酉가 합하면 金으로 화하고, 巳申이 합하면 水로 화하고 단 午未가
합하면 오행은 변치 않고 午는 火 未는 土 그대로이다.

-9-

4. 이십사절(二十四節)

① 절기(節氣)의 명칭

일년 가운데 다음과 같은 이십사절(二十四節)이 있다.

입춘(立春), 우수(雨水), 경칩(驚蟄), 춘분(春分), 청명(清明), 곡우(穀雨),
입하(立夏), 소만(小滿), 망종(芒種), 하지(夏至), 소서(小暑), 대서(大暑),
입추(立秋), 처서(處暑), 백로(白露), 추분(秋分), 한로(寒露), 상강(霜降),
입동(立冬), 소설(小雪), 대설(大雪), 동지(冬至), 소한(小寒), 대한(大寒)

① 이십사절 소속

입춘(立春)＝正月節이 날은 구세(舊歲)에서 신년(新年)으로 바뀌는 기준
이다. 그러므로 가령 十二月에 입춘이 들었더라도 입춘일 입춘시간부터는 다
음해(新年) 태세(太歲)로 바뀌는 것이며 따라서 월건도 十二月이 아닌 다음
해 正月의 월건으로 작용(作用)한다.

또는 입춘이 아무리 신년 正月中에 들었다, 할지라도 입춘일 입춘시간이
되기 전 까지는 전년도 태세로 작용하며 따라서 월건도 전년 十二月의 월건
으로 작용해야 한다.

우수(雨水)＝正月의 중기(中氣),

경칩(驚蟄)＝二月節,이날(시간 포함)부터 비로소 二月의 월건을 적용한다.
그러므로 正月中에 있어도 경칩부터는 二月의 월건을 쓰고 二月中이라도 경
칩 전이면 正月의 월건을 적용한다.

춘분(春分)＝二月의 중기(中氣),

청명(清明)＝三月節, 청명이 드는 일시부터 三月의 월건을 적용한다. 그러
므로 청명이 二月중에 있어도 청명부터는 三月의 월건을 쓰고, 三月에 들어
도 청명 전이면 二月의 월건을 쓴다.

곡우(穀雨)＝四月의 중기(中氣),

입하(立夏)＝五月節, 입하가 三月에 있어도 입하가 드는 일시부터는 四月
의 월건을 쓰고, 입하가 四月에 들어도 입하가 되기 전이면 三月의 월건을
쓴다.

소만(小滿)＝四月의 중기(中氣),

망종(芒種)＝五月節, 망종이 四月中에 있어도 망종이 드는 日時부터는 五月의 월건을 쓰고, 五月中에 들어도 망종 전이면 四月의 월건을 쓴다.

하지(夏至)＝五月의 중기(中氣),

소서(小暑)＝六月節, 소서가 五月中에 있어도 소서가 드는 日時부터는 六月의 월건을 쓰고, 六月中에 들어도 아직 소서 전이면 五月의 월건을 쓴다.

대서(大暑)＝六月의 중기(中氣),

입추(立秋)＝七月節, 입추가 六月中에 있어도 입추가 드는 日時부터는 七月의 월건을 쓰고, 七月中에 들어도 아직 입추 전이면 六月의 월건을 쓴다.

처서(處暑)＝七月의 중기(中氣),

백로(白露)＝八月節, 백로가 七月中에 들어도 백로가 드는 日時부터는 八月의 월건을 쓰고, 八月中에 들어도 아직 소서 전이면 七月의 월건을 쓴다.

추분(秋分)＝八月의 중기(中氣),

한로(寒露)＝九月節, 한로가 八月中에 있어도 한로가 드는 日時부터는 九月의 월건을 쓰고, 九月中에 들어도 아직 한로 전이면 八月의 월건을 쓴다.

상강(霜降)＝九月의 중기(中氣),

입동(立冬)＝十月節, 입동이 九月中에 있어도 입동이 드는 日時부터는 十月의 월건을 쓰고, 十月中에 들어도 아직 입동 전이면 九月의 월건을 쓴다.

소설(小雪)＝十月의 중기(中氣),

대설(大雪)＝十一月節, 대설이 十月中에 있어도 대설이 드는 日時부터는 十一月의 월건을 쓰고, 十一月에 들어도 대설 전이면 十月의 월건을 쓴다.

동지(冬至)＝十一月의 중기(中氣),

소한(小寒)＝十二月節, 소한이 十一月中에 들었어도 소한일 소한시간 이후부터는 十二月의 월건을 쓰고, 소한이 十二月에 들었어도 아직 소한 일시 전이면 十二月의 월건을 쓴다.

대한(大寒)＝十二月의 중기(中氣),

［참고］절기(節氣)란 월건(月建)이 바뀌는 기준점이고 중기(中氣)란 월건이 시작되는 처음에서 끝의 중간점이다.

正月＝입춘(正月節)·우수(正月中氣)
二月＝경칩(二月節)·춘분(二月中氣)

三月＝청명(三月節)·곡우(三月中氣)

四月＝입하(四月節)·소만(四月中氣)

五月＝망종(五月節)·하지(五月中氣)

六月＝소서(六月節)·대서(六月中氣)

七月＝입추(七月節)·처서(七月中氣)

八月＝백로(八月節)·추분(八月中氣)

九月＝한로(九月節)·상강(九月中氣)

十月＝입동(十日節)·소설(十月中氣)

十一月＝대설(十一月節)·동지(十一月節)

十二月＝소한(十二月節)·대한(十二月中氣)

입　춘(立春) { 前이면 十二月의 月建
　　　　　　後부터 경칩 전까지 正月의 月建

경　칩(驚蟄) { 前이면 正月의 月建
　　　　　　後부터 청명 전까지 二月의 月建

청　명(清明) { 前이면 二月의 月建
　　　　　　後부터 입하 전까지 三月의 月建

입　하(立夏) { 前이면 三月의 月建
　　　　　　後부터 망종 전까지 四月의 月建

망　종(芒種) { 前이면 四月의 月建
　　　　　　後부터 소서 전까지 五月의 月建

소　서(小暑) { 前이면 五月의 月建
　　　　　　後부터 입추 전까지 六月의 月建

입　추(立秋) { 前이면 六月의 月建
　　　　　　後부터 백로 전까지 七月의 月建

백　로(白露) { 前이면 七月의 月建
　　　　　　後부터 한로 전까지 八月의 月建

한　로(寒露) { 前이면 八月의 月建
　　　　　　後부터 입동 전까지 九月의 月建

입　동(立冬) { 前이면 九月의 月建
　　　　　　後부터 대설 전까지 十月의 月建

대　설(大雪) { 前이면 十一月의 月建
　　　　　　後부터 소한 전까지 十一月의 月建

소　한(小寒) { 前이면 十二月의 月建
               後부터 입춘 전까지 十二月의 月建

이상은 生年月日時에 의한 四柱 구성 뿐 아니라 모든 신살(神殺)에도 이 원칙을 적용해야 한다. 왜냐하면 술학(術學)은 거의가 오행의 생극비화(生剋比和)에 의한 성쇠(盛衰)로 논하는 것이므로 음력 初一日을 기준하여 月建이 바뀌면 四時 기온의 도수(度數)에 맞지 않고, 절기(節氣)를 기준해야 한란조습(寒暖燥濕)의 도수에 맞기 때문이다. 그러므로 四柱를 구성할때 입춘(立春)에 태세(太歲)가 바뀐다는 것과 매월 월건은 그 달의 절일(節日)을 기준하여 바뀐다는 점을 이해하면 틀림이 없다.

5, 四柱 정하는 법

萬歲曆을 활용하는 목적은 두가지가 있다. 陽曆과 陰曆관계, 즉 陽曆日字로 陰曆을 알아보고 陰曆日字로 陽曆을 알아보며, 陽曆·陰曆日字에 따르는 曜日, 그리고 그날 그날의 日辰이 무엇인가 하는 것이며, 또는 24節氣가 陽曆·陰曆으로 몇일에 들고, 節氣時間은 언제인가 하는 것, 또는 어느 달이 크고 작은가 등을 알아보려는데 있다. 둘째는 命學을 推理하려면 주인공의 生年月日時가 기본인데 무조건 生年月日時로 보는게 아니라 반드시 그 生年月日時에 의한 年月日時柱를 干支로 정해야 하므로 萬歲曆을 참고하지 않고서는 절대 불가능하다. 첫번째 목적은 누구나 本 萬歲曆을 펼쳐(해당되는 年度를 찾아)보면 알수가 있으나 年月日時의 干支(四柱)를 정하는데는 좀 복잡하다. 그래서 아래에 四柱정하는 요령을 상세히 설명한다.

① 年柱 정하는 법

年柱란 그 해의 太歲요, 生年月日時로 따진다면 出生한 年度의 干支다. 흔히 甲子生이니 乙丑生이니 하여 生을 干支로 말하는 예가 있는바 甲子生이면 甲子가 年柱이고, 乙丑生이면 乙丑이 年柱다. 이 干支를 모를 경우에는 그 해의 西紀나 檀紀年度를 찾으면 왼편 윗편에 甲子 乙丑 등 六十甲子에 해당되는 干支가 쓰여 있다. 年柱는 그대로 쓰면되는데 다만 음력 12月生이나 正月生은 立春이 언제 든는가를 살펴보아야 한다. 四柱 정하는 법칙은 날짜로 正月 初一日에 新年으로 바뀌는게 아니라 반드시 立春日時가 되어야 해가 바뀌도록 되었다. 그래서 비록 이미 해가 바뀐 이후의 出生人이라도 入春前

이면 前年太歲를 써야 하고, 아직 해가 바뀌지 않은 12月生이라도 立春이 지났으면 다음해 太歲로 年柱를 정해야 한다. 예를 들어 서기 1960년은 太歲가 庚子인데 음력 正月 初9日 午前 4時 24分 이루부터라야 庚子年 太歲가 되고, 그 이전은 前年太歲인 己亥年이므로 이 경우의 年柱는 庚子가 아니라 전년 (1959) 태세인 己亥로 年柱를 정하는게 원칙임. (따라서 月建도 前年 12月의 月建인 丁丑月이 되는 것이다)또한 한 예로 庚子年 음 12月 24日生은 날짜 상으로는 아직 해가 바뀌지 않았으나 立春이 이미 12月 19일 午前 10時 23分 에 들었으므로 예는 立春이 지난 뒤라 新年 太歲인 辛丑으로 年柱를 정해야 한다.(따라서 月建도 다음해 正月 丙寅으로 한다) 立春日과 生日이 같으면 立春이 드는 時, 分까지 따져 前인가, 뒤인가로 年柱(太歲)을 定해야 한다.

② 月柱 定하는 법.

生月의 月建(그 달의 干支)을 月柱라 한다. 月柱는 出生한 年度를 찾아 生日欄을 보면 月마다 月의 干支가 기록되어 그대로 쓰면 되지만 이 月柱도 무조건 날짜에 해당되는 月의 干支를 쓰는게 아니라 반드시 節氣日時를 기준해야 한다. 즉 生日 날짜를 不問하고, 節氣 前이면 前月의 月建, 節氣뒤면 다음달의 月建을 써야 한다. 먼저 그달 그달에 해당하는 節氣가 무엇인지 알아본 다음에 예로서 설명한다.

立春 : 正月節, 立春日時 뒤라야 正月의 月建, 前이면 前年 十二月의 月建.
驚蟄 : 二月節, 驚蟄日時 뒤라야 二月의 月建, 前이면 正月의 月建.
淸明 : 三月節, 淸明日時 뒤라야 三月의 月建, 前이면 二月의 月建.
立夏 : 四月節, 立夏日時 뒤라야 四月의 月建, 前이면 三月의 月建.
芒種 : 五月節, 芒種日時 뒤라야 五月의 月建, 前이면 四月의 月建.
小暑 : 六月節, 小暑日時 뒤라야 六月의 月建, 前이면 五月의 月建.
立秋 : 七月節, 立秋日時 뒤라야 七月의 月建, 前이면 六月의 月建.
白露 : 八月節, 白露日時 뒤라야 八月의 月建, 前이면 七月의 月建.
寒露 : 九月節, 寒露日時 뒤라야 九月의 月建, 前이면 八月의 月建.
立冬 : 十月節, 立冬日時 뒤라야 十月의 月建, 前이면 九月의 月建.
大雪 : 十一月節, 大雪日時 뒤라야 十一月의 月建, 前이면 十月의 月建.
小寒 : 十二月節, 小寒日時 뒤라야 十二月의 月建, 前이면 十一月의 月建.

가령 1960年 6月 12일生이라면 6月 月建 癸未를 쓰는게 아니라 5월의 月建 壬午로 쓴다. 왜냐 함면 6월이 되려면 小暑가 生日 뒤인 6月 14일 11시 13분에 들었으므로 이날 이시간 뒤라야 6월의 月建을 쓰게 되는 까닭이다. 또 당년(1960) 9월 23일생이면 날짜상으로는 아직 9월중에 있으나 10월 節氣인 立冬이 이미 9월 19일 오후 7시 3분에 들어 이날 이시간부터는 10월의 월건인 丁亥로 써야 한다.

[참고] ① 年柱와 12월 正月의 月建은 立春日時를 보아 立春이 正月中에 있어도 立春日時 前이면 前年太歲로 年柱, 前年 12월 月建으로 月柱를 삼고, 立春이 12월中에 있어도 立春日時 뒤면 다음해 太歲로 年柱, 다음해 正月의 月建으로 月柱를 삼아야 한다.

② 正月과 12月生이 아닌 경우는 모두 그 달에 소속된 節氣드는 日時를 위주하여 節氣日時 前이면 前節氣에 속한 月建을 쓰고, 節氣日時 뒤면 날짜상 前月이라도 다음달 月建(節氣에 해당하는)을 써야 한다.

아래 표를 참조하면 月建 정하기가 편리할 것이다.

月 \ 年	甲己年	乙庚年	丙辛年	丁壬年	戊癸年	해당節氣
正月建	丙 寅	戊 寅	庚 寅	壬 寅	甲 寅	立 春
二月建	丁 卯	己 卯	辛 卯	癸 卯	乙 卯	驚 蟄
三月建	戊 辰	庚 辰	壬 辰	甲 辰	丙 辰	淸 明
四月建	己 巳	辛 巳	癸 巳	乙 巳	丁 巳	立 夏
五月建	庚 午	壬 午	甲 午	丙 午	戊 午	芒 種
六月建	辛 未	癸 未	乙 未	丁 未	乙 未	小 暑
七月建	壬 申	甲 申甲	丙 甲	戊 甲	庚 申	立 秋
八月建	癸 酉	乙 酉	丁 酉	己 酉	辛 酉	白 露
九月建	甲 戌	丙 戌	戊 戌	寅 戌	壬 戌	寒 露
十月建	乙 亥	丁 亥	己 亥	辛 亥	癸 亥	立 冬
十一月建	丙 子	戊 子	庚 子	壬 子	甲 子	大 雪
十二月建	丁 丑	己 丑	辛 丑	癸 丑	乙 丑	小 寒

③ 日柱 정하는 법.

日柱는 出生日(혹은 그날)에 해당하는 于支(日辰)로써 음양력을 막론하고 出生日에 해당하는 于支 그대로 기록하면 된다. 단 萬歲曆에 의하지 않고는 불가능 하다. 고로 서기년도를 찾아 生月, 生日欄을 찾으면 甲子니 乙丑 등이 기록되어 있는바 그대로 쓰면 된다. 가령 서기 1960年 양 7月 25日生(음 윤 6월2일)이라면 甲寅으로 日柱를 정하게 된다.

④ 時柱 정하는 법

時柱를 정하려면 현대시간으로 十二支 時法을 알아야 하고, 또는 무조건 子時니 丑時 하는게 아니라 干支를 다 붙여 甲子時니 乙丑時 등의 예로 정해야 한다. 우선 아래와 같은 것을 알아두어야 한다.

子時 : 1밤 11시 0분부터 다음날 1시전(11시~12시)
丑時 : 새벽 1시부터 3시전(1시~2시)
寅時 : 새벽 3시부터 5시전(3시~4시)
卯時 : 아침 5시부터 7시전(5시~6시)
辰時 : 아침 7시부터 9시전(7시~8시)
巳時 : 낮 9시부터 11시전(9시~10시)
午時 : 낮 11시부터 오후 1시전(11시~12시)
未時 : 오후 1시부터 3시전(1시~2시)
申時 : 오후 3시부터 5시전(3시~4시)
酉時 : 저녁 5시부터 7시전(5시~6시)
戌時 : 저녁 7시부터 9시전(7시~8시)
亥時 : 밤 9시부터 11시전(9~10시)

[참고] 서기 1961년 8월 10일부터 낮 12시를 12시 30분으로 30분 앞당겨 현재까지 사용해오고 있다. 十二支時의 정확한 度數는 태양이 正南(南中)에 위치할 때 正午(낮12시 0분)라야 한다. 30분 앞당겼으므로 12시 30분에야 태양이 正南(서울지방 기준)에 위치한다. 고로 1961년 8월 10일 이후부터는 30분 늦추어 밤 11시 30분에 子初(子時)가 시작되어야 하고, 이에 따라 日辰은 밤 0시 30분이 되어야 다음날로 바뀐다는 점을 알아두어야 한다. 그리고, 서머타임 기간중 1시간 혹은 30분 앞당겨 사용한 것도 참작해서 계산해야 한다. 서머타임이 실시된 연도와 날짜 기간은 해당되는 연도 아래에 표시해 놓았으니 참고하면 된다. 한가지 예로 서기 1987년 5월 10일부터 10월 11일까지 서머타임제를 둔바 이 기간중에는 가령 낮 12시 30분 출생일 경우 오전 11시 30분 출생으로 보아야 한다. 여기에서 30분을 또 빼면(1961년 8월부터 30분

앞당긴 것) 사실상(十二支 원칙상)의 시간은 11시 0분이라야 한다.

이상의 요령으로 十二支時 가운데 어느 時에 해당하는가를 알았으면, 다음에는 그날의 日干(日辰의 天干… 日辰 위글자)으로 時의 干支를 알아 時柱를 정해야 한다. 아래 표를 참고하라.

時 / 日	子 時 (0시)	丑 '	寅 '	卯 '	辰 '	巳 '	午 '	未 '	申 '	酉 '	戌 '	亥 '	(子) (밤) 11시
甲己日	甲子	乙丑	丙寅	丁卯	戊辰	己巳	庚午	辛未	壬申	癸酉	甲戌	乙亥	(丙子)
乙庚日	丙子	丁丑	戊寅	己卯	庚辰	辛巳	壬午	癸未	甲申	乙酉	丙戌	丁亥	(戊子)
丙辛日	戊子	己丑	庚寅	辛卯	壬辰	癸巳	甲午	乙未	丙申	丁酉	戊戌	己亥	(庚子)
丁壬日	庚子	辛丑	壬寅	癸卯	甲辰	乙巳	丙午	丁未	戊申	己酉	庚戌	辛亥	(壬子)
戊癸日	壬子	癸丑	甲寅	乙卯	丙辰	丁巳	戊午	己未	庚申	辛酉	壬戌	癸亥	(甲子)

※ 甲己日이란 甲子 甲戌 甲申 甲午 甲辰 甲寅日과 己巳 己卯 己丑 己亥 己酉 己未日의 예로 日의 天干이 甲과 己로 구성된 것임.

그러므로 가령 甲午日 卯時는 丁卯가 時柱요, 乙巳日 申時는 甲申이 時柱요, 壬子日 酉時는 己酉로 時柱를 정한다.

6. 신 살(神殺)

신살(神殺)이란 길신(吉神)과 흉살(凶殺)을 말한다. 사람마다 사주 가운데 길신 또는 흉살이 있기 마련인데 어떤 길신이 있으며 어떤 흉살이 있는가를 살피고 또 그 길신 또는 흉신은 어떠한 작용을 하는가에 대해 간단히 기록한다.

① 길 신(吉神)

○ 천을귀인(天乙貴人)

아래와 같은 천을귀인이 있으면 인덕이 많아 주위 환경에서 도와주는이가 많아 어려움을 당해도 무난히 해결된다. 또는 총명하고 착한데 흉한 일을 만나도 그것이 계기가 되어 도리어 좋아진다는 길성이다. 천을 귀인은 다음과 같다.

甲戊庚日에 丑未, 乙己日에 子申, 丙丁日에 亥酉,

辛日에 寅午, 壬癸日에 巳卯.

일 干	甲	乙	丙	丁	戊	己	庚	辛	壬	癸
천 을 귀 인	未	申	酉	酉	未	申	未	午	卯	卯
	丑	子	亥	亥	丑	子	丑	寅	巳	巳

가령 甲이나 戊나 庚日生이 年月日時支 가운데 丑이나 未가 있으면 곧 천을귀인이다.

　　○ 천월덕귀인(天月德貴人)

이 천덕귀인이나 월덕귀인이 있는 사람은 천을 귀인과 마찬가지로 귀인의 도움이 많고 일생 나쁜 액을 당하지 아니한다. 천월덕귀인은 아래와 같다.

천덕귀인＝正月丁 二月申 三月壬 四月辛 五月亥 六月甲

　　　　　 七月癸 八月寅 九月丙 十月乙 十一月巳 十二月庚

월덕귀인＝正五九月 丙　　二六十月 甲

　　　　　三七十一月 壬　　四八十二月 庚

월 별	正	二	三	四	五	六	七	八	九	十	十一	十二
천덕귀인	丁	申	壬	辛	亥	甲	癸	寅	丙	乙	巳	庚
월덕귀인	丙	甲	壬	庚	丙	甲	壬	庚	丙	甲	壬	庚

가령 正月生人이 사주 가운데 丁이 있으면 천덕귀인이오 丙이 있으면 월덕귀인이다.

　　○ 건　록(建祿)

이 건록을 정록(正祿) 또는 천록(天祿) 혹은 그냥 녹(祿)이라고도 한다. 이 건록이 있는 사람은 몸이 건강하고 생활의 기반이 튼튼하며 일생 의식 걱정을 아니한다. 건록은 다음과 같다.

甲日寅　乙日卯　丙戊日巳　丁己日午

庚日申　辛日酉　壬日亥　　癸日子

日 干	甲	乙	丙	丁	戊	己	庚	辛	壬	癸
건 록	寅	卯	巳	午	巳	午	申	酉	亥	子

가령 甲日生이 月日時支가운데 寅이 있으면 건록이다.

　　○ 암　록(暗祿)

암록은 건록의 육합(六合)되는 곳으로 이 암록이 있는 사람은 숨은 인덕이 있어 남모르는 도움을 받게 되고 귀인의 도움이 많다. 암록은 아래와 같다.

甲日亥　乙日戌　丙戊日申　丁己日未

庚日巳　辛日辰　壬日寅　　癸日丑

日　　干	甲	乙	丙	丁	戊	己	庚	辛	壬	癸
암　　록	亥	戌	申	未	申	未	巳	辰	寅	丑

가령 甲日生이 月日時支 가운데 亥가 있으면 암록이다.

○ 금　여(金輿)

아래와 같은 금여가 있는 사람은 용모가 단정하고 온화하며 재주가 있어 사람들의 존경을 받게 된다. 그리고 금여가 있으면 좋은 배우자를 만나고, 시지(時支)에 있으면 일가친척의 도움이 많고 자손도 훌륭히 둔다.

甲日辰　乙日巳　丙日未　丁日申　戊日未

己日申　庚日戌　辛日亥　壬日丑　癸日寅

日　　干	甲	乙	丙	丁	戊	己	庚	辛	壬	癸
금　　여	辰	巳	未	申	未	申	戌	亥	丑	寅

가령 甲日生이 月日時支 가운데 辰이 있으면 금여라 한다.

　○ 장　성(將星)

이 장성이 있는 사람은 성격이 강하고 자존심이 강해서 굽히기를 싫어한다. 장성이 다른 길신과 만나면 문무겸전하여 크게 출세한다. 여자는 팔자가 세다.

申子辰年日-子, 巳酉丑年日-酉, 寅午戌年日-午, 亥卯未年日-卯

年日支	子	丑	寅	卯	辰	巳	午	未	申	酉	戌	亥
장　　성	子	酉	午	卯	子	酉	午	卯	子	酉	午	卯

가령 申子辰年生이 月日時에 子를 만나거나 申子辰日生이 年月時에 子를 만나면 장성이다.

　○ 문　창(文昌)

이 문창성이 있으면 총명하여 학문에 뛰어나고 풍류를 좋아한다. 문창성은 아래와 같다.

甲日巳 乙日午 丙戊日申 丁己日酉 庚日亥 辛日子 壬日寅 癸日卯

日 干	甲	乙	丙	丁	戊	巳	庚	辛	壬	癸
문 창	巳	午	申	酉	申	酉	亥	子	寅	卯

가령 甲日生이 年月日時支 가운데 巳가 있으면 문창성이다.

○ 역 마(驛馬)

이 역마가 있고 다른 길신을 만나면 외지(外地)에서 이름을 떨치거나 상업무역 운수업으로 성공하고 또는 해외출입이 순조로우나 사주 격국이 나쁘거나 흉신이 임하면 일생 객지 풍상이 심하여 편할 날이 없다고 한다.

申子辰年日−寅 巳酉丑年日−亥, 寅午戌年日−申, 亥卯未年日−巳

年 日 支	子	丑	寅	卯	辰	巳	午	未	申	酉	戌	亥
역 마	寅	亥	申	巳	寅	亥	申	巳	寅	亥	申	巳

가령 申子辰年生이 月日時에 寅이 있거나 申子辰日生이 年月時 가운데 寅이 있으면 역마다.

○ 화 개(華盖)

이 화개가 있으면 총명하고 문장의 실력이 뛰어나며 예술에도 조예가 깊은데 낭만성이 농후하여 돈이 헤프다. 여자는 화개가 많으면 고독하거나 화류계가 되기 쉽다.

申子辰年日−辰, 巳酉丑年日−丑, 寅午戌年日−戌, 亥卯未年日−未

年 日 支	子	丑	寅	卯	辰	巳	午	未	申	酉	戌	亥
화 개	辰	丑	戌	未	辰	丑	戌	未	辰	丑	戌	未

가령 申子辰年生이 月日時支 가운데 辰이 있으면 화개요, 申子辰日生이 年月時支 가운데 辰이 있으면 화개다.

○ 홍란성(紅鸞星)

이 홍란성이 사주 가운데 있으면 용모가 단정하고 아름다우며 마음씨가 곱고 온화하다.

子生-卯　　丑生-寅　　寅生-丑　　卯生-子　　辰生-亥　　巳生-戌
午生-酉　　未生-申　　申生-未　　酉生-午　　戌生-巳　　亥生-辰

年 日 支	子	丑	寅	卯	辰	巳	午	未	申	酉	戌	亥
홍란성	卯	寅	丑	子	亥	戌	酉	申	未	午	巳	辰

가령 子年生이 月日時支 가운데 卯가 있으면 홍란성이다.

○ 삼　기(三奇)

아래와 같은 삼기를 갖춘 사람은 영웅수재(英雄秀才)가 될 가능성이 높다 한다. 고로 일찍 출세하여 이름을 떨친다.

甲戊庚全＝이를 천상삼기(天上三奇)라 한다.

乙丙丁全＝이를 지하삼기(地下三奇)라 한다.

壬癸辛全＝이를 인중삼기(人中三奇)라 한다.

가령 四柱의 天干에 甲戊庚 三字가 모두 있어야만 이에 해당한다. 乙丙丁 壬癸辛도 마찬가지다.

○ 육　수(六秀)

아래 일진에 태어난 사람은 재치 있고 재주가 총명하다. 단 너무 약고 이 기적(利己的)인 경향이 있다.

戊子日　　己丑日　　戊午日　　己未日　　丙午日

○ 복덕수기(福德秀氣)

아래에 해당되는 복덕수기를 갖춘 사람은 총명하고 복록이 따른다.

乙乙乙全　　巳酉丑全

사주에 乙字 셋이 있거나 지지에 巳酉丑 金局을 온전히 놓으면 이에 해당 한다.

○ 천　혁(天赫)

아래와 같은 천혁이 있으면 나쁜 액을 만나도 우연히 전화위복 한다.

春三月-戊寅日　夏三月-甲午日,　秋三月-戊申日,　冬三月-甲子日

가령 正月 二月 三月 중에 출행하여 戊寅日生이면 이에 해당한다. 하(夏) 는 四五六月, 추(秋)는 七八九月, 동(冬)은 十一, 十二月生이다.

○ 괴　강(魁罡)

이 괴강성은 길신의 작용도 하고, 흉신의 작용도 한다. 길흉간에 극단으로 몰고 가는 성신이므로 대부(大富) 대귀(大貴)가 아니면, 극히 빈천해진다. 사주에 이 괴강이 많으면 크게 부귀하는데 단 여자는 팔자가 세어 고독하다.

庚辰　庚戌　壬辰　壬戌　戊戌

[참고]

이 이상의 길신(吉神)이 공망(空亡)및 형충파해(刑冲破害)또는 사절묘(死絶墓)에 들지 않아야 길신으로서의 효력을 발휘한다. 만일 길신이 있더라도 공망을 만난거나 형충파해 되거나 십이 운성으로 사절묘에 들면 길신으로서의 아무런 효력이 없다.

② 흉　신(凶神)

○ 공　망(空亡)

즉 순중공망(旬中空亡)이다. 공망은 모든 성신(星辰-凶神을 막론하고)의 작용력을 무력화(無力化)시킨다. 그러므로 길신이 공망이면 흉하고, 흉살이 공망된 경우는 도리어 좋다.

생년이 공망이면 부모 조상의 덕이 없고, 생월이 공망이면 형제무덕 하거나 유산이 없어 자수성가 해야 하고, 일지(日支)가 공망이면 처덕이 없고, 시지(時支)가 공망이면 자손덕이 없거나 자손을 실패한다.

공망은 아래와 같다.

甲子旬中(甲子에서　癸酉日까지)-戌亥空

甲戌旬中(甲戌에서　癸未日까지)-申酉空

甲申旬中(甲申에서　癸巳日까지)-午未空

甲午旬中(甲午에서　癸卯日까지)-辰巳空

甲辰旬中(甲辰에서　癸丑日까지)-寅卯空

甲寅旬中(甲寅에서　癸亥日까지)-子丑空

가령 生日이 庚午日이라면 甲子旬中에 해당하니 사주 가운데 戌이나 亥가 있으면 이를 공망이라 한다.

○ 양　인(羊刃)

양인은 살성(殺星)으로 성격이 급하고 사납고 독하고 자인하며 부상(負傷) 손재 질병 등을 초래한다. 단 사주 격국이 길하면 무관(武官)이나 형관(刑官)으로 출세한다.

甲日卯　　乙日辰　　丙戊日午　　丁己日未　　庚日酉　　辛日戌

壬日子　　癸日丑

日　간	甲	乙	丙	丁	戊	己	庚	辛	壬	癸
양　인	卯	辰	午	未	午	未	酉	戌	子	丑

가령 甲日生이 年月日時支 가운데 卯가 있으면 양인살이다.

○ 고과살(孤寡殺)

고과(孤寡)란 고신(孤辰), 과숙(寡宿)인데 남자는 고실살이 있으면 홀아비가 되는 살이오 여자는 과숙살이 있으면 과부가 되는 살이라 한다. 사주가 길격으로 되어 있는 중에 이 살이 있으면 한 때 공방수에 불과하나 사주가 흉격인데다 이 살이 있으면 부부간에 생이사별을 면치못한다고 한다.

亥子丑年日─寅戌(寅이　고신　戌이　과숙)

寅卯辰年日─巳丑(巳가　고신　丑이　과숙)

巳午未年日─申辰(申이　고신　辰이　과숙)

申酉戌年日─亥未(亥가　고신　未가　과숙)

年日支	子	丑	寅	卯	辰	巳	午	未	申	酉	戌	亥
고 신(남)	寅	寅	巳	巳	巳	申	申	申	亥	亥	亥	寅
과 숙(여)	戌	戌	丑	丑	丑	辰	辰	辰	未	未	未	戌

가령 男子 子年生이 月日時에 寅이 있거나 子日生이 年月時에 寅이 있으면 고신살이오, 여자 子年生이 月日時에 戌이 있거나 子日生이 年月時에 戌이 있으면 과숙살이다.

○ 도　화(桃花)

도화를 함지살(咸池殺) 또는 목욕살(沐浴殺) 또는 패신(敗神)이라고도 한다. 이 도화살이 있으면 남녀를 막론하고 색정(色情)에 방탕하기 쉽고 사치와 허영을 좋아한다. 또는 이성을 유혹하는 매력이 있다 한다.

도화살은 아래와 같다.

年　支	子	丑	寅	卯	辰	巳	午	未	申	酉	戌	亥
도화살	酉	午	卯	子	酉	午	卯	子	酉	午	卯	子

申子辰年日-酉, 巳酉丑年日-午, 寅午 戌年日-卯 亥卯未年日-子

가령 申子辰年生이 月日時支에 酉가 있거나 申子辰日生이 年月時支에 酉가 있으면 도화살이다.

○ 기타 흉신

年 日 支	子	丑	寅	卯	辰	巳	午	未	申	酉	戌	亥	備 考
혈인(血刃)	丑	未	寅	申	卯	酉	辰	戌	巳	亥	午	子	年支기준
관재(官災)	卯	辰	巳	午	未	申	酉	戌	亥	子	丑	寅	年으로月支
재혼(再婚)	五	六	七	八	九	十	十一	十二	正	二	三	四	年으로月支
중혼(重婚)	四	五	六	七	八	九	十	十一	十二	正	二	三	年으로月支
오귀(五鬼)	辰	巳	午	未	申	酉	戌	亥	子	丑	寅	卯	日支기준
상문(喪門)	寅	卯	辰	巳	午	未	申	酉	戌	亥	子	丑	年支기준
조객(吊客)	戌	亥	子	丑	寅	卯	辰	巳	午	未	申	酉	年支기준

③ 십이살(十二殺)

이 십이살 가운데 장성, 반안, 역마, 화개는 살이 아니다.

구분 / 年度	겁살	재살	천살	지살	연살	월산	망신	장성	반안	역마	육해	해개
申子辰生	巳	午	未	申	酉	戌	亥	子	丑	寅	卯	辰
巳酉丑生	寅	卯	辰	巳	午	未	申	酉	戌	亥	子	丑
寅午戌生	亥	子	丑	寅	卯	辰	巳	午	未	申	酉	戌
亥卯未生	申	酉	戌	亥	子	丑	寅	卯	辰	巳	午	未

④ 십이운성(十二運星)

십이운성법(十二運星法)에는 두 가지가 있다. 하나는 年이나 日支를 기준하여 정해지는 정국인데, 이를 포태법(胞胎法)이라 하고, 하나는 日干을 기준한 정국인데 이를 장생십이신(長生十二神)이라고도 한다.

○ 포태십이신(胞胎十二神)

金 絶 於 寅=巳酉丑　金은 포(胞)를 寅에 붙이고

木 絕 於 申＝亥卯未　木은 포를 申에 붙이고,

水土絕於巳＝申子辰　水土는 포를 巳에 붙이고,

火 絕 於 亥＝寅午戌　火局은 胞를 亥에 붙인다.

이와 같은 원칙으로 포(胞-즉 絕)를 일으켜 태(胎), 양(養), 생(生), 욕(浴), 대(帶), 관(官), 왕(旺), 쇠(衰), 병(病), 사(死), 장(葬)으로 순행(順行)하면 아래와 같다.

年度 　구분	胞	胎	養	生	浴	帶	官	旺	衰	病	死	葬
申子辰水	巳	午	未	申	酉	戌	亥	子	丑	寅	卯	辰
巳酉丑金	寅	卯	辰	巳	午	未	申	酉	戌	亥	子	丑
寅午戌火	亥	子	丑	寅	卯	辰	巳	午	未	申	酉	戌
亥卯未木	申	酉	戌	亥	子	丑	寅	卯	辰	巳	午	未

金寅　水土巳　火亥　木申, 이는 포태법을 가장 간단하게 암기하는 요령이다. 가령 申子辰 水土局은 巳에 포를 붙여 순행하면 午에 태, 未에 양, 申에 생, 酉에 욕, 戌에 대, 亥에 관, 子에 왕, 丑에 쇠, 寅에 병, 卯에 사 辰에 장이 된다. 기타 火局, 金局, 木局도 모두 이와 같은 요령에 의한다.

　○ 장생십이신(長生十二神)

장생법(長生法)이라 하는바 붙이는 요령은 다음과 같다.

木 長 生 亥＝오행이 木이면 장생을 亥에,

火土長生寅＝오행이 火土면 장생을 寅에

金 長 生 巳＝오행이 金이면 장생을 巳에,

水 長 生 申＝오행이 水면 장생을 申에

이상의 원칙으로 장생을 일으켜 목욕(沐浴), 관대(冠帶), 임관(臨官), 제왕(帝王), 쇠(衰), 병(病), 사(死), 묘(墓), 절(絕), 태(胎), 양(養)의 순서로 순행(順行)한다.

-25-

구분 / 五行	장생(長生)	목욕(沐浴)	관대(冠帶)	임관(臨官)	제왕(帝旺)	쇠(衰)	병(病)	사(死)	묘(墓)	절(絶)	태(胎)	양(養)
木	亥	子	丑	寅	卯	辰	巳	午	未	申	酉	戌
火土	寅	卯	辰	巳	午	未	申	酉	戌	亥	子	丑
金	巳	午	未	申	酉	戌	亥	子	丑	寅	卯	辰
水	申	酉	戌	亥	子	丑	寅	卯	辰	巳	午	未

가령 木은 亥에 장생을 붙여 순행하니 子에 목욕, 丑에 관대, 寅에 임관, 卯에 제왕, 辰에 쇠, 巳에 병, 午에 사, 未에 묘, 申에 절, 酉에 태, 戌에 양이 된다. 기타 火土, 金 水의 경우도 木의 예와 마찬가지다.

또는 십이장생을 음양으로 구분해서 양(陽)은 순행(順行)하고 음(陰)은 역행(逆行)한다.

甲木長生亥　乙木長生午,

丙火長生寅　丁火長生酉

戊土長生寅　已土長生酉

庚金長生巳　辛金長生子

壬水長生申　癸水長生卯

甲丙戊庚壬 양간은 十二支를 순행하고 乙丁己辛癸 음간은 十二支를 역행하면 아래의 정국표(定局表)와 같다.

十二神 / 日干	甲	乙	丙	丁	戊	己	庚	辛	壬	癸
장 생(長 生)	亥	午	寅	酉	寅	酉	巳	子	申	卯
목 욕(沐 浴)	子	巳	卯	申	卯	申	午	亥	酉	寅
관 대(冠 帶)	丑	辰	辰	未	辰	未	未	戌	戌	丑
임 관(臨 官)	寅	卯	巳	午	巳	午	申	酉	亥	子
제 왕(帝 旺)	卯	寅	午	巳	午	巳	酉	申	子	亥
쇠(衰)	辰	丑	未	辰	未	辰	戌	未	丑	戌
병(病)	巳	子	申	卯	申	卯	亥	午	寅	酉
사(死)	午	亥	酉	寅	酉	寅	子	巳	卯	申
묘(墓)·고(庫)	未	戌	戌	丑	戌	丑	丑	辰	辰	未

절(絶)	申	酉	亥	子	亥	子	寅	卯	巳	午
태(胎)	酉	申	子	亥	子	亥	卯	寅	午	巳
양(養)	戌	未	丑	戌	丑	戌	辰	丑	未	辰

7. 남녀궁합법(男女宮合法)

① 납음궁합(納音宮合)

납음궁합이란 남녀 생년태세(生年太歲)의 납음오행(納音五行)으로 생극비화(生剋比和)관계를 따져 상생(相生)되면 길하고 상극(相剋)되면 불길하며 비화(比和)되면 길한 경우도 있고 불길한 경우도 있다 하는데 金金 火火의 비화는 나쁘고 水水 土土 木木의 비화는 좋게 보는 것이다.

이 납음궁합을 보려면 우선 남녀 생년태세가 어떤 오행에 속하는가를 알아야 한다. 아래와 같다.

○ 육십갑자납음오행(六十甲子音五行)

甲子 乙丑	해중금(海中金)	甲申 乙酉	천중수(泉中水)	甲辰 乙巳	복등화(覆燈火)
丙寅 丁卯	노중화(爐中火)	丙戌 丁亥	옥상토(屋上土)	丙午 丁未	천하수(天河水)
戊辰 己巳	대림목(大林木)	戊子 己丑	벽력화(霹靂火)	戊申 己酉	대역토(大驛土)
庚午 辛未	노방토(路傍土)	庚寅 辛卯	송백목(松柏木)	庚戌 辛亥	차천금(釵釧金)
壬申 癸酉	검봉금(劍鋒金)	壬辰 癸巳	장류수(長流水)	壬子 癸丑	상자목(桑柘木)
甲戌 乙亥	산두화(山頭火)	甲午 乙未	사중금(沙中金)	甲寅 乙卯	대계수(大溪水)
丙子 丁丑	간하수(澗下水)	丙申 丁酉	산하화(山下火)	丙辰 丁巳	사중토(沙中土)
戊寅 己卯	성두토(城頭土)	戊戌 己亥	평지목(平地木)	戊申 己未	천상화(天上火)
庚辰 辛巳	백납금(白鑞金)	庚子 辛丑	옥상토(屋上土)	庚戌 辛酉	석류목(石榴木)
壬午 癸未	양류목(楊柳木)	壬寅 癸卯	금박금(金箔金)	壬戌 癸亥	대해수(大海水)

-27-

그런데 남녀가 상극될 경우 여자가 남자의 극을 받는 것 보다 남자가 여자의 극을 받음이 더욱 마땅치 않다. 그리고 남녀를 막론하고 극을 받으면(相剋되는 것)나쁘다 하나 다음과 같은 경우에는 극 받는 것을 도리어 기뻐한다.

   ○ 金은 火의 극을 꺼리지만 甲午·乙未 사중금(沙中金)과 庚戌·辛亥 차천금(釵釧金)은 火를 만나야 성공하고,

   ○ 火는 水의 극을 꺼리지만 戊子·己丑 벽력화(霹靂火)와 丙申·丁酉 산하화(山下火)와 戊午·己未 천상화(天上火)는 水이 아니면 평화를 누리지 못하고,

   ○ 土는 木의 극을 꺼리지만 庚午·辛未 노방토(路傍土)와 戊申·己酉 대역토(大驛土)와 丙辰 丁巳 사중토(沙中土)는 목이 아니면 평생의 행복을 그르치고,

   ○ 水는 土의 극을 꺼리지만 丙午·丁未 천하수(天河水)와 壬戌·癸亥 대해수(大海水)는 土를 만나면 자연히 발복되고

   ○ 木은 金의 극을 꺼리지만 오직 戊戌·己亥 평지목(平地木)은 金이 아니면 성공을 얻기 어렵다.

○ 납음궁합 해설

男金女金＝길 옆에 서 있는 복숭아와 살구나무 격(道傍桃杏)

   두 金이 부딪히면 소리가 나는 법, 강과 강이 만나 맞서니 가정이 시끄럽고 부부 불화하니 집을 잘 비우고 타향에 나가 풍상을 겪는다.

男金女木＝고난을 겪은 뒤 창성한다.(困而得昌)

   金克木으로 金木이 상극이나 남자가 여자를 극하므로 발복하고 잡안도 안락할 것이다.

男金女水＝물고기와 용이 물을 얻은 격(魚龍得水格)

   상생궁합, 고로 대길하여 부부 금슬이 좋고 일생 이별 없이 해로하며, 자손이 슬하에 가득하되 모두 효성으로 양친을 받든다. 초목이 봄을 만난듯이 날로 발전하는 대길한 궁합이다.

男金女火＝화분속의 매화가 봄을 기다리는격(盆梅待春格)

   火克金으로 상극되어 불길한 것 같으나 金이 용광로에 들면 단련되어 훌륭한 그릇이 된다. 고로 이 궁합은 기국이 작은 사람은 불길하여 이별 수 있고, 기국이 큰 사람은 크게 성취한다. 단 초년의 곤고가 있은 뒤에야 발달하

는 궁합이다.

男金女土＝봄에 난초를 심는 격(春日植蘭格)

土金이 상생하니 삼생(三生)의 연분이 만나 백년해로 한다. 부귀빈천이야 하늘이 정한 운명이니 어쩔 수 없으나 같이 근심하고 같이 즐거워하면서 일생 다정하게 지낸다.

南木女木＝소는 농사 짓고 말은 수레를 끄는 격(牛耕馬行格)

木木이 비화되어 서로 맞서는 상이니 부부간의 뜻이 각기 다르다. 금슬은 좋다 할수 없으나 서로 돕는 마음으로 합심하면 자수성가 하여 재부(財富)를 누린다.

男木女水＝물고기가 변하여 용이 된 격(魚變化龍格)

金水가 상생하니 남편은 아내를 아끼고 아내는 남편을 공경하여 가도가 세워지고 온 가정이 화락한다. 뿐 아니라 마른 나무가 봄을 만난 것 같이 날로 가업이 번창하고 자손도 크게 영귀하는 자장 이상적인 궁합이다.

男木女火＝높은 별당에 앉아 거문고를 타는 격(高堂彈琴格)

木火가 상생이라 부부 금슬이 지극하다. 슬하에 많은 자녀들을 두어 가정의 즐거움이 끊일날 없고, 일생 큰 액이 없이 백년해로 할 것이다.

男木女土＝물고기가 못 속에서 노는 격(魚遊沼澤格)

木克土로 상극이라 하나 한편 木은 흙에 뿌리를 박고 자라는 것이므로 나쁜것 같으면서도 나쁘지 않다. 다만 남편 자신이 아내를 사랑하기에 노력한다면 의식이 족하고 원만한 가정을 누리면서 해로할 것이다.

男水女金＝봄에 꽃이 피고 가지가 돋아나는 격(春生花枝格)

金生水로 상생궁합이니 어질고 착한 아내와 三남 四녀의 자녀를 두어 슬하의 영화도 극진하다.

男水女木＝평탄한 길을 말이 달리는 격(坦道馳馬格)

水生木이니 부부가 다정하고 일생 이별이 없다. 혹 부부가 만날 때 빈궁하더라도 날과 달로 발전하여 티끌모아 태산을 이루듯이 마침내는 크게 성공할 것이오, 자손도 창성하여 부귀를 얻게 되리라.

男水女水＝물고기가 봄물결 속에서 평화롭게 노는 격(魚遊春水格)

水水가 서로 합하니 시내물이 모여 강(江)이 되고, 잔솔을 심어 낙락장송이 된다. 전생의 인연이 이생에서 다시 만난것 같이 부부간에 백년화락 할 것이오 만사가 다 성취되어 무궁한 복록을 누릴 것이다.

男水女火 = 소경이 개울 옆에서 지팡이를 짚고 서 있는 격(盲杖立溝格)

水火가 상극이니 부부의 뜻이 다르고 마음이 다르다. 전생에 원수가 만난 듯이 서로 미워하여 걸핏하면 충돌하니 백년해로를 기약하기 어렵다.

男水女土 = 토끼가 굴 속에서 숨어 있는 격(兎守其窟格)

土克水로 상극된 중에 아내가 남편을 업신여기는 상이다. 내 주장에 가정이 항시 시끄럽고 우환질고가 떠나지 않으니 우울한 나날을 보낼 뿐이다.

男火女金 = 용이 여의주를 잃고 조화를 부리지 못하는 격(龍失明珠格)

火克金이니 상극궁합이라 부부의 뜻이 서로 어긋나 날마다 싸우게 되고 가정이 불안하니 매사불성으로 재물은 눈 녹듯이 사라져 빈궁해진다. 뿐 아니라 자손도 두기 어렵거나 두더라도불초하여 부모 근심을 끼치게 되리라.

男火女木 = 꽃동산에 봄이 돌아온 격(花園逢春格)

木生火라 상생궁합이니 부부가 화락하고 일생 이별이 없이 백년해로 한다. 뿐 아니라 자손 창성에 재물은 봄을 만난 초목과 같이 날로 번창하여 부귀영화를 누릴 것이다.

男火女木 = 깨진 배로 바다를 건너는 격(破船渡海格)

水火가 상극이니 물에 기름을 섞은것 같이 부부의 뜻이 매양 어긋난다. 동과 서로 나뉘어 거처하는 격이니 해로 하기 어렵고 중도에서 생이별하기 쉽다. 재물도 궁핍하고 자녀의 운도 나쁘다.

男火女火 = 섭을 지고 불 속에 들어가는 격(負薪入火格)

두불이 서로 만나니 불꽃이 치열하여 불타 재만 남는 상이다. 단 십년도 동거하기 어렵고 화재수로 재산을 날리며 자살소동이 일어나는 등 가장 불길한 궁합이니 취하지 마라.

男火女土 = 수하고, 부하고 자손도 많이 두는 격(壽富多男格)

火生土로 상생궁합. 부부가 화목하게 백년해로한다. 재물도 족하고 가정도 원만할 것이오 일생 질병 없이 건강한 몸으로 부귀를 누리리라.

男土女金 = 원앙이 서로 만난격(鴛鴦相逢格)

土生金이라 궁합 가운데 가장 이상적인 궁합이라 하겠다. 소위 부창부수(夫唱婦隨)니 남편은 사랑하고 아내는 남편을 존경하여 가도가 바르게 세워진다. 재물이야 말해 무엇하랴. 부부 일심이니 아니되는 일 없이 날로 발전하여 석숭같은 부자가 부럽지 않으리라.

男土女木 = 대들보가 부러지고 집이 무너진 격(棟折屋頹格)

木克土라 아내가 남편을 극하는 궁합이니 가장 불길하여 부부불화로 가정이 시끄럽지 않으면 중도에 파탄을 일으킨다. 만약 이러한 궁합으로 혼처가 나서거든 아예 거절하고 다른 곳을 구하라. 한 번 잘 못 만나면 서로가 불행하니라.

男土女水＝바위 위로 말이 달리는 격(馳馬岩上格)

土克水로 상극이니 부부 불화하고, 아내의 질병으로 재산을 거의 날리며, 집안이 차츰 기울어 간다. 일생 되는 일이 적고 엉뚱한 변괴가 자주 일어나니 조용하고 편안할 날이 없다.

男土女火＝꾀꼬리가 버들가지 위에 앉은 격(鶯上柳枝格)

土生金으로 상생이 되니 항시 봄바람 같이 훈훈하다. 부부 금슬이 다정함은 물론이요 해마다 경사가 이르고 부귀영화를 누리면서 해로 한다.

男土女土＝모란이 곱게 핀 격(牧丹開發格)

양토(兩土)가 상합하니 부부의 뜻이 맞고 상부상조(相扶相助)하면서 백년을 해로 한다. 비록 부모의 유산이 없더라도 합심으로 자수성가하여 중년 이후로는 전답을 즐비하게 장만하리라.

② 구궁궁합(九宮宮合)

이 궁합법은 상·중·하원(上中下元)으로 분류해서 보게 되었으나 여기에서는 중원갑(中元甲)에 태어난 남녀를 기준 수록한다. 왜냐하면 상원갑(上元甲)은 서기 一八六四年 甲子에서 一九二三年 癸亥까지 해당되므로 불필요한 것이고 하원갑(下元甲)은 서기 一九八四年 甲子부터이므로 아직 나이가 어려 결혼연령에 이르려면 앞으로 二十年은 지나야 한다. 단 중원갑(中元甲)은 一九二四年 甲子에서 一九八三年 癸亥까지이므로 중원갑에 한해서만 수록해도 참고하는데 불편이 없기 때문이다.

巽	離	女甲子 （逆） 坤
震	中	兌
艮	男甲子 （順） 坎	乾

남자는 甲子를 감궁(坎宮)에 붙여 九宮을 거꾸로 돌리고 여자는 곤궁(坤宮)에 甲子를 붙여 九宮을 순으로 돌려 나가다가 출생한 생년태세(生年太歲)에 이르는 곳의 괘(卦)를 기준하여 一上生氣 二中天醫 식으로 생기복덕 짚은 요령과 같이 한다. (만일 태세가 中

-31-

宮에 들면 남자는 坤宮으로 따지고 여자는 艮宮으로 따진다. 생기(生氣)·복덕(福德)·천의(天醫)는 대길하고 본궁(本宮-즉 歸魂)은 평상하며 절체(絶體)와 유혼(遊魂)은 해가 없고 화해(禍害)·절명(絶命)이면 대흉하다. 이상의 요령을 직접 알아보기 쉽게 아래와 같이 조견표를 작성한다.

○ 구궁궁합 조견표

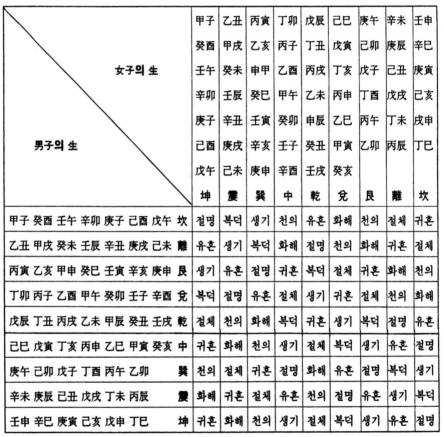

男子의 生 \ 女子의 生	甲子 癸酉 壬午 辛卯 庚子 己酉 戊午 坤	乙丑 甲戌 癸未 壬辰 辛丑 庚戌 己未 震	丙寅 乙亥 申甲 癸巳 壬寅 辛亥 庚申 巽	丁卯 丙子 乙酉 甲午 癸卯 壬子 辛酉 中	戊辰 丁丑 丙戌 乙未 申辰 癸丑 壬戌 乾	己巳 戊寅 丁亥 丙申 乙巳 甲寅 癸亥 兌	庚午 己卯 戊子 丁酉 丙午 乙卯 艮	辛未 庚辰 己丑 戊戌 丁未 丙辰 離	壬申 辛巳 庚寅 己亥 戊申 丁巳 坎
甲子 癸酉 壬午 辛卯 庚子 己酉 戊午 坎	절명	복덕	생기	천의	유혼	화해	천의	절체	귀혼
乙丑 甲戌 癸未 壬辰 辛丑 庚戌 己未 離	유혼	생기	복덕	화해	절명	천의	화해	귀혼	절체
丙寅 乙亥 甲申 癸巳 壬寅 辛亥 庚申 艮	생기	유혼	절명	귀혼	복덕	절체	귀혼	화해	천의
丁卯 丙子 乙酉 甲午 癸卯 壬子 辛酉 兌	복덕	절명	유혼	절체	생기	귀혼	절체	천의	화해
戊辰 丁丑 丙戌 乙未 甲辰 癸丑 壬戌 乾	절체	천의	화해	복덕	귀혼	생기	복덕	절명	유혼
己巳 戊寅 丁亥 丙申 乙巳 甲寅 癸亥 中	귀혼	화해	천의	생기	절체	복덕	생기	유혼	절명
庚午 己卯 戊子 丁酉 丙午 乙卯 巽	천의	절체	귀혼	절명	화해	유혼	절명	복덕	생기
辛未 庚辰 己丑 戊戌 丁未 丙辰 震	화해	귀혼	절체	유혼	천의	절명	유혼	생기	복덕
壬申 辛巳 庚寅 己亥 戊申 丁巳 坤	귀혼	화해	천의	생기	절체	복덕	생기	유혼	절명

가령 庚子生 男子와 辛丑生 女子는 복덕궁합이니 길하고, 남자 癸卯生과 여자 戊申生은 화해궁합이 되어 대흉하다. 그 외에도 같은 요령으로 남자(上)와 여자(下)의 생을 대조하여 어느 궁합에 해당하는가를 본다.

③ 기   타

○ 원진살(怨嗔殺)

남녀 궁합에 원진이 되면 부부간에 정이 없거나 삼한 경우 이별수도 있다 한다. 아래와 같다.

子-未(쥐띠와 양띠), 丑-午(소띠와 말띠), 寅-酉(범띠와 닭띠), 卯-申(토끼띠와 원숭이띠), 진-해(용띠와 돼지띠), 巳-戌(뱀띠와 개띠)

○ 가취멸문법(嫁聚滅門法)

남녀 혼인에 될 수 있으면 아래에 해당되는 생월끼리 피하는게 좋다고 한다. 이는 소위 재산이 흩어지거나 자손이 창성하지 못한다는 것으로 다른 궁합이 모두 나쁘고 이에 해당하면 멸문(滅門)의 재앙도 이를 수 있다 한다.

正月女와 九月男, 二月女와 八月男, 三月女와 五月男,
四月女와 六月男, 五月女와 正月男, 六月女와 十二月男,
七月女와 三月男, 八月女와 十月男, 九月女와 四月男,
十月女와 十一月男

8. 택일문(擇日門)

(1) 생기복덕법(生氣福德法)

어떤 택일을 막론하고 첫째 주인공의 생기, 복덕의 길일부터 맞춘 뒤에 해당부분의 길일과 합국(合局)해야 한다. 그러므로 먼저 남녀 생기복덕법을 수록한다.

원래 이 생기복덕법은 조견표에 의하지 않고 암기법(暗記法)으로 따져 보는 방법이 있다.

즉 남자는 一세를 離宮에 붙여 二세만은 坤을 건너 뛰고 兌, 三세 乾, 四세 坎, 五세 艮, 六세 震, 七세 巽, 八세 離, 九세 坤, 十세 兌, 이렇게 계속 돌리면 二十세에는 坎, 三十세에는 震, 四十세에 離, 五十세에 兌, 六十세에 坎,

七十세에 震宮이 닿고, 여자는 一세를 坎에 붙여 八方을 거꾸로 돌린다. 즉 二세 乾, 三세 兌, 四세 坤, 五세 離, 六세 巽, 七세 震, 八세만은 艮을 건너 坎에 이르고, 九세 乾, 十세 兌, 이렇게 계속 돌려나가면 二十에 離, 三十에 震, 四十에 坎, 五十에 兌, 六十에 離, 七十에 震, 八十에는 坎宮에 닿는다.

7	15	23	31	39	1	8	16	24	32		9	17	25	33
47	55	63	71	79	40	48	56	64	72	41	49	57	65	73
6	14	22	30	38						2	10	18	26	34
46	54	62	70	78		男		子		42	50	58	66	74
5	13	21	29	37	4	12	20	28	36	3	11	19	27	35
45	53	61	69	77	44	52	60	68	76	43	51	59	67	75

6	13	21	29	37	5	12	20	28	36	4	11	19	27	35
45	53	61	69	77	44	52	60	68	76	43	51	59	67	75
7	14	22	30	38						3	10	18	26	34
46	54	62	70	78		女		子		42	50	58	66	74
	15	23	31	39	1	8	16	24	32	2	9	17	25	33
47	55	63	71	79	40	48	56	64	72	41	49	57	65	73

위 남녀 연령배치도를 참고하라.

그리하여 해당되는 연령이 닿는 곳의 괘(卦)의 몽양을 손으로 만들어 一上生氣부터 시작하여 二中天醫, 三下絶軆, 四中遊魂, 五上禍害, 六中福德, 七下絶命, 八中歸魂의 순서로 떼어져 있는 것은 붙이고, 붙은 것은 펴면서 日辰과 같은 卦의 모양이 이루어 질때 불러지는 것이 바로 그 일진에 해당하는 생기·복덕신이다. 가령 남자 五十세라면 나이가 태궁(兌宮)에 닿고 兌는 兌上絶이라, 손가락 兌上絶의 모양에서 일상생기 부르면서 上指를 붙이면 乾三連이 되니 戌亥日은 생기요, 이중천의 부르면서 中指를 떼면 離虛中이 되니 午日은 천의요, 三下節軆 부르면서 下指(薬指)를 떼면 艮上連이 되니 丑寅日은 절체요, 四中遊魂 부르면서 中指를 붙이면 巽下絶되니 辰巳日은 유혼이오, 五上禍害 부르면서 上指를 떼면 坎中連이 되니 子日은 화해요, 六中福德 부르면서 中指를 떼면 坤三絶이 되니 未申日은 복덕이오, 七下絶命 부르면서 下指를 붙이면 震下連이 되니 卯日은 절명이요, 八中遊魂 브르면서 中指를 붙이면 兌上絶이 되니 酉日은 귀혼이다.

子日—坎中連, 丑寅日—艮上連, 卯日—震下連, 辰巳日—巽下絶
午日—離虛中, 未申日—坤三絶, 酉日—兌上絶, 戌亥日—乾三連

이상과 같은 요령으로 생기법(生氣法)을 따져 아래와 같은 조견표를 만들었으니 위 요령에 이해가 어려우면 이 조견표에서 남녀 구분하여 직접 연령만 찾으면 어느 日辰에 무엇이 해당하는가를 쉽게 알 수 있을 것이다.

○ 생기 · 복덕 조견표

연령 \ 구분	男子의 연령								女子의 연령							
연령	一	二	三	四	五	六	七		一	二	三	四	五	六	七	
	八	九	一〇	一一	一二	一三	一四	一五	八	九	一〇	一一	一二	一三	一四	一五
	一六	一七	一八	一九	二〇	二一	二二	二三	一六	一七	一八	一九	二〇	二一	二二	二三
	二四	二五	二六	二七	二八	二九	三〇	三一	二四	二五	二六	二七	二八	二九	三〇	三一
	三二	三三	三四	三五	三六	三七	三八	三九	三二	三三	三四	三五	三六	三七	三八	三九
	四〇	四一	四二	四三	四四	四五	四六	四七	四〇	四一	四二	四三	四四	四五	四六	四七
	四八	四九	五〇	五一	五二	五三	五四	五五	四八	四九	五〇	五一	五二	五三	五四	五五
구분	五六	五七	五八	五九	六〇	六一	六二	六三	五六	五七	五八	五九	六〇	六一	六二	六三
	六四	六五	六六	六七	六八	六九	七〇	七一	六四	六五	六六	六七	六八	六九	七〇	七一
	七二	七三	七四	七五	七六	七七	七八	七九	七二	七三	七四	七五	七六	七七	七八	七九
생기(生氣)	卯	丑寅	戌亥	酉	辰巳	未申	午	子	辰巳	酉	戌亥	丑寅	卯	子	午	未申
천의(天醫)	酉	辰巳	午	卯	丑寅	子	戌亥	未申	丑寅	卯	午	辰巳	酉	未申	戌亥	子
절체(絶體)	子	戌亥	丑寅	未申	午	酉	辰巳	卯	午	未申	丑寅	戌亥	子	卯	辰巳	酉
유혼(遊魂)	未申	午	辰巳	子	戌亥	卯	丑寅	酉	戌亥	子	辰巳	午	未申	酉	丑寅	卯
화해(禍害)	丑寅	卯	子	辰巳	酉	午	未申	戌亥	酉	辰巳	子	卯	丑寅	戌亥	未申	午
복덕(福德)	辰巳	酉	未申	丑寅	卯	戌亥	子	午	卯	丑寅	未申	酉	辰巳	午	子	戌亥
절명(絶命)	戌亥	子	卯	午	未申	辰巳	酉	丑寅	未申	午	卯	子	戌亥	丑寅	酉	辰巳
귀혼(歸魂)	午	未申	酉	戌亥	子	丑寅	卯	辰巳	子	戌亥	酉	未申	午	辰巳	卯	丑寅

생기(生氣)·천의(天醫)·복덕일(福德日)은 대길하고, 절체(絶體)·유혼(遊魂)·귀혼일(歸魂日)은 평평하니 생기 복덕 천의일을 가리기 어려울 경우 사용해도 무방하고, 오직 화해(禍害)·절명일(絶命日)은 대흉하니 사용치 마라.

가령 남자 一세, 八세, 十六세, 二十四세 등은 卯日이 생기요 酉日이 천의,

子日이 절체, 未申日이 유혼, 丑寅日이 화해, 辰巳日이 복덕, 戌亥日이 절명, 午日이 귀혼이다. 그러므로 이상의 연령은 丑寅日(화해)과 戌亥日(절명)을 피하는것이 좋다.

(2) 혼인문(婚姻門)

① 혼인운 보는 법

○ 합혼개폐법(合婚開閉法)

이는 여자의 연령으로 몇살에 혼인하면 좋고 나쁜가를 보는 방법인데 대개운(大開運)에 혼인하면 결혼후 부부 화목하고, 반개운(半開運)에 혼인하면 부부 불화하며, 폐개운(閉開運)에 혼인하면 부부 이별하게 된다고 한다. 다음과 같다.

子午卯生女	大開 :	十七	二 十	二十三	二十六	二十九	三十二
	半開 :	十八	二十一	二十四	二十七	三 十	三十三
	閉開 :	十九	二十二	二十五	五十八	三十一	三十四
寅申巳亥生女	大開 :	十六	十 九	二十二	二十五	二十八	三十一
	半開 :	十七	二 十	二十三	二十六	二十九	三十二
	閉開 :	十八	二十一	二十四	二十七	三 十	三十三
辰戌丑未生女	大開 :	十五	十 八	二十一	二十四	二十七	三 十
	半開 :	十六	十 九	二十二	二十五	二十八	三十一
	閉開 :	十七	二 十	二十三	二十六	二十九	三十二

○ 혼인흉년(婚姻凶年)

아래에 해당되는 해에 혼인하면 불길하니 피하는것이 좋다.

子年生 男–未年 女–卯年	午年生 男–丑年 女–酉年
丑年生 男–申年 女–寅年	未年生 男–寅年 女–申年
寅年生 男–酉年 女–丑年	申年生 男–卯年 女–未年
卯年生 男–戌年 女–子年	酉年生 男–辰年 女–午年
辰年生 男–亥年 女–亥年	戌年生 男–巳年 女–巳年
巳年生 男–子年 女–戌年	亥年生 男–午年 女–辰年

② 혼인달 가리는 법

○ 살부대기월(殺夫大忌月)

다음에 해당되는 달에 혼인하는 여자는 결혼후 그 남편과 생이별 하는 수가 있다. 하니 피하는 것이 좋다.

子生女–正·二月, 丑生女–四月, 寅生女–七月,

卯生女–十二月, 辰生女–四月, 巳生女–五月

午生女–八·十二月, 未生女–六·七月, 申生女–六·七月,

酉生女–八月, 戌生女–十二月, 亥生女–七·八月

○ 가취월(嫁聚月)

혼인에 길한 달을 가리고 나쁜 달을 피하는 방법인데 단 여자의 생(生)으로 기준한다.

아래 표를 참고하라.

여자의 生 구 분	子生 午生	丑生 未生	寅生 申生	卯生 酉生	辰生 戌生	巳生 亥生	비 고
대리월(大利月)	六 月 十二月	五 月 十一月	二 月 八 月	正 月 七 月	四 月 十 月	三 月 九 月	大 吉 함
방매씨(妨媒氏)	正 月 七 月	四 月 十 月	三 月 九 月	六 月 十二月	五 月 十一月	二 月 八 月	혼인해도 무방함
방옹고(妨翁姑)	二 月 八 月	三 月 九 月	四 月 十 月	五 月 十一月	六 月 十二月	正 月 七 月	시부모가 없으면 무방함
방여부모(妨女父母)	三 月 九 月	二 月 八 月	五 月 十一月	四 月 十 月	正 月 七 月	六 月 十二月	친정부모가 없으면 무방함
방부주(妨夫主)	四 月 十 月	正 月 七 月	六 月 十二月	三 月 九 月	二 月 八 月	五 月 十一月	신랑에게 불길함
방여신(妨女身)	五 月 十一月	六 月 十二月	正 月 七 月	二 月 八 月	三 月 九 月	四 月 十 月	신부 자신에게 불길함

가령 자년생 여자라면 六月과 十二月에 혼인함이 가장 좋다. 또는 正月과 七月도 무방하며 시부모가 없으면 二月이나 八月에도 혼인하면 되고, 친정 부모가 없으면 三月이나 九月에도 혼인할 수 있다. 단 四月 十月은 남편에게 흉하고, 五月 十二月은 자신에게 흉하니 혼인하지 말아야 한다.

③ 날짜 가리는 법

혼인에 좋은 날은 음양부장길일(陰陽不將吉日)이나 오합일(五合日)이 최상 길일이며, 다음에는 십전대길일(十全大吉日) 천은(天恩), 대명(大明)·모창(母倉) 천사(天赦)의 사대길일(四大吉一), 천룡(千聾)·지아일(地啞日) 그리고 천월덕(天月德)및 천월덕합일(天月德合日), 황도일(黃道日), 가운데서 두 세개의 길신을 합해 가리면 된다.

요령은 음양부장길일에서 우선 뽑고, 이 날이 생기법 등에 맞지 않아 곤난하거든 오합일을 택하고, 이 날도 마땅치 않거든 십전대길일이나 천은·대명·모창·천사일이나 천룡지일에서 뽑아 천월덕 및 천월덕합일과 같이 만나도록 하되 가급적 황도일을 겸하는 것이 좋다.

○ 음양부장길일(陰陽不將吉日)

正月＝丙寅　丁卯　戊寅　庚寅　辛卯
二月＝乙丑　丙寅　丙子　丁丑　戊寅　戊子　己丑　庚寅　庚子
三月＝甲子　丙子　乙酉　丙戌　丁酉　己酉
四月＝甲子　甲戌　丙子　丙戌　戊子　戊戌
五月＝癸酉　甲戌　癸未　甲申　乙酉　丙戌　乙未　丙申　戊戌　戊申
六月＝壬申　壬午　癸未　甲申
七月＝壬申　甲申　癸巳　乙巳
八月＝壬申　壬午　甲申　癸巳　甲午
九月＝庚午　辛巳　壬午　辛卯　癸巳　癸卯
十月＝庚午　庚辰　壬午　辛卯　壬辰　癸卯
十一月＝己巳　丁丑　庚辰　辛巳　己丑　庚寅　壬辰　辛丑　壬寅　丁巳
十二月＝丙寅　丙子　戊子　戊寅　庚寅　庚子

이상의 부장길일은 위 일진보다 더 있으나 혼인을 못하는천적(天賊)·수사(受死)·홍사(紅紗)·피마(披麻)·월살(月殺)에 해당하여 이를 뺀 나머지만 기록하였다.

○ 오합일(五合日)

즉 寅卯日이 모두 **오합일**인데 아래와 같다.

丙寅丁卯=陰陽合   戊寅己卯=人民合   庚寅辛卯=金石合

壬寅癸卯=江河合   甲寅乙卯=日月合

즉 丙寅 丁卯 戊寅 己卯 庚寅 辛卯 壬寅 癸卯 甲寅 乙卯 日을 오합일(五合日)이라 한다.

○ 십전대길일(十全大吉日)

乙丑 丁卯 丙子 丁丑 己丑 辛卯 癸卯 乙巳 壬子 癸丑

○ 천은상길일(天恩上吉日)

甲子 · 乙丑 · 丙寅 · 丁卯 · 戊辰 · 己卯 · 庚辰 · 辛巳 · 壬午 · 己酉 · 庚戌 · 辛亥 · 壬子 · 癸未 · 癸丑

○ 대명상길일(大明上吉日)

辛未 · 壬申 · 癸酉 · 丁丑 · 己卯 · 壬午 · 甲申 · 丁亥 · 壬辰 · 乙未 · 壬寅 · 甲辰 · 乙巳 · 丙午 · 己酉 · 庚戌 · 辛亥

○ 천사상길일(天赦上吉日)

春−戊寅日   夏−甲午日   秋−戊申日   冬−甲子日

○ 모창상길일(母倉上吉日)

春−亥子日   夏−寅卯日   秋−辰戌丑未日   冬−申酉日

○ 천롱일(天聾日)

丙寅 戊辰 丙子 丙申 庚子 壬子 丙辰

○ 지아일(地啞日)

乙丑 丁卯 己卯 辛巳 乙未 己亥 辛丑 癸丑 辛酉 辛亥

○ 천월덕(天月德) 및 합일(合日)

천덕(天德) · 월덕(月德)과 **천덕합**(天德合) · 월덕합일(月德合日)은 아래와 같다. 이 날은 혼인 뿐 아니라 인간 백사에 다 길한 날이다.

구분 月別	正	二	三	四	五	六	七	八	九	十	十一	十二
천 덕	丁	申	壬	辛	亥	甲	癸	寅	丙	乙	巳	庚
천 덕 합	壬	巳	丁	丙	寅	己	戊	亥	辛	庚	申	乙
월 덕	丙	甲	壬	庚	丙	甲	壬	庚	丙	甲	壬	庚
월 덕 합	辛	己	丁	乙	辛	己	丁	乙	辛	巳	丁	乙

○ 황 도(黃道)

황도는 길하고 흑도(黑道)는 흉신이다. 보는 법은 月로 日辰을 대조하고, 또는 日辰으로 時를 대조한다. 이 황도는 천강(天罡)·하괴(河魁)의 흉살을 능히 제화(制化)하는 길신이다. 그리고 혼인시간 및 모든 행사의 좋은 時를 가리려면 이 황도시(黃道時)를 적용함이 좋다.

가령 正月(寅月)이면 子丑辰巳戌日은 황도일이고 그 외는 흑도의 흉신이다. 또는 寅日이면 子丑辰巳未戌時가 황도가 드는 길한 신간이다.

구분 月로日·日로時	寅	卯	辰	巳	午	未	申	酉	戌	亥	子	丑
청룡황동(青龍黃道)	子	寅	辰	午	申	戌	子	寅	辰	午	申	戌
명당황도(明堂黃道)	丑	卯	巳	未	酉	亥	丑	卯	巳	未	酉	亥
천형흑도(天刑黑道)	寅	辰	午	申	戌	子	寅	辰	午	申	戌	子
주작흑도(朱雀黑道)	卯	巳	未	酉	亥	丑	卯	巳	未	酉	亥	丑
금궤황도(金櫃黃道)	辰	午	申	戌	子	寅	辰	午	申	戌	子	寅
대덕황도(大德黃道)	巳	未	酉	亥	丑	卯	巳	未	酉	亥	丑	卯
백호흑도(白虎黑道)	午	申	戌	子	寅	辰	午	申	戌	子	寅	辰
옥당황도(玉堂黃道)	未	酉	亥	丑	卯	巳	未	酉	亥	丑	卯	巳
천뇌흑도(天牢黑道)	申	戌	子	寅	辰	午	申	戌	子	寅	辰	午
현무흑도(玄武黑道)	酉	亥	丑	卯	巳	未	酉	亥	丑	卯	巳	未
사명황동(司命黃道)	戌	子	寅	辰	午	申	戌	子	寅	辰	午	申
구진흑도(句陣黑道)	亥	丑	卯	巳	未	酉	亥	丑	卯	巳	未	酉

④ 혼인에 꺼리는 날

다음과 같은 흉신일(凶神日)을 피한다.

월염(月厭)·염대(厭對)·천적(天賊)·수사(受使)·홍사(紅紗)·피마(披麻)·월살(月殺)·월파(月破)·매월 亥日, 남녀 본명일(本命日─가령 甲子生이면 甲子日)동지·하지 단오(端午)· 四月八日, 십악(十惡), 복단(伏斷), 화해(禍害), 절명일(絶命日), 천강(天罡), 하괴(河魁), 월기일(月忌日)

○ 천적·수사·홍사·피마·월살·월염· 염대·월파· 천강·하괴일

이상 흉신의 정국은 아래와 같다.

흉신 月別	正	二	三	四	五	六	七	八	九	十	十一	十二
천적(天賊)	辰	酉	寅	未	子	巳	戌	卯	申	丑	午	亥
수사(受死)	戌	辰	亥	巳	子	午	丑	未	寅	申	卯	酉
홍사(紅紗)	酉	巳	丑	酉	巳	丑	酉	巳	丑	酉	巳	丑
피마(披麻)	子	酉	午	卯	子	酉	午	卯	子	酉	午	卯
월살(月殺)	丑	戌	未	辰	丑	戌	未	辰	丑	戌	未	辰
월염(月厭)	戌	酉	申	未	午	巳	辰	卯	寅	丑	子	亥
염대(厭對)	辰	卯	寅	丑	子	亥	戌	酉	申	未	午	巳
월파(月破)	申	酉	戌	亥	子	丑	寅	卯	辰	巳	午	未
천강(天罡)	巳	子	未	寅	酉	辰	亥	午	丑	申	卯	戌
하괴(河魁)	亥	午	丑	申	卯	戌	巳	子	未	寅	酉	辰

월살(月殺)은 五合日이면 범해도 무방하고, 천강(天罡)·하괴(河魁)는 황도일(黃道日)과 같이 만나면 꺼리지 않는다.

○ 십악일(十惡日)

甲己年＝三月戊戌日, 七月癸亥日, 十月丙申日, 十一月丁亥日

乙庚年＝四月壬申日, 九月乙巳日

丙辛年＝三月辛巳日, 九月庚辰日

丁壬年＝없음　戊癸年＝六月丑日

○ 복단일(伏斷日)

이 복단일은 혼인 뿐 아니라 변소 짓고 젖떼는 일 이외는 백사 대흉하다. 다음과 같다.

子虛 丑斗 寅室 卯女 辰箕 巳房

午角 未張 申鬼 酉觜 戌胃 亥壁

가령 子日에 二十八宿의 虛宿과 같이 만나면 복단일인데 이를 다음과 같이 간단하게 나타낸다.

日 辰	子	丑	寅	卯	辰	巳	午	未	申	酉	戌	亥
요 일	日	木	火	土	水	日	木	月	金	火	土	水

가령 子日과 일요일이 같이 만나거나, 丑日에 木요일과 같이 만나면 복단일이 된다.

○ 월기일(月忌日)

매월 初五日 十四日 二十三日

이 월기일은 寅卯日과 같이 만나면 꺼리지 않는다.

○ 상부상처살(喪夫喪妻殺)

春-丙午 · 丁未日(상처)   冬-壬子 · 癸亥日(상부)

○ 고과살(孤寡殺)

亥子丑生 男은 寅日, 女는 戌日, 寅卯辰生 男은 巳日, 女는 丑日
巳午未生 男은 申日, 女는 辰日, 申酉戌生 男은 亥日, 女는 未日.

○ 가취대흉일(嫁聚大凶日)

春-甲子 · 乙丑日   夏-丙子 · 丁丑日   秋-庚子 · 辛丑日   冬-壬子 · 癸丑日

正五九月-庚日   二六十月-乙日   三七十一月-丙日   四八十二月-癸日

⑤ 혼인주당(婚姻周堂)

주당이 신랑이나 신부에 닿는 날은 혼인을 못한다. 만일 옹(翁)에 닿으면 신랑이 초례청에 처음 들어설 때 신부의 부친이 잠시 피하면 되고, 신부가 초례청에 처음 들어설때 신랑 부친이 잠시 피하면 된다. 고(姑)에[닿으면 신랑이 들어설 때 신부의 모친이 잠시 피하고, 신부가 들어설 때 신랑의 모친이 잠시 피하면 된다.

혼인일 구분	一 九 十七 二十五	二 十 十八 二十六	三 十一 十九 二十七	四 十二 二十 二十八	五 十三 二十一 二十九	六 十四 二十二 三十	七 十五 二十三	八 十六 二十四
大月(三十日)	夫	姑	堂	翁	第	竈	婦	廚
小月(二十九日)	婦	竈	第	翁	堂	姑	夫	廚

달이 크면(大月−三十日) 夫자에 一日을 붙여 시계방향으로 혼인 날자까지 돌려 짚고 달이 작으면(小月−二十九日) 婦자에 一日을 붙여 혼인 날자까지 돌려 짚는다.

당(堂)은 안방, 주(廚)는 부엌, 조(竈)는 부뜨막, 제(第)는 처마안의 모든 곳이니 모든 사람들이 이러한 곳에서 밖으로 나와 잠시 피하면 된다. 단 현재는 예식장에서 혼례식을 올리므로 참작하기 바란다.

⑥ 약혼에 좋은 날

아래 일진이나 길신에 약혼하거나 사주(四柱)또는 채단을 보내면 길하다.

乙丑 丙寅 丁卯 辛未 戊寅 己卯 庚辰 丙戌 戊子 己丑 庚寅 辛卯 壬辰 癸巳 乙未 戊戌 辛丑 壬寅 癸卯 甲辰 丙午 丁未 庚戌 壬子 癸丑 甲寅 乙卯 丙辰 丁巳 戊午 己未日과 황도 삼합 육합 오합 천덕 월덕 천월덕합 월은 천의 정·성·개일

(3) 생활택일(生活擇日)

제사(祭祀)와 고사(告祀)·기도(祈禱)

제사및 고사 그리고 기도 드리는데 좋은 날과 꺼리는 날은 아래와 같다.

○ 길일(吉日)

壬申 乙亥 丙子 丁丑 壬午 癸未 丁亥 己丑 辛卯 壬辰 甲午 乙未 丁酉 甲辰 戊申 壬子 乙卯 丙戌 戊午 壬戌 癸亥日및 황도·천은·천사 천덕 월덕·천월덕합일 모창·월재· 생기 복덕 천의일(이상의 길신은 「신살정국」을 참고하라.)

○ 꺼리는 날

천구일(天狗日) 및 천구하식시(天狗下食時−子日亥時·丑日子時·寅日丑

時·卯日寅時·辰日卯時·　巳日辰時·午日巳時·未日午時·申日未時·酉
日申時·戌日酉時·亥日戌時), 五日 十四日 二十三日, 천적·수사·복단일
화해 절명일

(복단일은 혼인문에 기록되어 있고 기타는 신살정국을 참고하라.)

[참고]

이하 모든 길신과 흉신 등은 아래기록하는 신산정국(神殺定局)을 차고하
면 된다.

① 여　행(旅行)

좋은 날=甲子 乙丑 丙寅 丁卯 戊辰 庚午 辛未 甲戌 乙亥 丁丑 己卯 甲申
丙戌 己丑 庚寅 辛卯 甲午 乙未 庚子 辛丑 壬寅 癸卯 丙午 丁未 己酉 壬子
癸丑 甲寅 乙卯 庚申 辛酉 壬戌 癸亥日과 역마 월재 천월덕 생기 사상 건·
만·성·개일

꺼리는 날=巳日 왕망·귀기·천적·수사·복단 위일(危日) 월기일

② 연　회(宴會)

회갑(回甲)·칠순(七旬)·팔순(八旬)·진갑(進甲) 및 기타의 경사에 날
을 받아 손님들을 초대하여 잔치를 베풀고 주식(酒食)을 접대하는 행사를
말한다.

좋은 날=주인공의 생기·복덕 천의일, 천덕·월덕 천월덕합, 三合·五合,
천은·월은·정(定)·성(成)·만(滿)·개일(開日) 또는 甲子 乙丑 丙寅 丁
卯 戊辰 己卯 庚辰 辛巳 壬午 癸未 己酉 庚戌 辛亥 壬子 癸丑日

꺼리는 날=酉日, 五日, 十四日 二十三日, 천적·수사 파일 수일 폐일 상삭
(上朔-甲年癸亥 乙年乙巳 丙年乙亥 丁年辛巳 戊年丁亥 己年癸巳 庚年己亥
辛年乙巳 壬年 辛亥 癸年 丁巳日)

③ 이　사(移徙)

좋은 날=甲子 乙丑 丙寅 丁卯 己巳 庚午 甲戌 乙亥 丁丑 癸未 甲申 庚寅
壬辰 庚子 壬寅 癸卯 丙午 丁未 庚戌 癸丑 甲寅 乙卯 庚申 辛酉日 및 천덕월
덕 천월덕합 천은 황도 모창 역마 월은 사상 만·성·개일

꺼리는 날=복단·천적·수사·귀기·왕망·본명(本命-甲子生이 甲子日)
·건·파·명·수일

손(太白殺)보는 법=一·二日은 東, 三·四日은 南, 五·六日은 西, 七·八

日은 北, 九·十日은 없음.

○ 이사방위법

천록방(天祿方)은 관직에 길하고, 안손방(眼損方)은 눈병과 손재가 있고, 식신방(食神方)은 재산이 늘고, 증파방(甑破方)은 손재와 가정풍파가 일어나고, 오귀방(五鬼方)은 질병과 우환횡액이 생기고, 합식방(合食方)은 사업이 번창하고, 진귀방(進鬼方)은 괴변과 우환이 발생하고 관인방(官印方)은 관록이 오르거나 관직을 얻게 되고, 퇴식방(退食方)은 재물이 나가고 사업이 안된다.

아래는 이사방위를 쉽게 보는 표이니 남녀 구분하여 연령을 찾아 참고하라.

남자의 연령	方 位 보 는 곳									여자의 연령
	正東	東南	正南	西南	中央	正西	西北	正北	東北	
9 18 27 36 45 54 63 72 81	퇴식	천록	합식	관인	안손	증파	식신	진귀	오귀	10 19 28 37 46 55 64 73 1
8 17 26 35 44 53 62 71 80	관인	퇴식	오귀	진귀	천록	식신	안손	합식	증파	9 18 27 36 45 54 63 72 81
7 16 25 34 43 52 61 70 79	진귀	관인	증파	합식	퇴식	안손	철록	오귀	식신	8 17 26 35 44 53 62 71 80
6 15 24 33 42 51 60 69 78	합식	진귀	식신	오귀	관인	천록	퇴식	증파	안손	7 16 25 34 43 52 61 70 79
5 14 23 32 41 50 59 68 77	오귀	합식	안손	증파	진귀	퇴식	관인	식신	천록	6 15 24 33 42 51 60 69 78
4 13 22 31 40 49 58 67 76	증파	오귀	천록	식신	합식	관인	진귀	안손	퇴식	5 14 23 32 41 50 59 68 77
3 12 21 30 39 48 57 66 75	식신	증파	퇴식	안손	오귀	진귀	합식	천록	관인	4 13 22 31 40 49 58 67 76
2 11 20 29 38 47 56 65 74	안손	식신	관인	천록	증파	합식	오귀	퇴식	진귀	3 12 21 30 39 48 57 66 75
1 10 19 28 37 46 55 64 73	천록	안손	진귀	퇴식	식신	오귀	증파	관인	합식	2 11 20 29 38 47 56 65 74

④ 개업일(開業日)

좋은 날 = 甲子 乙丑 丙寅 己巳 庚午 辛未 甲戌 乙亥 丙子 己卯 壬午 癸未 甲申 庚寅 辛卯 乙未 己亥 庚子 癸卯 丙午 壬子 甲寅 乙卯 己未 庚申 申酉日 및 천덕월덕·천은·월은 ·월재·역마·삼합·오합·육합·정(定) ·만(滿)·성(成)·개일(開日)

꺼리는 날 = 천적·복단 월파·폐일·대소모(大小耗─春:壬子日, 夏:丙

戊・乙卯日, 秋：辛丑・戊午日, 冬：壬辰：辛酉日) 또는 春에 己酉日, 夏에 甲子日, 秋에 辛卯日, 冬에 壬辰日

9. 기조문(起造門)

(1) 성조운(成造運)

성조운이란 어느 나이에 집을 지면 좋고 나쁘며, 어느 해에 어떤 좌향(坐向)을 놓으면 좋으며, 또는 어느 생(生)이 어느 해에 집을 짓는 운이 맞는가 등을 보는 법이다.

① 나이로 운을 본다.

연령 一세를 곤궁(坤宮)에 붙여 八方을 순서로 배치하되 단 五세와 五十세는 中宮에 넣고 다음 순서가 나이로 닿는 곳이 감(坎)・이(離)・진(震)・태(兌)에 들면 성조 대길하여 중궁(中宮-鼉四角)이나 간궁(艮宮-自四角)에 들면 대흉하며 건궁(乾宮)에 들면 부모사각(父母四角)이니 부모가 안계시면 집을 지어도 무방하고 곤궁(坤宮)에 들면 처자사각(妻子四角)이니 처자에게 흉하고(처자가 없으면 무방) 손궁(巽宮)에 들면 우마시각(牛馬四角)이니 이 나이에 측사(畜舍)를 짓지 아니한다.

午馬四角 8 17 26 34 43 53 62	(吉)9 18 27 36 44 54 63	妻子四角 1 10 19 28 37 46 56 64
(吉)7 16 24 33 42 52 61 70	鼉四角凶 5 15 25 35 45 50 55 65 75	(吉)2 11 20 29 38 47 57 66
自四角凶 6 14 23 32 41 51 60 69	(吉)4 13 22 31 40 49 59 68	父母四角 3 12 21 30 39 48 58 67

② 생(生)으로 운을 본다.

亥子生-甲己丁壬戊癸年吉,　　丑寅年-丙辛丁壬戊癸年吉,

卯辰生-乙庚丙辛丁壬年吉,　　巳午生-甲己乙庚丙辛年吉,

未申生-甲己乙庚戊癸年吉,　　酉戌生-甲己乙庚戊癸年吉

③ 좌향(坐向)으로 운을 본다.

子午卯酉年-辰戌丑未乙辛丁癸坐向吉

辰戌丑未年-寅申巳亥艮坤乾巽坐向吉

寅申巳亥年-子午卯酉壬丙庚甲坐向吉

艮寅乙辰丙午坤申辛戌壬子坐向-子寅辰午申戌 年月日時吉

甲卯巽巳丁未庚酉乾亥癸丑坐向-丑卯巳未酉亥 年月日時吉

-46-

④ 수조길년(修造吉年)

이는 나이와 좌향에 관계없이 (물론 右의 성조운을 맞춘다) 집 짓고 수리하는데 좋은 해다.

乙丑 戊辰 庚午 丙戌 己丑 庚寅 辛卯 癸巳 乙酉 乙未 戊戌 庚子 乙卯 丙辰 己未 庚申 辛酉 癸亥年吉

⑤ 날짜 가리는 법

집 짓고 수리하고 흙 붙이는 등의 일에 좋은 날은 아래와 같다.

甲子 乙丑 丙寅 己巳 庚午 辛未 癸酉 甲戌 乙亥 丙子 丁丑 癸未 甲申 丙戌 庚寅 壬辰 乙未 丁酉 庚子 壬寅 癸卯 丙午 丁未 癸丑 甲寅 丙寅 己未및 대공 망일(大空七日－乙丑 甲戌 乙亥 癸未 甲申 乙酉 壬辰 癸巳 甲午 壬寅 癸卯 壬子日) 황도, 월공, 천월덕, 천은 사상 생기 옥우 금당, 천롱, 지아일

꺼리는 날＝천적 토온 토기 토금 토부 자랑 전살 건(建), 파(破), 수일(收日) 빙소와해(氷消瓦解) 천화일(天火日) 월파일(月破日)

⑥ 수리하거나 달아내는데 어느 방위를 손대지 못하는가

대장군방(大將軍方), 삼살상(三殺方), 테세방(太歲方), 세파방(歲破方), 신황(身皇), 정명방(定明方)

이상의 살방(殺方)은 아래와 같다.

○ 대장군, 삼살, 태세, 세파방

구분　연지	子	丑	寅	卯	辰	巳	午	未	申	酉	戌	亥
대장군방	酉	酉	子	子	子	卯	卯	卯	午	午	午	酉
삼 살 방	巳 午 未	寅 卯 辰	亥 子 丑	申 酉 戌	巳 午 未	寅 卯 辰	亥 子 丑	申 酉 戌	巳 午 未	寅 卯 辰	亥 子 丑	申 酉 戌
태 세 방	子	丑	寅	卯	辰	巳	午	未	申	酉	戌	亥
세 파 방	午	未	申	酉	戌	亥	子	丑	寅	卯	辰	巳

가령 테세가 子年이라면 酉方이 대장군방, 巳午未가 삼살방, 子方이 테세, 午方이 '세파방이니 酉, 巳午未子午方을 손대지 못한다.

○ 신황(身皇), 정명살(定明殺)

三元 연령\남녀	上 元				中 元				下 元			
구분	身皇		定名		身皇		定明		身 皇		定明	
	남	여	남	여	남	여	남	여	남	여	남	여
1 10 19 28 37 46 55 64 73	艮	中	坤	中	中	艮	中	坤	坤	坤	艮	艮
2 11 20 29 38 47 56 65 74	離	巽	坎	乾	乾	兌	巽	震	震	坎	兌	離
3 12 21 30 39 48 57 66 75	坎	震	離	兌	兌	乾	震	巽	巽	離	乾	坎
4 13 22 31 40 49 58 67 76	坤	坤	艮	艮	艮	中	坤	中	中	艮	中	坤
5 14 23 32 41 50 59 68 77	震	坎	兌	離	離	巽	坎	乾	乾	兌	巽	震
6 15 24 33 42 51 60 69 78	巽	離	乾	坎	坎	震	離	兌	兌	乾	震	巽
7 16 25 34 43 52 61 70 79	中	艮	中	坤	坤	艮	艮	艮	中	坤	中	
8 17 26 35 44 53 62 71 80	乾	兌	巽	震	震	坎	兌	離	離	巽	坎	乾
9 18 27 36 45 54 63 72 81	兌	乾	震	巽	巽	離	乾	坎	坎	震	離	兌

가령 中元의 남자 一세 十세 十九세 등은 中이 신황, 정명이오, 여자라면 艮方이 신황, 坤方이 정명살이다.

○ 上元＝一八六四年～一九二三年사이 출생한 者

○ 中元＝一九二四年～一九八三年사이 출생한 者

○ 下元＝一九八四年이후 출생한 者

10. 택일신살정국(擇日神殺定局)

황도(黃道), 천은(天恩), 대명(大明), 천사(天赦), 모창상길일(母倉上吉日), 천롱(天聾), 지아일(地啞日)과 복단일(伏斷日), 월기일(月忌日)은 위 혼인문(婚姻門)에서 참고 할것이며 기타는 아래에 수록한다.

① 세신정국(歲神定局)

세신(歲神)이란 태세(太歲)를 기준한 길흉신이니 아래와 같다.

구분		歲支 子	丑	寅	卯	辰	巳	午	未	申	酉	戌	亥	비 고
吉神	天德合 천덕합	巽	庚	丁	坤	壬	辛	乾	甲	癸	艮	丙	乙	백사에 대길
	天德合 세월덕	申	乙	壬	巳	丁	丙	寅	己	戊	亥	辛	庚	우 동
	歲月德 세월덕	壬	庚	丙	甲	壬	庚	丙	甲	壬	庚	丙	甲	우 동
	月德合 월덕합	丁	乙	辛	己	丁	乙	辛	己	丁	乙	辛	己	양택 음택에 모두 길함
	驛馬 역마	寅	亥	申	巳	寅	亥	申	巳	寅	亥	申	巳	출행,이사,상업 및 매사에 길
凶神	大將軍 대장군	酉	酉	子	子	子	卯	卯	卯	午	午	午	酉	흙다루고 집고치 치는 일을꺼림
	劫殺 겁살	巳	寅	亥	申	巳	寅	亥	申	巳	寅	亥	酉	양택 음택에 모 두 꺼림 (三殺)
	災殺 재살	午	卯	子	酉	午	卯	子	酉	午	卯	子	酉	上 同(三殺)
	歲殺 세살	未	辰	丑	戌	未	辰	丑	戌	未	辰	丑	戌	上 同(三殺)
	坐殺 좌살	丁丙	乙甲	癸壬	辛庚	丁丙	乙甲	癸壬	辛庚	丁丙	乙甲	癸壬	辛庚	묘나 가옥의 坐 를 놓지 아니함
	向殺 향살	癸壬	辛庚	丁丙	乙甲	癸壬	辛庚	丁丙	乙甲	癸壬	辛庚	丁丙	乙甲	묘나 가옥의 向 을 놓지 아니함
	喪門 상문	寅	卯	辰	巳	午	未	申	酉	戌	亥	子	丑	여행 이사 및 상청설치를 꺼림
	吊客 조객	戌	亥	子	丑	寅	卯	辰	巳	午	未	申	酉	上 同
	歲破 세파	午	未	申	酉	戌	亥	子	丑	寅	卯	辰	巳	가옥수리및 묘의 坐놓은 것을꺼림

② 월가길신(月家吉神)

월간길신이란 月을 기준하여 정해지는 길신(吉神)인데 아래와 같다.

구분	月別 正	二	三	四	五	六	七	八	九	十	十一	十二	비 고
天德 천덕	丁	申	壬	辛	亥	甲	癸	寅	丙	乙	巳	庚	造葬 및 上官百事에 다 형통
天德合 천덕합	壬	巳	丁	丙	寅	己	戊	亥	辛	庚	申	乙	이 방위에 집 수리 하면 만복이 이룸

신살												비고
月德 월덕	丙	甲	壬	庚	丙	甲	壬	庚	丙	甲	壬	庚	천덕과 동일
月德合 월덕합	辛	己	丁	乙	辛	己	丁	乙	辛	己	丁	乙	월덕과 동일
月空 월공	壬	庚	丙	甲	壬	庚	丙	甲	壬	庚	丙	甲	집고치고, 벼슬구하는일에 길함
月恩 월은	丙	丁	庚	己	戊	辛	壬	癸	庚	乙	甲	辛	진정서, 소장, 민원서 제출에 좋음
月財 월재	九	三	四	二	七	六	九	三	四	二	七	六	이사, 안장에 사용하면 재물이 따름
生氣 생기	戌	亥	子	丑	寅	卯	辰	巳	午	未	申	酉	만사에 길, 天喜라고도 한다.
天醫 천의	丑	寅	卯	辰	巳	午	未	申	酉	戌	亥	子	병 고치고 침 맞고 치료하는데 대길
解神 해신	申	申	戌	戌	子	子	寅	寅	辰	辰	午	午	모든 흉살을 해제시켜 준다.
五富 오부	亥	寅	巳	申	亥	寅	巳	申	亥	寅	巳	申	집 짓고 수리하고, 안장하는데 길함
金堂 금당	辰	戌	巳	亥	午	子	未	丑	申	寅	酉	卯	집터 닦고 수리하고, 안택하고사에 길함
益後 익후	子	午	丑	未	寅	申	卯	酉	辰	戌	巳	亥	의 자녀를 세우거나 양자 정하는데 길
續世 속세	丑	未	寅	申	卯	酉	辰	戌	巳	亥	午	子	上 同
驛馬 역마	申	巳	寅	亥	申	巳	寅	亥	申	巳	寅	亥	출행 행선 이사 사업 등에 길함
天赦神 천사신	戌	丑	辰	未	戌	丑	辰	未	戌	丑	辰	未	모든죄를 사하여 줌
三合 삼합	戌午	亥未	子申	丑酉	寅戌	卯亥	辰子	巳丑	午寅	未卯	申辰	酉巳	약혼 계약 면회 등에 길함
六合 육합	亥	戌	酉	申	未	午	巳	辰	卯	寅	丑	子	우 동

③ 월가흉신(月家凶神)

달에 의한 흉신정국(凶神定局)은 아래와 같다.

月別 구분	正	二	三	四	五	六	七	八	九	十	十一	十二	비 고
天罡 천강	巳	子	未	寅	酉	辰	亥	午	丑	申	卯	戌	매사흉이나 황도일이면 무방함
河魁 하괴	亥	午	丑	申	卯	戌	巳	子	未	寅	酉	辰	위와 같음
地破 지파	亥	子	丑	寅	卯	辰	巳	午	未	申	酉	戌	흙 다루고 광중짓는 것을 꺼림

名													설명
羅網 라망	子	申	巳	辰	戌	亥	丑	申	未	子	巳	辰	혼인, 출생, 소송, 취임 등에 불리
滅沒 멸몰	丑	子	亥	戌	酉	申	未	午	巳	辰	卯	寅	사람 죽어 장사지내는 모든일을 꺼림
天狗 천구	子	丑	寅	卯	辰	巳	午	未	申	酉	戌	亥	제사·고사등에 불길
往亡 왕망	寅	巳	申	亥	卯	午	酉	子	辰	未	戌	丑	출행, 행선, 취임 등에 불길
天賊 천적	辰	酉	寅	未	子	巳	戌	卯	申	丑	午	亥	백사에 불리함
受死 수사	戌	辰	亥	巳	子	午	丑	未	寅	申	卯	酉	고기잡고 사냥에만 길하고 그외는 불길
披麻 피마	子	酉	午	卯	子	酉	午	卯	子	酉	午	卯	혼인 이사에 불길
紅紗 홍사	酉	巳	丑	酉	巳	丑	酉	巳	丑	酉	巳	丑	혼인에 흉함
瘟瘟殺 온황살	未	戌	辰	寅	午	子	酉	申	巳	亥	丑	卯	집 짓고 문병하고 병 치료하는데 불길
歸忌 귀기	丑	寅	子	丑	寅	子	丑	寅	子	丑	寅	子	여행·이사·사람들 이는 것을 꺼림
滅亡 멸망	丑	辰	未	戌	丑	辰	未	戌	丑	辰	未	戌	개업·건축등에 불리
地囊日 지랑일	庚午 庚子	癸未 癸未	甲寅 甲子	己卯 己丑	戊辰 戊午	癸未 癸巳	丙寅 丙申	丁卯 丁巳	戊辰 戊子	庚子 庚戌	辛未 辛酉	乙酉 乙未	흙 다루고 우물파고 연못파는일 등을 꺼림
陰差 음차	庚戌	辛酉	庚申	丁未	丙午	丁巳	甲辰	乙卯	甲寅	癸丑	壬子	癸亥	혼인, 건축 및 장사 지내는 일을 꺼림
陽錯 양착	甲寅	乙卯	甲辰	丁巳	丙午	丁未	庚申	辛酉	庚戌	癸亥	壬子	癸丑	음차와 동일
土瘟 토온	辰	巳	午	未	申	酉	戌	亥	子	丑	寅	卯	흙 다루는 일을 꺼림
土忌 토기	寅	巳	申	亥	卯	午	酉	子	辰	未	戌	丑	위와 같음
土禁 토금	亥	亥	亥	寅	寅	寅	巳	巳	巳	申	申	申	위와 같음
血忌 혈기	丑	未	寅	申	卯	酉	辰	戌	巳	亥	午	子	수술하고, 피 흘리는 일 등을 꺼림
血支 혈지	丑	寅	卯	辰	巳	午	未	申	酉	戌	亥	子	혈기일과 동일함
山隔 산격	未	巳	卯	丑	亥	酉	未	巳	卯	丑	亥	酉	산에 들어 사냥하고 나무 베는 것을 꺼림
地隔 지격	辰	寅	子	戌	申	午	辰	寅	子	戌	申	午	흙다루고, 씨앗심고 광중파는 것을 꺼림
天隔 천격	寅	子	戌	申	午	辰	寅	子	戌	申	午	辰	출행하고, 관직 구하는데 불리함

	正	二	三	四	五	六	七	八	九	十	十一	十二	
水隔 수격	戌	申	午	辰	寅	子	戌	申	午	辰	寅	子	배 타거나 물 건느는 것을 꺼림
天火 천화	子	卯	午	酉	子	卯	午	酉	子	卯	午	酉	부엌고치고, 상량하고 지붕덮는 것 忌
獨火 독화	巳	辰	卯	寅	丑	子	亥	戌	酉	申	未	午	상량, 개옥을 꺼림
遊火 유화	巳	寅	亥	申	巳	寅	亥	申	巳	寅	亥	申	약 달여 먹고 침구 등을 꺼림
長星 장성	七	四	六	九	十五	十	八	二	四	三	十七	九	매사에 불리
短星 단성	廿一	十九	十六	廿五	廿五	廿一	廿二	十八 十九	十六 十七	十四	廿三	廿五	혼인 취임, 구직등에 꺼린다
月破 월파	申	酉	戌	亥	子	丑	寅	卯	辰	巳	午	未	오직 파옥하는데 좋고 그외는 모두흉함
月殺 월살	丑	戌	未	辰	丑	戌	未	辰	丑	戌	未	辰	혼인, 기둥세우고 상량을 올리는데 꺼림
月厭 월염	戌	酉	申	未	午	巳	辰	卯	寅	丑	子	亥	출행, 혼인을 꺼림
厭對 염대	辰	卯	寅	丑	子	亥	戌	酉	申	未	午	巳	혼인식을 꺼림
飛廉殺 비염살	戌	巳	午	未	寅	卯	辰	亥	子	丑	申	酉	가축을 들이거나 축사 짓는데 꺼림
氷消瓦解 빙소와해	巳	子	丑	申	卯	戌	亥	午	未	寅	酉	辰	이사, 가옥 건축 등을 꺼린다.

④ 사시길신(四時吉神)

구분　四時	春	夏	秋	冬	구분　四時	春	夏	秋	冬
天貴(천귀)	甲乙	丙丁	庚辛	壬癸	相日(상일)	巳	申	亥	寅
四相(사상)	丙丁	戊己	壬癸	甲乙	守日(수일)	辰	未	戌	丑
時德(시덕)	午	辰	子	寅	官日(관일)	卯	午	酉	子
旺日(왕일)	寅	巳	申	亥	民日(민일)	午	酉	子	卯

　春은 正·二·三月로 입춘부터 입하 전 까지이고, 夏는 五·六·七月로 입하부터 입추 전 까지이며, 秋는 七·八·九月로 입추부터 입동 전 까지이고, 冬은 十·十一·十二月로 입동부터 입춘 전 까지에 해당한다.

⑤ 사사흉신(四時凶神)

구분 / 四時	春	夏	秋	冬	구분 / 四時	春	夏	秋	冬
正四廢 정사폐	庚辛 申酉	壬癸 子亥	甲乙 寅卯	丁丙 巳午	天地轉殺 천지전살	卯	午	酉	子
傍四廢 방사폐	庚申 辛酉	壬子 癸亥	甲寅 乙卯	丙午 丁巳	天轉地轉 천전지전	乙卯 辛卯	丙午 戊午	辛酉 癸酉	壬子 丙子
四時大耗 사시대모	乙未	丙戌	辛丑	壬辰	劍鋒殺 검봉살	酉	子	卯	午
四時小耗 사시소모	壬子	乙卯	戊午	辛酉	四虛敗 사허패	己酉	甲乙	辛卯	庚午

○ 사 리(四離)

춘분, 하지, 추분, 동지, 전날(前日)

○ 사 절(四節)

입춘, 입하, 입추, 입동, 전일(前日)

⑥ 천상천하대공망일(天上天下大空亡日)

乙丑 甲戌 乙亥 癸未 甲申 乙酉 壬辰 癸巳 甲午 壬寅 癸卯 壬子

⑦ 기왕망일(氣往亡日)

이 날은 백사에 불리라 한다.

입춘후 七日, 경칩후 十四日, 청명후 二十一日, 입하후 八日, 망종후 十六日, 소서후 二十四日.

입추후 九日, 백로후 十八日, 한로후 二十七日, 입동후 十日, 대설후 二十日, 소한후 三十日.

⑧ 백기일(百忌日)

甲不開倉＝甲日에는 창고를 열어 재곡(財穀)을 출납하지 않는다.

乙不栽植＝乙日에는 나무를 심거나 묘목을 옮겨 심지 아니한다.

丙不修竈＝丙日에는 부뜨막을 고치지 아니한다.

丁不剃頭＝丁日에는 머리를 자르거나 이미용(理美容)을 아니한다.

戊不受田＝戊日에는 토지를 상속받거나 매입하지 않는다.

己不破卷＝己日에는 문서나 책 따위를 불태우거나 찢지 아니한다.

庚不經絡＝庚日에는 침(鍼)을 맞거나 뜸을 뜨거나 주사를 맞지 않는다.

辛不造醬＝辛日에는 간장 고추장 등을 담그지 아니한다.

壬不決水＝壬日에는 물길을 막지 아니한다.

癸不詞訟＝癸日에는 소장(訴狀)을 내지 아니한다.

子下問卜＝子日에는 점(占)을 묻지 아니한다.

丑不冠帶＝丑日에는 관례(冠禮)를 행하지 않는다.

寅不祭祀＝寅日에는 기일제(忌日祭)이외는 제사나 고사를 지내지 않는다.

卯下穿井＝卯日에는 우물을 파지 아니한다.

辰下哭泣＝辰日에는 졸곡(卒哭) 전이라도 곡(哭)소리를 내지 않는다.

巳不遠行＝巳日에는 먼 길 출생을 아니한다.

午不苫盖＝午日에는 지붕을 덮지 아니한다.

未不服藥＝未日에는 약을 달여먹지 아니한다.

申不安床＝申日에는 침상(寢床)을 설치하지 않는다.

戌不乞狗＝戌日에는 개를 들이지 아니한다.

亥不嫁娶＝亥日에는 혼례식을 올리지 아니한다.

◈ 편 저 ◈

정 용 빈(대한역리학연구회 회장)

◈ 저 서 ◈

사주신비연구
택일명감
사주추명학
오술판단전서(공저)
운세판단 관상법총람(공저)
사주소사전 외 다수

좋은운명 **이름짓기**   정가 14,000원

2024年 7月 05日 2판 인쇄
2024年 7月 10日 2판 발행

편 저 : 정 용 빈
발행인 : 김 현 호
발행처 : 법문 북스
공급처 : 법률미디어

152-050
서울 구로구 경인로 54길 4
TEL : (대표) 2636-2911, FAX : 2636~3012
등록 : 1979년 8월 27일 제5-22호
Home : www.lawb.co.kr

∎ ISBN 978-89-7535-322-2 93180
∎ 파본은 교환해 드립니다.
∎ 본서의 무단 전재·복제행위는 저작권법에 의거, 3년 이하의
 징역 또는 3,000만원 이하의 벌금에 처해집니다.